토요토미 히데요시

박창기 지음

JN443552

신아사

머리말

오늘날 우리는 세계가 한 이웃과 같은 시대에 살고 있다. 빠르고 편해진 교통수단은 지구 반대편도 수시로 내왕할 수 있게 해주며, 피부색이 전혀 다른 사람들과도 어울려 살게 해준다. 또한 최근에 급속하게 발달한 통신수단은 지구라는 공간을 더욱 가깝게 만들어 준다. 먼 나라 사람들이 사는 모습도 바로 이웃에 사는 사람만큼 동시에 우리 눈앞에 펼쳐진다. 서구가 일으킨 근대 과학문명의 눈부신 발달 덕택이다.

이런 서구의 과학 문명이 처음 세계를 향해서 뻗어나가기 시작하여 16세기 중반에는 극동의 일본에까지 도달했다. 이때 일본은 무사들이 득세하여 각지에서 세력 다툼을 벌이고 있었다. 무사들은 일상생활이 된 전쟁에서 적을 어떻게 제압할 수 있을지가 어떤 이념보다도 중요했다. 그 결과 이들은 서구 문물의 우수성을 재빨리 간파하여 그 기술을 습득할 수 있었다.

17세기 말 일본 전국을 통일한 풍신수길(토요토미 히데요시)은 여세를 몰아 대륙 침략에 나서 먼저 조선을 침략했다. 조선은 명나라와 합세하여 일본의 침략을 막아내고, 일본의 무력에 의지하는 패도를 비판할 수 있었다. 그러나 19세기 들어 일본은 다시 서구 열강의 제도와 문물을 적극적으로 받아들이고, 풍신수길의 대륙침략 정신을 이었다. 풍신수길을 일본 정신의 정점에 세우고 나라를 풍요롭게 해준다는 뜻의 풍국의 신으로 모셨다.

일본의 세계 지배 야욕은 또 다시 좌절되었다. 한국은 일본 무사문화의 고통을 겪고 나서도, 미국이 주도하는 세계 패권 앞에서 일본 문화를 제대로 반성해볼 여유를 갖지 못했다. 오히려 한국에서는 일본을 경계하면서도 일본 따라 배우기가 슬로건이 되었다. 한국의 근대화와 유신의 논리는 일본 배우기에 다름 아니었다. 그동안 당연시 해왔던 일본 배우기를 우리는 근본에서 살펴볼 필요가 있다.

서구의 과학 문명은 그것이 이룬 많은 성과에도 불구하고, 오랫동안 인류가 추구해 왔던 가치 있는 것들과 조화를 이루는 데는 실패했다. 자칫 과학 문명은 인류가 고양시켜온 소중한 가치를 희생하고, 경제력과 군사력에 치중하는 패권 논리에 빠질 위험이 있다. 일본은 무사문화의 철저하고 기민한 행동으로 서구 따라잡기에 성공했으나, 여전히 세계를 제패하려는 경제적인 꿈은 무사들이 무력으로 세계를 제패 하려던 것과 별 차이가 없다.

오늘날 비서구 국가인 일본의 경제적인 성공은 전 세계의 시선을 끌고 있다. 지리적으로 가까운 한국은 일본을 본보기로 삼기에 이르렀다. 과거 선인들이 비판하고 우려했던 무사문화의 폐해는 어느새 잊히고 있다.

한국의 문화인들 가운데서 한두 번의 여행으로 일본에 매료된 사람들을 자주 보게 된다. 여행에서 일본인의 친절과 질서의식을 목격하고, 일본에 대해 비판적이었던 선입견이 무너지고 더욱 강한 인상을 받는 경우가 많다. 일본인의 친절, 질서 등 긍정적 측면을 통하여 그동안 부정적이었던 호전적인 일본에 대한 인식을 새롭게 하고 있다.

그러나 일본인의 친절, 질서 등 문화의 긍정적인 측면은, 오랜 무사문화에 길들여진 모습에 다름 아니다. 하나의 문화적인 현상은 동전의 양면과 같이 긍정적인 측면과 부정적인 측면이 동시에 결부되어 있다. 과거에 우리의 선인들이 비판했던 교활하고 잔인한 무사문화는 오늘날 서구 근대의 산물인 자본주의의 치열한 경쟁 사회를 살아가는데 긍정적인 측면임에 틀림없다.

우리는 일본 문화의 근본적인 문제를 문화의 다면적 성격에서 살펴봐야 한다. 일본 무사 문화의 근본에는 전쟁이 있고, 그리고 그 중심에 풍신수길이 놓여 있다. 풍신수길은 침략 전쟁의 한가운데서 벚꽃의 아름다움을 감탄하다가 죽어갔다. 그가 일본인의 최고의 영웅으로 모셔지고 있는 것은 일본 무사문화의 성격과 결부되어 있다. 이것은 또한 오늘날 우리가 추구하는 서구 근대 이데올로기와도 밀접하게 결부되어 있다.

지구촌이 하나가 되어가는 현실에서, 우리는 바로 이웃인 일본을 젖혀놓고 평화롭게 살아갈 수는 없다. 우리는 일본과 일시적이고 거짓된 것이 아니라, 오래갈 수 있는 진정한 우정을 쌓아갈 길을 찾아야 한다. 그러기 위해서 필자는 일본 문화가 갖는 문제점을 정확히 이해하는 노력이 우선되어야 한다고 보고, 부족하나마 일조를 하고 싶은 바램이다.

2009. 3. 20.

저자 박 창 기

토요토미 히데요시

차례

머리말 • 3

Ⅰ. 서 문 : 풍신수길과 히데요시 • 9

Ⅱ. 출생과 어린 시절 • 17

1. 천황의 아들 / 19
2. 태양의 아들 / 23
3. 원숭이 화신 / 26
4. 유랑하는 어린 히데요시 / 30

Ⅲ. 승승장구하는 사무라이 • 35

1. 청운의 무사 / 37
2. 충직한 부하 / 41
3. 스노마타 일야성(一夜城) / 45
4. 이나바 산성 특공 / 51
5. 아시카가 쇼군 감시 / 55
6. 미키 성 아사 작전 / 59
7. 돗토리 성 아사 작전 / 66
8. 타카마쓰 성 물공격 / 75

토요토미 히데요시

차례

Ⅳ. 전국 통일 군주 • 85

1. 노부나가의 죽음 / 87
2. 주군의 복수전 / 95
3. 노부나가 장례식 / 105
4. 라이벌 제거 / 116
5. 오사카 성 / 131
6. 이에야스 회유 / 137
7. 절대 군주 관백 / 144
8. 큐슈 복속과 크리스챤 추방령 / 149
9. 취락정에 천황 영접 / 161
10. 관동 복속 전국 통일 / 170

Ⅴ. 대륙정복의 꿈 • 181

1. 끝없는 정복욕 / 183
2. 아들의 죽음 / 188
3. 다도의 광기 / 196
4. 화려한 출정 / 202
5. 서울 무혈 입성 / 204
6. 카토 키요마사의 활약 / 210

토요토미 히데요시

차례

VI. 몰락의 길 • 221

1. 시인의 저항 / 223
2. 이순신 장군의 활약 / 230
3. 어머니의 죽음 / 233
4. 명나라 출전과 일본군 철수 / 238
5. 진주성의 눈물 / 241
6. 후계자 처형 / 249
7. 강화 협상 파탄 / 259

VII. 죽음의 노래 • 269

1. 전장의 연극 / 271
2. 재침의 참극 / 274
3. 벚꽃 노래 / 282
4. 영웅의 죽음 / 290

VIII. 결문 : 영웅의 몰락 • 295

후기 / 300
인용문헌 / 301

I. 서문 : 풍신수길과 히데요시

히데요시는 일본인이 가장 존경하고 본받고 싶어 하는 영웅이다. 일본의 한 역사가는 "일본 역사상 인물 가운데, 히데요시 만큼 누구나 좋아하는 인물은 드믈 것이다. 어른도 아이도, 남자도 여자도, 세대를 넘고, 성별을 넘고, 또 사회적인 지위를 넘어서 '히데요시가 좋다'는 사람들이 압도적으로 많다"고 하고 있다. 히데요시는 오늘날 각계각층 일본인들의 가장 숭배하는 영웅이 되어 있는 것을 알 수 있다.

한국인이 생각하는 야만적이고 잔인무도한 침략자 풍신수길은 일본에 없다. 풍신수길(豊臣秀吉, 1537-1598)에 대한 일본인들의 정식 호칭은 토요토미 히데요시이지만, 히데요시라는 애칭으로 불리고 있다. 그는 일본의 관습대로 자신의 성을 여러 번 바꾸었지만, 히데요시라는 이름은 일찍부터 사용되고 있었기 때문에 친근한 애칭이 된 것이다.

일본인의 <영웅 히데요시>는 400여 년 세월에 걸쳐 만들어진 것이다. 이 한권의 문장은 어떻게 하여 히데요시 영웅상이 만들어졌는지 알아보고, 또 그것이 만들어진 일본의 풍토를 현재의 나의 시각에서 살펴보고자 한 것이다.

나는 이순신 장군의 출신지가 있는 아산 현충사에서 5킬로미터 정도 떨어진 월봉산 아래에서 히데요시를 생각하고 있다. 이곳에서부터 히데요시가 태어난 일본 아이치(愛知) 현 나고야(名古屋) 시까지 인터넷 지도로 살펴보니 직선거리로 천 킬로미터 남짓 되어 보인다. 이순신 장군과 히데요시는 1598년 같은 해에 세상을 떠났기 때문에, 그들이 살아서 활동한 것은 지금으로부터 410여 년 전의 일이다.

그동안 많은 일본 사람들은 히데요시에 관한 사실 조각들을 주워 맞추는 작업을 해왔다. 그렇게 해서 만들어진 인물을 히데요시라고 여기고 숭배하고 있다. 우리는 살아있는 한 인간을 보더라도 다양한 관점에서 보게 된다. 사실만 가지고 우리가 볼 수 있는 것이란 거의 없다. 무엇인가 사실을 올려 놓을 바탕이 우리에게 없다면 우리는 아무것도 볼 수 없다. 일본인들이 숭배하고 있는 히데요시라는 역사적 인물상은 객관적인 사실이 아니라, 일본인들의 허황된 꿈이 만들어낸 인물상이다.

일본인들의 꿈이 만들어낸 히데요시 상을 우리는 그의 등신대의 인물이라고 도저히 생각할 수 없다. 우리는 다른 방식으로 대상에 접근해 봐야 한다. 자신의 삶과 무관한 대상의 사실조각을 늘어놓을 것이 아니라, 나에게 중요한 사실 연관을 발견해 내야 한다. 또한 히데요시를 인류가 수천 년 동안 애써 가꾸어 온 꿈 위에서 재구성해야 한다.

그럴 때에만 이 작업은 나에게 절실하고 의미있는 공부가 될 수 있을 것이다. 이렇게 보면 결국 나의 현재의 출발점이 중요한 것일 수밖에 없다. 내가 지금 바라보는 일본인과 히데요시 상도 또한 나의 현재까지의 축적된 삶과 분리될 수 없기 때문이다.

나는 대학에 들어와서 일본에 관심을 가지고 자신의 전공으로 여기고 살아온 지 상당한 시간이 흘렀다. 처음에 일본에 관심을 가지게 된 것은, 태평양 전쟁을 일으켜 패하고서도 다시 경제적으로 부흥하여 세계무대에 화려하게 복귀한 일본에는, 그래도 사람들이 무시하는 것 말고 다른 무언가가 있을 것이라고 생각했기 때문이었다.

나는 일본을 그 문화적 바탕에서 이해하고자 일본의 고전 문학을 공부했다. 일본 문화의 근본 바탕을 이해하지 않고는 제대로 된 일본을 이해하기 힘들다고 보았기 때문이다. 그리고 현재의 판단은 일본에는 오랫동안 인류가 보편적으로 추구해 왔던 가치와는 사뭇 다른 측면이 부각되고 있는 것을 알았다.

나는 그동안 일본인들의 고전을 공부하면서 얻은 일본에 대한 이해를 바탕으로 일본인들이 만들어낸 영웅에 관심을 가졌다. 한동안은 역사적 인물에 대해 고정된 인물상이 있고, 그것을 붙잡을 수 있을 것이라고 믿고 찾아보기도 했다. 하지만, 한 인물에 대한 고정된 상은 근본적으로 허구일 수밖에 없다. 역사적 인물에 대한 허상은 집단의 이해와 결부되어 역사적 시간 속에서 확대재생산 된 것이다.

히데요시는 16세기 말 일본의 전국(戰國)을 통일하고 절대 군주의 자리에 올랐다. 그는 비록 왕이라고 하지는 않았지만, 절대 군주의 권력을 휘둘렀다. 그는 하급무사로 시작하여 오다 노부나가(織田 信長, 1534-1582)의 핵심부하가 되었다. 노부나가가 갑자기 부하에게 죽자, 대군을 이끌고 오사카 서쪽에 출진 중이던 히데요시는 회군하여 쿠데타를 진압하였다. 그리고 나서 주군의 자식들과 라이벌을 물리치고 권력을 장악하였다.

그는 일본을 장악하자 대륙 정복을 꿈꾸고, 조선을 침략하였으나 뜻을 이루지 못하고 패망했다. 그는 조선 침략 와중인 1598년 8월 6살의 어린 후계자를 남겨둔 채 62세의 나이로 숨을 거두었다.

히데요시에 대한 인물상은 히데요시가 권력을 장악하고 서기에게 편찬토록 한 선전물을 바탕으로 하여 17세기에 거의 형성되었다. 우선 히데요시가 권력을 장악하고 스스로를 선전하기 위하여 서기에게 편찬하게 한 전기 작품인 『텐쇼키(天正記)』가 있고, 또 훗날 그의 부하에 의해서 영웅적인 업적이 그려진 『타이코 군기(太閤軍記)』가 있다. 이들 작품을 이어받아 종합적인 히데요시 전기 작품이 된 것이 1625년에 간행된 『타이코키(太閤記)』이다. 20권에 이르는 방대한 내용을 수록한 이 작품은 17세기와 18세기에 판을 거듭하여 간행되면서 히데요시 상의 원점이 되었다.

이 작품을 바탕으로 많은 『타이코키(太閤記)』 작품군이 나타났다. 그 가운데서 17세기 전반의 『카와스미 타이코키(川角太閤記)』, 1802년의 『회본 타이코키(繪本太閤記)』, 1945년의 『신서 타이코키(新書太閤記)』는 널리 읽혀져 히데요시 영웅상을 만들어 내는 데 공헌한 작품들이다.

『타이코키(太閤記)』 작품군 외에도 히데요시 영웅상을 만들어낸 개별 전투를 기술한 작품들은 많다. 특히 조선 침략시 히데요시 부하들의 공훈을 그려낸 종군기 작품들은 대륙침략 위업을 고취한 점에서, 히데요시 전기 작품에서 중요하게 취급되고 있다. 또 그의 업적을 직접적으로 찬양하는 작품들과 약간 성격이 다른 것으로 히데요시의 주군 오다 노부나가의 전기 작품인 『신쵸코오키(信長公記)』가 있다. 또 전혀 성질이 다른 것으로 서양 선교사 루이스 프로이스가 기술한 『일본사』가 있다.

이러한 여러 전기 작품을 바탕으로 히데요시 인물상이 만들어졌다. 히데요시 영웅화 작업은 근대 이후 천황이나 국가 이데올로기에 의해 더욱 고조되었고, 태평양 전쟁 시에 극에 달했다. 태평양 전쟁에 패망한 일본은 일시적으로 히데요시에게 침략자의 낙인을 찍기도 했다. 그러나 그것은 오래가지 않았다. 일본의 경제적 부흥과 함께, 히데요시는 사무라이에서 상사맨으로 옷을 갈아입고 각종 일본 정신의 화신으로 재등장한 것이다.

오늘날은 과거보다 더 많은 히데요시 전기 작품이 자발적으로 만들어져 확대 재생산되고 있다. 일본 사회에서 만들어진 <히데요시 영웅상>은 일본사회의 토양에서 생명체처럼 자라나고 있는 것이다. 히데요시는 1598년에 죽은 것이 아니라 일본인들의 꿈과 희망을 자양분으로 먹고 여전히 살아가고 있다. 오늘날 경제적인 어려움에 직면한 일본은, 국가적인 위기를 그의 영웅적인(기만적인) 행위에 기대하는 추종자가 더욱 늘어나고 있다.

히데요시가 전국 통일의 여세를 몰아 대륙을 침략했을 때, 조선은 그 잔인한 살육약탈의 기운 앞에서 비록 온 몸이 피투성이가 되었지만, 끝까지 저항하고 침략 야욕을 막아낼 수 있었다. 이것은 도발을 저지한 단순한 군사적인 승리가 아니라, 수천 년 동안 인간이 이룩해낸 천리(天理)에 대한 믿음의 승리였던 것이다. 이러한 정신을 우리는 이순신 장군의 『난중일기』에서 생생하게 확인할 수 있다. 전쟁이란 어려운 현실에서도 인간이 얼마나 위대할 수 있는지, 우리는 뛰어난 인간의 문학 작품을 통해서 알 수 있다.

여기서 필자의 관심은 단지 한 잔인무도한 인물을 전기 작품들이 어떻게 영웅화시켰는지에만 있는 것이 아니다. 세계 각지에서 전쟁과 침략이 계속되는 현실에서 전쟁이란 우리 삶에 무엇인지를 묻고 싶은 것이다. 인류의 삶에 불가피하게 붙어 있는 끝없는 전쟁의 현실을 어떻게 판단해야 할 것인지 하는 문제는, 바로 우리가 삶의 현실을 어떻게 판단해야 하는지에 밀접하게 연관되어 있다. 이 한권의 문장은 여전히 전쟁과 밀접한 우리의 삶을 어떻게 이해해야 할 것인지에 대한 하나의 관심의 표명이다.

Ⅱ. 출생과 어린시절

토요토미 히데요시의
원숭이 상을 강조한 초상화

1. 천황의 아들

히데요시는 일본 전국(戰國)을 통일하고 절대군주가 되었지만, 그의 아버지가 어떤 사람이었는지 아직도 확실하지 않다. 이것은 히데요시 출신이 그만큼 뚜렷하지 않다는 증거이기도 하지만, 히데요시 스스로가 부친의 신분을 감추었던 데에 보다 근본적인 원인이 있다.

히데요시가 권력을 장악하고 나서 부하로 하여금 자신의 업적을 기록하게 한 것으로 「관백(關白) 임관기」가 있다. 이것은 히데요시가 1585년 천황의 정치를 대신한다는 관백에 취임하고 나서, 문장력이 있는 부하로 하여금 자신의 위업을 선전하기 위해 짓도록 한 것이다. 여기에는 히데요시의 혈통과 관련하여 다음과 같이 기술되어 있다.

> (히데요시의) 조부모는 궁중에 시종했다. 하기 츄나곤(萩 中納言)이라고 하던가. 지금의 오만도코로(大政所, 히데요시 모친) 3살 때 가을 어떤 사람의 참언으로, 오와리(尾張)라는 곳에서 유배생활을 했다. 또 어떤 노인의 이야기에 의하면 이곳에 교토(京都) 사람의 와카(和歌) 한 수가 있는데, 누가 지었는지 모르는 것이 있다.
>
> 바라보는/ 교토 달/ 많은 구름/ 걸린 생활/ 덧없는 세상이로구나
>
> 아마도 이것이 그 츄나곤의 와카인지 모르겠다고 한다. 오만도코로님은 어려서 교토에 간 적이 있다. 궁중 옆에 살면서 궁중에 2~3년 봉직하다가 다시 내려왔다. 얼마 되지 않아서 아이가 태어났다. 이 아이가 지금의 전하이다. 왕의 씨가 아니고서 어떻게 이런 준걸을 얻을 수 있었겠는가. (『天正記』 85쪽)

히데요시 조부모가 원래 궁정귀족이었으나, 히데요시 모친인 오만도코로 3살 때, 일본 중부 지방의 현재의 아이치 현에서 유배생활

을 한 것으로 그리고 있다. 히데요시 모친이 교토에 올라가서 궁중에 2~3년 봉직하고 내려와 히데요시를 출산했다는 것이다. 이 작품은 이를 증명하기 위해서 작자미상의 와카를 만들어냈다. '많은 구름/ 걸린 생활'이란 간신들에 둘러싸인 조정을 말하고, '덧없는 세상'이란 유배생활의 고생을 말한 것이다. 여기에서 히데요시의 아버지가 천황이라고 직접 이야기하지는 않고, "왕의 씨가 아니고서 어찌 이런 준걸을 얻을 수 있었겠는가"라고 간접적으로 표현했다.

이 히데요시 전기 작품은 당대 한문에 능통했던 서기역 오무라(大村 由己)가 작성한 것이다. 그런데 히데요시 부친에 관련된 중요한 내용을, 서기가 마음대로 지어 낼 수는 없었을 것이다. 이 이른바 <천황 사생아설>은 히데요시 스스로도 주변 사람에게 이야기하고 있다. 당시 일본의 최상층 귀족이며 와카(和歌)의 명문 출신인 마쓰나가(松永 貞德)는 히데요시에게서 직접 들은 이야기라고 하면서 다음과 같이 전한다.

> 언젠가 히데요시 공이 궁중에 들어와 옷을 갈아입는 시약원에서 말했다. "나는 오와리 민간 출신이라 풀을 벨 줄은 알지만, 붓 잡을 줄은 모른다. 원래부터 와카(和歌), 렌가(連歌)의 도리에는 까마득하지만, 생각지도 못했는데 임금과 교류하게 되었다. 다만 나의 어머니가 어렸을 때 수라간에서 일한 하녀였는데. 뜻하지도 않게 옥체를 모신 일이 있다. 그날 밤 꿈에 신사(神社)에서 주는 몇 천만 개의 부적이 이세(伊勢)부터 하리마(播磨)까지 빈틈없이 하늘을 날아갔다. 또 신성한 신의 폐백을 손에 들라는 꿈을 꾸고 나를 임신했다"
>
> (『戴恩記』, 小和田哲男, 43~44쪽에서 재인용)

히데요시가 자신의 모친이 궁정의 수라간에서 일하는 신분이었고, 옥체를 모신 일이 있다고 스스로 밝힌 것이다. 그리고는 천황가의 조상신이 모셔진 이세로부터 많은 부적이 오사카 서쪽의 하리마로 날아가, 히데요시로 하여금 신의 폐백을 들라는 꿈의 계시를 받았다고 하고 있다. 히데요시는 자신이 천황의 혈통을 이은 것만으로는 부족하여, 천황가의 조상신의 계시로 태어났음을 스스로 밝힌 것이다.

히데요시는 스스로 자신의 아버지를 감추고, 아직 살아있는 어머니를 궁정에서 일하다가 천황과 관계해서 자신을 낳았다는 이야기를 지어낸 것이다. 이렇게 되자 히데요시 부친은 기록에서 말살될 수밖에 없었다. 그래서 결국 히데요시의 가계나 형제에 관한 사실은 훗날의 전문(傳聞)에 의지하게 되었다. 근대에 이르기까지 히데요시의 혈통이나 가계에 관한 사실을 뒷받침한 자료가 『타이코 소생기(太閤素生記)』라는 소책자이다. 이것은 히데요시가 몰락하고 거의 한 세기가 지난 뒤인 17세기 후반에 주위에서 전해들은 이야기를 기록한 것이다.

이 자료에 의하면 히데요시 부친은 아이치(愛知) 고을 나카무라(中村) 사람으로 오다 노부나가(織田 信長)의 부친에게 조총수로 봉직한 키노시타 야에몬(木下 彌右衛門)으로 되어 있다. 야에몬은 전쟁에서 부상을 입고 고향에 돌아와 살다가 죽었다. 야에몬이 죽고 나서 같은 동료였다가 병이 들어 역시 고향에 돌아와 있던 치쿠아미(竹阿彌)가 히데요시의 새아버지로 들어왔다. 그래서 히데요시와 누나 토모(1534-1625)는 야에몬 소생이고, 남동생 히데나가(秀長, 1540-1591)와 여동생 아사히히메(旭姫, 1543-1590)는 새아버지 치쿠아미 소생이라는 것이다.

이 소책자의 작자는 주변에서 전해들은 자신의 이야기가 사실과 다름없는 틀림없는 것이라고 몇 번이나 강조하고 있지만 여기에는 결정적인 오류들이 지적되고 있다. 히데요시 부친이 하급무사였던 조총수였다고 하지만, 일본에 조총이 처음 전해진 것은 야에몬이 죽은 1543년이기 때문에, 당시 조총부대 같은 것이 있었을 리 없었다. 또 키노시타(木下)라는 성도 히데요시가 25살에 결혼한 아내의 성으로 여겨지고 있기 때문에 이 기록을 전적으로 신뢰하기 어렵게 되었다.

한편 교토 스이류지(瑞龍寺) 절에 소장되어 있는 「키노시타(木下) 가계도」에는 히데요시의 친부 야에몬이 히데요시 일곱 살 때인 1543년에 죽은 것으로 되어 있다. 이것을 그대로 받아들이게 되면 친부가 살아있을 때 히데요시의 두 동생도 태어난 것이 된다. 결국 히데요시 두 동생이 새아버지의 자식이었다고 오랫동안 믿어졌던 사실은, 오늘날 의심을 받게 되었다.

절대 권력을 장악한 히데요시의 가계에서 부친과 형제들이 불분명하게 된 것은, 바로 히데요시가 아버지를 말살하고, 자신을 천황의 사생아로 만들어 내려고 하면서 비롯된 것이다. 우리는 자식을 낳을 수 있지만 아버지를 낳을 수는 없는 일이다. 그런데도 불구하고 히데요시가 이처럼 아버지를 만들어낸 것은 당시 전국 시대 일본의 풍토에 기인한다.

인간의 어떠한 전통도 부정하고, 거짓으로 만들어 낼 수 있다고 본 오만한 발상이다. 영특했던 히데요시는 천황가의 단일 혈통의 허구를 일찍 간파하고서 자신을 그 허구의 혈통 속으로 편입해 넣으려고 한 것이다. 전쟁의 속임수 속에서 살아남은 히데요시는 뻔히 사람들이 보는 눈앞에서 모든 것을 속일 수 있다고 보고 아버지를 만들어 내려고 한 것이다.

그러나 조금만 더 생각해 본다면, 인간은 누구나 왕의 피가 섞이지 않은 사람은 없을 것이다. 어떠한 인간이라도 대를 거슬러 올라가면 틀림없이 조상중의 누군가는 왕에 이르게 된다. 진정한 영웅은 자신이 정말로 왕의 혈통을 이었음을 자각한 자여야 한다. 그리고 또 그 왕도 하늘에서 내려온 자가 아니면 안 된다. 하늘에서 위대한 꿈을 가지고 내려온 왕의 자손이어야, 먼 곳까지 인간을 안내할 수 있을 것이다. 천황의 혈통을 이었다고 아버지를 속이고 하늘을 속인 인간이 영웅이 될 수 있다고 본 것은 순전히 일본 풍토의 문제이다.

2. 태양의 아들

히데요시의 최초의 종합적인 전기 작품은 1625년경에 편찬된 『타이코키(太閤記)』이다. 타이코(太閤)라는 관직명은 히데요시가 조선 침략에 나서기 직전인 1591년 말, 그동안 사용하던 관백(關白)이란 직책을 후계자에게 물려주고 나서, 만들어서 사용한 전례가 없는 명칭이다. 히데요시에 관한 방대한 자료를 20권에 담아낸 이 작품은 17~ 8세기에 여러 차례 간행되었고, 이후에 나타난 여러 『타이코키』 작품군의 원천이 되었다. 이 작품 첫 부분은 다음과 같이 시작한다.

> 여기 고요제이(後陽成) 천황 시대에 태정대신 토요토미 히데요시 공이라는 사람이 있었다. 미천한 데서 일어나 고금에 빼어난, 참으로 이륜절류(離倫絕類)의 대기(大器)이다. 그 시원을 살펴보니, 아버지는 오와리(尾張) 고을 나카무라(中村) 사람으로 치쿠아미(筑阿彌)라고 했다. 언젠가 어머니가 품안으로 태양이 들어오는 꿈을 꾸고 나서 임신하여 태어났기 때문에 아명을 히요시(日吉)라고 했다. (『太閤記』 12쪽)

히데요시의 출신지, 부친 그리고 모친의 태몽을 소개하고 있다. 이 작품은 히데요시 부친을 치쿠아미라고 하고 있는데, 후대의 다른 기록에는 새아버지의 이름으로 되어 있다. 그런데 "어머니가 품안으로 태양이 들어오는 꿈을 꾸고 나서 임신하여 태어났기 때문에 아명을 히요시라고 했다"고 하여 히데요시의 태몽과 어린 시절 이름을 소개하고 있다. 이 태몽으로 인해 히데요시의 어린시절 이름을 해와 관련된 히요시(日吉)라고 지었다고 하여 틀림없는 사실임을 더 이상 의심하지 않도록 했다.

그러나 역사 연구자인 키타지마(北島 萬次)에 의하면, 이 태몽은 히데요시가 대륙을 정복하려고 할 때 고잔(五山)의 승려들이 해외 선전용으로 만들어낸 것이다. 이 태몽은 1590년 일본에 갔던 통신사가 조선에 가져온 히데요시 명의의 회답국서에 처음 등장한다.

> 가만히 내 일을 생각해보니, 미천한 하급무사였습니다. 하지만 내가 탯줄에 의탁했을 때, 모친은 태양이 품안으로 들어오는 꿈을 꾸었습니다. 점술사가 말하기를 "햇빛이 비추지 않는 곳이 없기 때문에, 성장하면 틀림없이 세상에 인풍을 일으키고, 사해에 두려운 이름을 떨칠 것은 의심할 수 없습니다" 하고 말했습니다.
>
> (北島A 99쪽에서 재인용)

여기에는 히데요시가 천황의 아들이라는 내용은 없고, 대신 모친의 태몽을 소개하고 있다. 그리고 "세상에 인풍을 일으키고, 사해에 두려운 이름을 떨칠" 징조라고 점술사의 풀이까지 덧붙인 것이다. 히데요시가 조선에 보낸 이 회답국서는 명나라로 들어가기 위한 길을 비켜 달라는 가도입명(假道入明)의 요구가 담긴 것이었다. 한학에 조예가 깊어 히데요시의 자문을 맡았던 승려들이 이러한 문장을 만들어 낸 것은, 히데요시가 사해에 두려운 이름을 떨칠 징조를 받아서 태어났으니까, 조선으로 하여금 속히 항복하라고 종용하기 위해서였다.

히데요시를 <태양의 아들>로 꾸며낸 내용은 조선뿐만 아니라 타이완, 필리핀 등 동아시아 주변국이나 다른 지역에 복속을 강요하는 경우의 서한에도 나타난다고 한다(北島A 89, 101, 103쪽). 일본에서는 천황이 태양여신 아마테라스(天照大神)의 후손이기 때문에, 히데요시와 관련지을 수 없었고, 대외문서에서만 이 내용을 이용한 것으로 보인다.

『타이코키(太閤記)』에도 1593년 명나라 사신에게 보고하기 위해 준비한 내용 가운데 이 태몽이 실려 있다(448쪽). 이것으로 보아 작자는 승려들에 의해서 꾸며진 내용을 히데요시의 전기적 사실로 알고 있었다고 보인다. 그리고는 자신의 한문학에 대한 지식을 통해서 히데요시의 태몽을 한무제의 태몽과 유사한 것으로 그려냈다.

> 한나라 왕부인은 태양이 품안으로 들어오는 꿈을 꾸고, 태자를 낳아 천하의 주인인 (한)무제라는 말을 듣고 있는데, 우리나라 히데요시 경도, 해가 가고 달이 가자 점점 올라가서 섭정 관백(關白)의 극에 달하고, 천하를 석권하고 끝내는 정1품 풍국대명신(豊國大明神)으로 받들어진 것도, 심상한 인연이 아닌 것을 나중에야 알았다.
> (『太閤記』 19~20쪽)

한무제가 신분과 서열이 낮은 왕자였지만, 태양이 품안에 들어오는 꿈으로 인하여 황제의 지위에 오른 것처럼, 히데요시도 이 꿈으로 관직이 극에 달하고 죽어서도 풍국대명신이 된 것이라고 하고 있다. 『타이코키』는 태몽이 예시한 징조로 히데요시의 천부적인 자질을 작품의 곳곳에서 그려냈다. 노부나가가 군사연습을 하면서 히데요시를 시험삼아 대장으로 삼아 보았을 때이다.

> 토키치로(히데요시)가 한쪽의 대장이 되었는데, 배우지 않고 도를 알고, 듣지 않고 법을 깨우친 생지인(生知人)이라서, 손오의 병법에 맞아, 달리고 빠지는 것이 자유로웠으니 참으로 고기가 물에 있고, 새가 숲에 노는 것 같았다. (『太閤記』 17쪽)

히데요시를 "배우지 않고 도를 알고, 듣지 않고 법을 깨우친 생지인"이라고 평한 것이다. 생지인이란 후천적으로 배우지 않아도 선천적으로 지혜를 가지고 태어난 인물을 말한다. 유교에서는 공자와 같은 성인을 높여서 부르는 칭호인데, 작자는 히데요시가 무예에 출중한 것으로 해서 태어나면서부터 지혜를 가진 생지인으로 나타냈다.

『타이코키』 작자는 임진왜란 기간 중에 일본에 급속하게 퍼진 주자학에 심취했던 인물이다. 그는 주자학적 관점에서 히데요시를 비판하려는 의도가 있었지만, 이 태몽을 작품의 모두에 제시함으로써, 결국 <태양의 아들>인 히데요시의 출중함을 곳곳에서 드러내는 작품을 만들고 말았다.

생각해 보면 살아가는 모든 것은 태양의 조화에서 비롯된다. 그러므로 제왕뿐만 아니라 우리 모두는 태양의 아들인 셈이다. 태양 빛으로 자라난 소중한 생명을 자각할 때에 우리는 하늘을 우러러보게 된다. 천황만이 태양의 아들이라는 일본 신화의 허구를 무너뜨리지 못한다면 결코 만인이 공감할 영웅을 낳을 수 없다. 히데요시를 태양의 아들이라고 꾸며낸 편협한 승려들의 의중이, 무도한 히데요시의 침략을 세상에 인풍(仁風)을 퍼뜨린다고 꾸며대기에 이르렀다.

3. 원숭이 화신

오늘날 일본사람들은 히데요시 하면 원숭이 상을 자연스럽게 떠올리게 되었다. 일본인들이 가장 좋아하는 영웅 히데요시는 어떻게 해서 원숭이가 된 것일까. 히데요시를 원숭이 이미지로 처음 그려낸 것은 17세기 초반에 간행된 히데요시의 종합적인 전기 작품이 『타이코키(太閤記)』이다. 히데요시가 무사의 복장을 갖춰 입고 오다 노부나가에게 출사하고자 하는 뜻을 밝혔다. 그러자 노부나가가 "그의 모습과 행동을 보시고는 웃으면서 말하기를, '얼굴 모양이 원숭이를 닮았군. 마음도 가볍게 보이는데 기질도 좋겠지" 하고서 고용했다(14쪽). 주자학을 표방한 작자가, 성군이라고 칭송한 오다 노부나가와 견주어서 히데요시를 부정적 이미지로 그려내고자 한 것이, 결국 원숭이로 표현된 것으로 보인다.

이렇게 그려낸 히데요시 원숭이상은, 17세기 후반에 전문을 기록한 소책자 『타이코 소생기(太閤素生記)』에서 확대되었다. 이 작품에 의하면 어린 히데요시는 16세 무렵 아버지가 남겨놓은 유산 일부를 가지고 출가하여, 곳곳에서 바늘 장사를 하면서 출사할 곳을 찾아 유랑하다가 일본 중부지방의 하마마쓰(浜松)라는 곳에서 마쓰시타 카베에(松下 加兵衛)를 만났다. 두 사람이 처음 대면하는 장면을 살펴보자.

> 근처에 쿠노라는 곳이 있는데, 마쓰시타라는 자가 이곳 작은 성의 주인이다. 이 사람도 이마카와(今川)의 부하이다. 쿠노에서 하마마쓰에 이르는 길에 원숭이가 있는데 색다른 자였다. 원숭이인가 하고 보면 사람, 사람인가 하고 보면 원숭이다. 어느 곳에서 온 누구인가 물어보니, 원숭이가 말하기를 오와리에서 왔다고 한다. 다시 어린 자가 먼길을 무엇하러 왔는지 묻자, 출사하고 싶어서 왔다고 한다. 돌아가서 마쓰시타에게 보고하자, 마쓰시타가 웃으면서 '나에게 출사하고 싶다고' 하면서 다시 물으니 '황송합니다' 하고 대답했다. 마쓰시타가 하마마쓰에 데리고 가서 주군인 부젠(豊前)에게 말하기를, "길에서 모습이 색다른 자를 발견했습니다. 원숭이인가하고 보면 사람, 사람인가하고 보면 원숭이입니다. 한번 보십시오" 하고 불러온다. 부젠의 아이들 중에 어린 딸들이 나와서 이것을 구경하고, 또 옆에 있는 자들도 이것을 보고 웃고는, 껍질이 붙어있는 밤을 꺼내서 주자

입으로 껍질을 벗겨 먹는데 입가가 원숭이와 똑 같았다. 그래서 여기저기서 귀엽다고 혹은 낡은 적삼을 주고 혹은 비단옷도 주고 목욕도 시키고 바지를 입히니 그 모습이 청아해서 처음 모습과 달랐다. 처음에는 마쓰시타의 신발담당 부하들과 함께 두었다.

(『太閤素生記』 309~310쪽)

오늘날 전기 작품에서 히데요시를 "원숭이인가 하고 보면 사람, 사람인가 하고 보면 원숭이"라는 유행어가 처음 만들어진 것은 바로 이 작품에서이다. 원숭이도 그냥 원숭이가 아니라 거지가 되어 떠돌아다니는 원숭이로 그려냈다. 부젠의 어린 딸들이 "껍질이 있는 밤을 꺼내서 주자 입으로 껍질을 벗겨 먹는데 입가가 원숭이와 똑 같았다"고 하고 있다. 이미 토쿠가와(德川) 막부에 의해 몰락한 히데요시를 극도로 비천한 모습으로 그려낸 것이다.

이 작품은 히데요시의 원숭이 이미지를 사실로 만들기 위해서 아예 그 출생년도까지 1년 앞당겨, 원숭이 해인 1536년 병신년으로, 그것도 정월 초하루 탄생으로 만들었다. 그리고 어려서부터 이름도 아예 원숭이(猿 : 사루)로 불렀다고 했다. 이 작품의 작자는 히데요시의 입신출세 이야기를 극적으로 그려내기 위해서 히데요시의 어린 시절을 천한 원숭이의 비참한 모습으로 그려낸 것이다.

그런데 이로부터 백여 년이 지난 후에 간행된 『회본 타이코키』는 히데요시의 원숭이 상을 신상(神像)으로 그려냈다.

이 아내(히데요시 모친)가 히요시 곤겐(日吉 權現)에게 기도하여 남자 아이 낳기를 소원했다. 그 영험이 있어서 그랬는지, 어느날 밤 태양이 품안으로 들어온 꿈을 꾸고 갑자기 임신했고, 잉태한지 13개월째인 1536년 병신년 정월 초하루 날 남자 아이를 낳았다. 그 때 집 위에 신령한 별이 나타나 비추는 것이 대낮 같았다. 성장한 후에 어려운

> 전쟁이 있을 때마다, 틀림없이 이 별이 위에 나타나서, 흉사를 길사로 바꾸어 주었다. 이 아이는 태어나면서부터 이가 나 있었고, 얼굴은 원숭이에 가까웠다. 이름을 히요시마루(日吉丸)라고 지었지만, 원숭이와 아주 닮았다고 해서 사람들은 모두 원숭이새끼(猿之助 : 사루노스케)라고 불렀다. (『繪本太閤記』 상권 24쪽)

1802년에 간행된 이 작품은 기존의 전문을 토대로 하면서도 더욱 자유로운 상상을 보태서 히데요시를 그려내고 있다. 히데요시의 조부를, 승려였다가 아들을 점지해 준다는 백일기도의 영험을 믿고 환속한 인물로 설정하였다. 자식을 낳을 때, 자식이 아니면 손자가 세상을 다스릴 것이라는 태몽을 꾼 것으로 그렸다. 히데요시 모친이 원숭이를 신의 사자로 모시는 히에(日吉) 신사(神社)에 기도하여 히데요시를 낳았다. 그래서 히데요시는 원숭이와 닮았고 아예 원숭이새끼로 불렸다고 하고 있다.

이 히에 신사(神社)는 쿄토(京都) 동쪽의 영산인 히에(比叡) 산에 본사가 있고, 현재도 일본 전국 각지에 3천 여 곳이 있는 것으로 알려져 있다. 히데요시를 이렇게 신사의 원숭이 신상과 결부시킨 것은 18세기 일본의 국수주의적인 국학 운동과 관련이 있다. 국학 운동이 대외적인 국위 선양 위업을 중시하면서 히데요시가 이미 일본의 영웅으로 확고하게 자리를 잡은 것을 말해준다.

그런데 한 일본문학 중견 연구자는 히데요시 원숭이상에서 <일본 민족의 영웅상>을 찾아냈다. 그에 의하면 히데요시 원숭이상은 원숭이를 신체(神體)로 갖는 히에(日吉) 산신의 분신에서 유래하는 것이고, 이것이 히데요시 영웅상을 떠받쳐온 것이라고 하고 있다(松田修). 이것은 명백히 『회본 타이코키(繪本太閤記)』가 상상으로 꾸며낸 세계를 문학적 사실로 연결한 것임을 알 수 있다.

히데요시 전기 작품들이 처음에 히데요시를 천박한 원숭이로 그려낸 데는, 히데요시 폭정에 대한 반감과, 토쿠가와 막부의 반 히데요시 분위기가 작용했을 것이다. 그런데 처음으로 히데요시를 원숭이 이미지와 결부시킨 이 작품들은, 히데요시가 비록 천박하긴 하지만 원숭이 같이 재주 있는 인물로 그려내지 않을 수 없었다. 이러한 원숭이 이미지는 또한 히데요시를 원숭이처럼 사람들에게 친근한 영웅으로 만들었다. 히데요시의 원숭이 이미지는, 카토 키요마사(加藤 淸正)의 호랑이 이미지와 달리, 폭군의 잔혹함을 희석시켜 주었다.

『타이코키』가 처음 그려냈던 원숭이 이미지는 신토(神道)의 신상과 결부되어 어느새 히데요시 영웅상으로 탈바꿈하게 된 것이다. 오늘날 유포되고 있는 히데요시 초상화 가운데, 군주의 복장을 하고 있으면서도 얼굴을 완전히 원숭이로 그려낸 것이 있다. 이것은 언제 누구에 의해서 그려진 것인지 알 수 없지만, 실물의 히데요시를 그려낸 것이 아니라, 이처럼 신상(神像)이 체현된 히데요시를 그려내려고 한 것이다.

4. 유랑하는 어린 히데요시

히데요시의 어린 시절을 전하는 신뢰할 만한 이야기는 거의 없다. 17세기 초반의 『타이코키(太閤記)』에는 히데요시가 총명하기 때문에 출가시켜서 승려가 되게 하려고 절에 보내졌다는 내용이 나온다. 8살 경에 주위에 있는 코묘지(光明寺)라는 절에 보내졌지만, "출가승은 거지나 다름없다"고 생각하고는 마음대로 행동하고, 어린나이에 승려들을 협박해서 일부러 절에서 쫓겨나는 것으로 그려져 있다.

절에서 쫓겨나서 집에 돌아온 히데요시는 다시 각지를 떠돈다.

> 아버지가 원래 가난했기 때문에, 10살 무렵부터 남의 노비가 되려고 각지로 떠도는 몸이 되었다. 토오토미, 미카와, 오와리, 미노 등 중부지방을 떠돌았지만, 일 년을 한 곳에 머물지 못했다. 이것은 오로지 기상이 남들보다 뛰어나고, 도량이 큰 사람이었기 때문이다. 그렇기 때문에 노예가 되어 부끄러움을 당하지 않은 것도 도리이다. (『太閤記』 13쪽)

『타이코키』의 이 내용은 히데요시의 많은 전기 작품이 그려내고 있는 유랑하는 어린 히데요시상의 최초의 것이다. 히데요시가 남의 집살이를 하며 일본 중부지방 곳곳을 전전하는 모습으로 그려냈다. '노비'라든지 '노예'라는 잘 쓰이지 않던 용어를 써서 그려낸 것은, 히데요시를 폄하하고자 한 작자의 의도가 담겨있는 것으로 여겨진다. 또 한편으로는 작자가 반 히데요시 입장이었던 토쿠가와 막부를 의식하지 않을 수 없었던 점도 영향을 미쳤을 것이다.

그러나 『타이코키』는 어린 히데요시를 천박한 인물로 만들려고 했지만, 최고 권력자가 된 히데요시의 현실을 완전히 부정할 수 없었다. 그래서 히데요시가 가난하여 각지를 떠돌면서 남의 노예가 되려고 했지만, 그의 뛰어난 기상과 도량으로 그렇게 되지 않은 것도 도리라고 했다.

17세기 후반에 기록된 『타이코 소생기(太閤素生記)』는 『타이코키』의 내용을 이어받아 유랑하는 히데요시의 모습을 더욱 생생하게 그렸다.

> 타이코(太閤) 16세 때인 1551년 신해년 봄 츄나카무라(中中村)를 나섰다. 아버지가 죽을 때 원숭이에게 영락전 1관문을 남겨놓았는데, 이 돈을 조금 나누어서 가지고 키요스(清洲)에 가서 아랫사람들이 무명천을 누비는데 쓰는 커다란 바늘을 조달하여 품안에 넣고서, 우선 나루미(鳴海)까지 와서 이 바늘을 식사와 바꾸고, 또 바늘을 짚신과 바꾸는 등 이처럼 바늘을 노자로 해서 하마마쓰(浜松)에 이르렀다. (『太閤素生記』 309쪽)

어린 히데요시가 아버지가 남겨놓은 유산을 가지고 나와서, 바늘 장사를 하면서 각지를 떠도는 모습으로 그려냈다. 일본 중부지방 각지를 떠돌아야 하는 히데요시가 휴대하기에 편한 바늘을 노자처럼 가지고 다니며 연명하는 모습으로 그려냈다.

한편 이 작품보다 1세기가 지나서 편찬된 『회본 타이코키(繪本太閤記)』는 『타이코키』의 내용에 의탁하면서, 중간 중간 새로운 궁리를 덧보탰다.

> 아버지가 원래 가난했기에, 아내의 사촌으로 키요스에 살고 있는 겐자에몬이라는 상인에게 부탁해서 히요시마루(히데요시)를 머슴살이 하러 보냈는데, 여기서 반년, 저기서 한 철이나 한 두달 일하고는 쫓겨나는데, 토오토우미, 미카와, 오와리, 미노 등 곳곳에서 일자리를 구한 것이 38집이나 된다. 오로지 기상이 사람들보다 크고 도량이 커서 노예의 손에 떨어지지 않는 것도 도리이다. 또 이곳에서 한 도자기집에서 일했는데, 히요시마루는 어느 곳이나 마찬가지로 처음에는 주인의 기분도 살피고, 일을 열심히 했지만, 어느샌지 비천한 자의 천박한 모습이 마음내키는 대로 행동하고 결국 주인의 노여움을 샀다. (『繪本太閤記』 24~25쪽)

여기에는 '도량' '기상' 등 『타이코키』의 용어가 그대로 보인다. 기상과 도량이 큰 히데요시가 노예의 손에 떨어지지 않은 것은 도리라고 한 것도 『타이코키』의 기술을 그대로 반복한 것이다. 히데요시가 각지를 떠돌다가 마침내는 천한 직업인 도자기를 굽는 일까지 하는 것으로 그렸다. 히데요시의 어린 시절의 비참한 모습이 시간이 갈수록 정도가 심해지는 것을 알 수 있다.

한편 태평양전쟁 시기에 요미우리(讀賣) 신문에 연재되었던 『신서 타이코키(新書太閤記)』는 히데요시가 새아버지 치쿠아미로부터 학대당하다가 쫓겨난 모습을 그려냈다.

> 조금이라도 게으름 피우거나, 장난이라도 하고 있으면, 치쿠아미의 큰 손은 금방 히요시(히데요시의 아명) 얼굴을 두들겼다. 히요시는 싫어서 견딜 수 없었다. 일보다도 새아버지 눈에서 조금이라도 벗어나고 싶었다. 매일 치쿠아미는 틀림없이 낮잠을 잤다. 히요시는 잘됐다하고는 그 순간에 빠져나간다. 곧 치쿠아미가 밭이나 제방에 모습을 나타내고는, "원숭이, 우리 원숭이 놈 어디 갔어" 하고 찾아오면, 히요시는 모든 것을 버리고 옥수수 밭 속으로 숨어들었다.
>
> (『新書太閤記』 1권 45-47쪽)

『신서 타이코키』가 만들어진 시기는 토쿠가와 시대와는 달리, 천황이 히데요시를 적극 비호하고 신격화했기 때문에 더 이상 희화해서 그리지는 않았다. 대신에 새아버지의 갖은 학대로 신음하는 히데요시를 그려냈다. 새아버지의 폭력을 보다 못한 어머니가 히데요시를 절에 보낸다. 그리고 여기서 쫓겨나서 다시 각지에서 머슴살이를 하다가 도자기 일까지 하는 것으로 그렸다. 이것은 『타이코키』와 『회본 타이코키』의 기술과 꾸며낸 내용을 그대로 이어받은 것임을 알 수 있다.

『신서 타이코키』의 히데요시 영웅화 작업은 제국주의의 국책 사업과 궤를 같이 하였다. 청일전쟁, 러일전쟁, 조선합방, 중일전쟁, 태평양전쟁 이렇게 이어지는 침략 전쟁 속에서 히데요시 영웅상은 더욱 빛을 발한 것이다. 일본은 전 국민을 국가 총력전의 전쟁으로 내몰기 위해서 히데요시 영웅상을 앞세운 것이다.

일본이 세계를 무대로 전쟁 과업을 달성하기 위한 고통의 감수를 어린 히데요시에게 부여하였다. 일본은 2차 대전 중에 가난하고 가진 것이 없는 히데요시가 오로지 기상 하나로 세계를 정복하도록 애타는 꿈을 실어 응원한 것이다. 무도한 침략으로 실패한 히데요시의 대륙 침략을, 성공하도록 응원하면 할수록, 히데요시 어린 시절

고생은 잔혹하게 그려질 수밖에 없었다. 결국 이렇게 히데요시의 입신출세 스토리가 과장되면서 더욱 많은 히데요시 추종자를 양산하게 되었다.

Ⅲ. 승승장구하는 사무라이

스노마타 일야성, 히데요시가 하루 밤에 쌓아 성주가 되었다는 전설이 된 성채 자리에 1992년에 건립한 역사기념관

1. 청운의 무사

『타이코키(太閤記)』는 어린 히데요시가 집을 나와 각지를 유랑하다가 마쓰시타를 만나 무사로 봉직한 내용을 간략하게 밝히고 있다. 그리고는 여기서 열심히 일해 신임을 얻은 히데요시가 주군인 마쓰시타를 곧 배반하고 떠나는 내용을 소개하고 있다.

> 추운 겨울과 따뜻한 봄을 거쳐서 20살이 될 무렵, 토오토미의 마쓰시타(松下 加兵衛)라는 사람에게 봉직했는데, 다른 곳과는 달리 일에 힘쓰고 있었다. 한 번은 오와리의 노부나가 쪽에서는 어떤 갑옷을 입는지 마쓰시타가 물었다. 히데요시가 "오와리 고을에는 이곳 갑옷과 달리, 오른쪽 옆구리에서 묶어 신축이 자유로운 도마루라는 것을 대개 씁니다" 하고 대답했다. 그러자 그 갑옷과 투구를 사오라고 하면서 금화 5~6냥을 주고 보냈다. 히데요시가 길을 가면서 생각하기를 비록 예절을 잊고 충의를 더럽힌다고 할지라도 모략을 써서 위명을 떨치고 국가를 차지하는 것은 용사가 해야 할 바이다. 그러므로 이 돈을 대장부의 몸이 되기 위한 준비에 써야한다 하고는, 천하의 큰 그릇이 될 인물에 의지해 입신하고 부모 친족을 공양하고 나서 그 갑옷을 구해서 마쓰시타 님에게 건네주려고 생각했다. 그래서 우선 이런 뜻을 숙부에게 물어보니, "아주 좋은 생각이다. 탐욕스런 자는 재물을 구한다고 하지만, 너는 탐욕스런 자가 아니다. 무에 힘써서 이름을 세우고자 하는 자가 청운지사(靑雲之士)에게 붙지 않고서 어찌 이름을 내겠느냐, 가만히 생각해보니 노부나가 공은 밤낮을 가리지 않고 무용에 힘쓰고, 권모를 일삼고 신의를 지키고, 그 기상이 어리석은 것 같지만, 어리석지 않고 크게 강한 행동뿐이다"고 했다.
>
> (『太閤記』 13쪽)

히데요시가 마쓰시타를 배반하고 오다 노부나가에게 의탁하게 된 경위를 설명하고 있다. 히데요시가 다른 곳에서 하던 일과는 달리 마쓰시타에게 무사로 봉직하는 것에 보람을 느끼고 열심히 일해

히데요시가 실전에서 쓴 것으로 알려진 투구

서 신임을 받았다. 그래서 자신의 고향인 오와리의 오다 노부나가 군대에서 사용하는 갑옷을 구해오라는 명을 받는다. 그러자 히데요시가 장래가 보이는 노부나가에게 봉직하기 위해 주군을 배반한다는 내용이다.

여기에서는 히데요시가 마쓰시타에게 봉직한 것을 20살이라고 하고 있으나, 최근 연구에 의하면 히데요시가 마쓰시타에게 봉직한 것을 15세 경, 그리고 오다 노부나가에게 봉직한 것을 18세 경으로 잡기도 한다.

히데요시의 부친이 노부나가의 부친에게 봉직했다고 한다면, 히데요시도 성장하여 노부나가에게 봉직하는 것은 자연스럽다. 그런데도 히데요시가 타지에서 봉직하다가 노부나가에게 출사한 것은 어떻게 된 사실인지 확인할 길은 없다.

그런데 이 내용에서 흥미있는 것은, 히데요시가 청운(靑雲)의 무사인 오다 노부나가에게 봉직하기 위해서 주군을 배반한다는 설정이다. 히데요시가 자신의 장래에 관한 중요한 사항을 숙부에게 물어서 결정하는 가운데, "무에 힘써서 이름을 세우고자 하는 자는 청운지사에게 붙지 않고서"는 이름을 낼 수 없다고 한 것이다. 이것은 사마천의 『사기』의 내용에서 따온 것으로 보이는데, 여기서 "청운지사"는 공자를 두고 이른 말이었다. 제자인 안회가 비록 영특하긴 하지만, 공자와 같은 청운지사에게 발견되지 않았다면 이름을 후대에 남길 수 없었을 것이라고 한 것이다.

그런데 이 작품에 나타난 히데요시의 청운의 뜻은, 무로써 세상을 구하고자 하는 포부도 아니고, 다만 '무에 힘써서 이름을 세우고자'

한 것이다. 당시 일본은 전쟁으로 지새는 상황이었고, 문으로 세상을 구할 수 있다는 생각은 아직 이해되지 않았다. 이 작품의 작자는 오다 노부나가를 성인에 비견하고, 히데요시를 안회와 같은 수제자에 비견하고 있기 때문이다.

『타이코키』는 히데요시가 마쓰시타의 돈을 횡령하고 그것으로 무구를 갖추어, 노부나가에게 봉직하기를 청원하는 장면을 다음과 같이 그려내고 있다.

> "저의 부친은 야마토노카미(노부나가의 부친)에게 봉직했던 치쿠아미로, 아이치(愛知) 고을 나카무라(中村) 사람입니다. 대대로 무사 집안이긴 하지만, 부친 대에 집이 가난하여, 저는 어려서부터 곳곳에서 일하는 몸이 되다보니, 주군님 문에 들어올 수 없었습니다. 오로지 바라옵건대 은덕을 입고자 합니다"고 하자, 노부나가 공이 그의 모습과 행동을 보시고는 웃으시면서 말씀하기를, "얼굴은 원숭이를 닮았구나, 마음도 가벼워 보이는데 기(氣)도 좋겠지" 하고서, 받아들였다.
> (『太閤記』 14쪽)

히데요시가 자신의 선대부터 오다 가문의 무사였으나, 가난하여서 각지를 떠도느라 봉직할 수 없었던 상황을 설명하고 무사로 봉직할 수 있도록 청원하는 장면이다. 그러자 노부나가는 히데요시가 원숭이를 닮았다고 놀리고는 '마음도 가벼워 보이는데 기도 좋겠지' 하고서 고용했다. 이 내용은 히데요시의 원숭이를 닮은 외모, 그리고 쾌활하고 양기에 넘치는 성격 등 오늘날까지 널리 알려진 그의 모습과 성격을 만들어 낸 부분이다.

하지만 이 내용에는 히데요시를 희화시키려는 작자의 의도가 담겨 있다. 원숭이처럼 가벼운 소인배인 히데요시가 자신의 장래에 도움이 된다는 이유로 주군의 돈을 착복하고 배반해서 노부나가에게 봉직을 청원한 것으로 그렸기 때문이다.

그런데, 훗날의 『회본 타이코키』는 히데요시가 마쓰시타를 만나기 전에 하치스카 코로쿠(蜂須賀 小六)라는 도적의 부하가 된 내용을 꾸며냈다. 부하들을 천여 명이나 거느리고 도적질을 하던 하치스카를 어린 히데요시가 만나서 부하가 되었다는 내용이다. 두 사람이 처음 만나는 극적인 장면을 보자.

> (하치스카가) 어느 날 여러 부하들을 거느리고 오카자키(岡崎) 다리를 건너갔다. 이 때 히데요시가 다리 위에서 깊이 잠들어 있는데, 하치스카가 히데요시의 머리를 차고 지나갔다. 히데요시가 눈을 뜨고는, 크게 화를 내며, "너 어느 놈인지 예의가 없구나. 나는 어리지만 너에게 천대받을 이유가 없다. 내 앞에 와서 사죄하고 가라" 하고 말했다. (『繪本太閤記』 25~26쪽)

거지가 되어 떠돌아다니던 어린 히데요시가 오카자키 다리 위에서 잠을 자다가 산적 두목인 하치스카에게 봉변을 당하자, 용기있게 하치스카의 무례를 꾸짖는다는 내용이다. 그러자 어린 히데요시의 용기를 가상하게 여긴 하치스카가 부하로 발탁해서 도둑의 일원이 된 것이다. 이것은 어린 히데요시의 용기있는 행동을 만들어낸 이른바 <야하기(矢作) 다리의 조우>로 널리 인구에 회자하게 된 내용이다.

아이치 현 오카자키(岡崎) 시의 오카자키 성이 바라다 보이는 곳에 있는 야하기 다리의 전설이 된 이 내용은 『회본 타이코키』가 만들어 낸 것이다. 그런데 히데요시 당시에는 이곳에 다리가 없이 나룻배로 건넜다는 것이 밝혀지면서, 『신서 타이코키』는 히데요시가 강가의 허름한 배위에서 잠을 자다가 도둑인 하치스카에게 발탁되는 것으로 바꾸어졌다.

『회본 타이코키』는 키요스에 살고 있던 아저씨가, 도적이 되어 있는 히데요시를 발견하여 도적의 소굴에서 나오게 한 것으로 그리고 있다. 그리고 나서 승려의 동자가 되어 각지를 유랑하고 다니다가, 하마나(浜名)의 이마카와(今川 義元)의 부하인 마쓰시타의 집에 머물고 있을 때, 주인이 히데요시의 범상치 않은 모습을 보고 청해서 고용한 것으로 그렸다. 그리고는 마쓰시타의 부하가 된 경위를 선행 작품보다 좀더 꾸며내서 부연한 것이다.

2. 충직한 부하

17세기 초반에 간행된 최초의 히데요시의 종합적인 전기 작품인 『타이코키(太閤記)』는 서문에서 밝히고 있듯이 원래 비판적인 입장에서 히데요시 인물상을 그려내고자 했다. 그렇지만, 히데요시가 충직하고 근면하여 노부나가의 인정을 받는 에피소드들을 많이 소개함으로써 오늘날에 이르기까지 히데요시 인물상의 근간을 만들어 냈다.

먼저, 무사로서의 근무에 소홀함이 없는 충직한 히데요시의 모습을 그려냈다.

> 히데요시가 신참이라 주군을 가까이 모실 수 없었을 때, 가까이서 시중드는 사람들에게 접근하여 필요한 일을 해주는 등, 1~2년은 그런 식으로 지냈다. 한번은 같은 고을에 있는 이누야마(犬山) 성 부근을 불태우려고, 노부나가 공이 새벽에 나가려는데, 말을 타고 대기하는 자가 있었다. 누구냐고 물으니, "키노시타 토키치로 히데요시입니다" 하고 이름을 댔다. 또 얼마 지나서, 매사냥을 가려고 새벽에 나가면서, 누구 있느냐 하고 부르자, "토키치로 여기 있습니다" 하고 대답했다. 윗사람을 공경하고 신하의 일을 다하는 자는, 공무에 빈틈이 없다고 했는데, 근년 토키치로 근무가 참으로 이와 같구나 하고 감탄하는 마음이 처음으로 생기셨다. (『太閤記』 14쪽)

히데요시가 노부나가의 주변에 항상 대기하여 언제라도 출동할 수 있도록 근무에 소홀함이 없는 모습을 그려냈다. 히데요시를 작자가 성군이라고 여긴 오다 노부나가의 부하로 어울리는 충직한 모습으로 그려낸 것이다.

『회본 타이코키』는 이러한 충직한 히데요시의 모습을 더욱 형상하여 꾸며냈다.

> 토키치로(히데요시)는 말먹이 꾼이 되어, 밤낮없이 말꼴과 사료를 챙기는데 방심하지 않고, 시간이 나면 오로지 말의 온몸을 쓰다듬어 주니까, 얼마 지나지 않아 그 털색깔이 아름답게 빛났다. 노부나가 경의 눈에 들어서 신발 들고 따라 다니는 일을 시켰는데, 추운 계절에는 신발을 자기 품에 넣어서 따뜻하게 하는 등, 주군의 모든 분부에 응했다. 노부나가 경이 아직 장년이었고, 특별히 강한 기운의 대장이어서, 엄동이나 한더위도 가리지 않고 매일 새벽 말을 타고 나가셨는데, 어느날 아침 눈이 몹시 내려 쌓여서, 한기가 아주 심했을 때, 보통 때보다도 일찍 일어나셨다. 현관에 사람 모습이 보이지 않자, 누가 있느냐 하고 부르자, "토키치로 여기 있습니다" 하고 대답했다.
>
> (『繪本太閤記』 상권 55~58쪽)

『타이코키』가 그려낸 히데요시의 충직하고 근면한 모습이 거의 2세기 뒤에 나타난 『회본 타이코키』에서 더욱 꾸며지고 확대된 것을 알 수 있다. 히데요시가 천한 일인 말먹이 꾼이 되어 말을 쓰다듬고, 추운 겨울 새벽에 주군을 위해서 신발을 품안에 넣고서 주군이 언제라도 따뜻한 신발을 신을 수 있도록 대기하는 모습으로 그려냈다. 오늘날 히데요시 전기 작품들이 거의 빠짐없이 소개하는 추운 겨울날 주군의 신발을 품에 안고 떨면서 대기하는 히데요시의 모습은 1802년에 간행된 『회본 타이코키』가 창작한 것이다.

또 『타이코키』는 히데요시가 주군의 꾸중을 들어도, 그것을 마음에 두지 않고 더욱 쾌활하게 충성을 다하는 모습으로 그려냈다.

> (히데요시가) 키요스 성은 물이 많으면서도 물이 부족하여 어려움을 겪기 때문에, 코마키 산성으로 옮기는 것이 좋겠습니다. 하고 건의를 하였다. 노부나가도 내심 그렇다고 생각하면서도, "여러 사람의 비용을 생각하고, 나는 아직 말하지 않고 있는데, 너는 여러 사람의 고통을 살피지도 않고 함부로 나섰다. 인민에 폐를 끼치는 것은 병기(兵器)를 약하게 하는 것이다. 너가 말하는 것은 간언처럼 보이지만 간언이 아니다. 아랫사람 마음대로 윗사람을 제어하려는 것은 적(賊)이다. 너의 죄는 죽을 죄에 해당한다. 그렇지만 이번만은 특별히 용서한다" 하고 말했으니, 민망했을 것이다. 참으로 이렇게 창피를 당하고서도 원망스럽게 생각하는 일이 없이, 주군을 위해서 좋은 일이 있으면 곧바로 말을 하는, 그 마음을 살펴보니 본래부터 충의가 깊은 본성 때문이다. (『太閤記』 16~17쪽)

히데요시가 부하들의 고통은 생각하지도 않고 성을 옮기는 것이 좋겠다고 건의하자, 노부나가가 심하게 질책하는 내용이다. 이것은 물론 17세기 초반 주자학에 심취했던 『타이코키』 작자가, 오다 노부나가를 부하들의 고통을 생각하는 성군으로 그려내고, 그에 비해 부하들의 고통 같은 것은 아랑곳 하지 않는 소인배 히데요시를 그려내려고 한 것이다. 그러면서도 히데요시가 주군의 심한 질책에도 전혀 마음에 두지 않는 오로지 충직한 모습을, '충의가 깊은 본성' 때문이라고 평하고 있다.

또 히데요시가 오다 노부나가의 허락도 없이 자신의 깃발을 만들어서 사용하다가 질책을 받는다.

> 노부나가가 미노 고을로 출진할 때, 본적도 없는 깃발을 꽂은 자가 있었다. 누군가 하고 물어보니, 이것이 히데요시 깃발이라고 하자, 누가 허락해서 그렇게 했느냐고 하면서 아주 화를 내면서, 깃대를 꺾어버리셨다. 그렇지만 원망하는 기색도 없이, 앞으로 달리고 뒤로 밀어댔다. (『太閤記』 21쪽)

히데요시가 허락도 없이 깃발을 사용하다가 질책을 받았지만, 주군을 원망하지 않고 충성을 다하는 모습을 그려낸 것이다.

또 이 작품은 노부나가가 무사로서는 천한 일인 숯 굽는 일을 히데요시에게 맡긴 일화를 소개하고 있다. 히데요시가 험한 숯 굽는 일조차 주군이 시킨 일은 마다하지 않고, 온갖 노력을 경주하여 비용을 줄일 수 있었음을 소개하고 나서, 평을 덧보탰다. "누구라도 자신의 재주를 낮게 보고, 일을 맡기면 주인을 원망하는 마음이, 속으로 싹트고, 끝내 그 마음이 바깥으로 나와서, 입신하는 데 좋지 않은 법이다. 그런데 히데요시는 어떤 자리이더라도 밤낮없이 힘썼던 사람이다"라고 하고 있다(『太閤記』 21쪽). 히데요시가 주군에게 변함없이 충직하여 신임을 받는 모습을 그려낸 것이다.

오늘날 널리 퍼진 히데요시 출세 이야기의 근간이, 17세기 초반 주자학적 입장에서 히데요시를 비판하고자한 의도가 있었던 『타이코키(太閤記)』 작품에서 만들어진 것을 알 수 있다. 이 작품은 오다 노부나가를 성군으로 설정했다. 그리고 성군의 부하인 히데요시를 충직하고 기민한 부하로 그려냈다. 원래는 원숭이 같은 소인배인 히데요시를 그려내고자 하는 의도가 있었지만, 그렇게 되면 앞뒤가 맞지 않게 되어버린다. 성군이 사람을 잘못 쓴 결과가 되기 때문이다.

3. 스노마타 일야성(一夜城)

전국 시대 각지에서 무력이 팽배한 가운데, 오다 노부나가는 가문 내의 세력다툼을 평정하고 아이치 현의 서쪽 지역인 오와리(尾張)를 차지했다. 『타이코키』는 오다 노부나가가 키요스(淸洲) 성에 입성하고 나서 무너진 성곽을 신속하게 구축한 공로를 히데요시의 공훈으로 그렸다. 키요스 성벽이 100간 쯤 무너져서, 여러 부하들에게 서둘러 고치도록 하였지만 20일이 지나도 완성되지 않았다. 이를 지켜보다 못한 히데요시가 급박한 상황에 성곽 보수가 지지부진한 것을 개탄했다.

오다 노부나가가 그의 개탄하는 말을 듣고는 히데요시에게 공사 책임을 맡겼다. 히데요시는 보수해야 할 성곽을 10개의 부분으로 나누고 조별로 할당을 주어서 이튿날 완성시키고 노부나가의 포상을 받았다는 내용이다. 노부나가가 서쪽으로 진출하는 교두보가 된 중요한 키요스 성곽을, 재빨리 구축한 것을 영특한 히데요시의 지략으로 그려낸 것이다.

노부나가 군은 키요스 성에 진지를 구축하고 나서, 강 서쪽의 적지인 스노마타에 들어가 적의 방해를 물리치고 성을 구축하였다. 그리고 나서 히데요시가 이곳 성채의 성주가 된 것을 기술하고 있다. 기후(岐阜) 현 오가키(大垣) 시의 스노마타(墨俣)는 두 개의 하천이 나가라강(長良川)으로 합류하는 지점이다. 히데요시가 최초로 성주가 된 곳으로 그의 전기 작품들이 크게 부각하는 이곳 스노마타는 시간이 지나면서 하룻밤에 쌓은 일야성(一夜城)의 전설로 확대 되었다.

먼저 『타이코키』는 「히데요시 경 목숨을 가볍게 여기고 적지에 요새를 쌓은 일」에서, 히데요시가 스노마타 진지 구축에 결정적 역할을 하고 무공을 세운 것을 소개하고 있다. 노부나가가 부하들을 불러모아 작전 회의를 하면서, 누차의 공격에도 성공하지 못한 스노마타에 진지를 구축하기로 했다. 그러나 강 건너의 적지에 가서 성을 쌓겠다고 나서는 사람이 없는 가운데 히데요시가 기책을 건의하고 대장으로 가기를 자청한다.

> 노부나가 공이 기분이 좋아지셔서, "누구를 주장으로 정해서 요새를 쌓는 것이 좋겠는가" 하고 거듭 물어도, 강을 건너가서 주둔하겠다고 하는 사람이 없었다. 얼마 있다가 히데요시를 불러서, "요새에 관한 것이 어떤가" 하고 은밀히 묻자, 거리낌도 없이 생각한 바를 말씀드렸다. "이곳에는 야간 기습, 강도를 일삼는 사람들 가운데 좋은 병사들이 많이 있습니다. (중략) 모두 해서 5~6천명은 될 것입니다. 이들을 2진으로 삼아 파견하는 것이 좋겠습니다. 대장으로 삼을 자가 없으면, 저를 보내주십시오" 하고 히데요시가 자청하자, 또 나서는 놈이라고 생각을 하셨지만, 큰 강을 건넌 적지인데도 불구하고 자청하는 강한 기운을 느끼시고는, "나도 그렇게 생각했다" 하고 동의하고는, 토키치로(히데요시)의 적절한 헌책과 큰 뜻을 칭찬하고 돌려보냈다. (『太閤記』 22~23쪽)

히데요시가 대장으로 삼을 사람이 없으면 자신을 기용해 달라고 하면서, 내놓은 기책이 야간 기습 강도를 일삼는 자들을 활용하겠다는 내용이다. 그러자 노부나가는 히데요시의 적절한 헌책과 큰 뜻을 칭찬하고는 돌려보냈다고 하고 있다.

여기서는 히데요시의 건의를 받아들여 야인부대를 편성하여 공격에 합류시키긴 했지만, 스노마타 공략은 노부나가가 직접 지휘하는 작전으로 다음과 같이 기술한다.

> 9월 4일 코마키 산에 군대를 집결기키고, 5일 새벽에 키타가와(北川) 강가에 진을 치고, 미노(美濃) 땅으로 넘어가서는, 우선 성을 만들

> 곳에 방책을 두르고 일거에 성을 쌓으려고 하는데, 기후(岐阜) 쪽에서 8천여기의 군사가 밀고 와서 성 쌓는 작업을 방해하려고 했다. 노부나가 공이 보시고는, "방책 바깥으로는 나가지 마라. 활과 총으로 잘 방어해라. 이런 때의 공훈은 적을 죽이지 않더라도 요새를 빨리 완성하는 것이 중요하다" 하고 명령을 내리시니, 적을 방어하는 자는 화살을 쏘고, 성을 쌓는 자들은 밤을 낮으로 이어서 계속하여, 7일 8일에는 대략 갖추어지니, 적도 질려버렸다. 그러자 총력을 기울여 해자를 팠고, 이것도 거의 되어서 무기와 양식을 넣어서는 토키치로(히데요시)에게 수비병을 딸려서 지키게 했다. (『太閤記』 23~24쪽)

1566년 히데요시 30세 때에 노부나가 군이 스노마타를 공략하여 성을 구축하고 히데요시를 성주로 임명하여 지키게 한 내용이다. 강 건너 적지에 있는 스노마타의 요새 구축은, 노부나가가 직접 지휘하는 총력전으로 그려지고 있다. 그리고 요새가 며칠 만에 완성되자, 노부나가가 히데요시에게 3천명의 부하를 주어 지키도록 한 것으로 그려냈다.

그런데 『회본 타이코키』는 이 내용을 더욱 확대하여 히데요시의 스노마타 일야성 신화로 만들어냈다.

> 그 해도 저물어 가고 1562년(주, 실제보다 4년 앞당겨져 있음) 여름이 될 무렵, 노부나가가 사이토 군사를 정벌할 궁리를 하는데, 오와리와 미노의 경계에 스노마타라는 곳에 큰 강이 있어서 진퇴가 자유롭지 못했다. 강 건너 미노 땅에 성채를 쌓아, 아군 집결지로 만들어서 천천히 정벌하는 것이 좋겠다 하고 여러 신하를 불러서, "적지에 성채를 만들 만한 자가 있으면, 힘을 다하여 성취하기 바란다. 만일 성이 완성되면 그 성의 주인으로 삼겠다" 하고 좌중을 둘러보시니, 키노시타 토키치(히데요시)가 항상 하던 대로 나아가서 명령을 수행하려고 했다. 그런데 그때 사쿠마(佐久間 信盛)가 키노시타(木下, 히데요시)에게 공을 빼앗기지 말아야지 하고, 빨리 말을 하기를 "제가 명령을 수행하여, 스노마타의 성채를 완전히 만들겠습니다" 하고 말했다.

노부나가가 기뻐하면서, “5천명의 인부로 20일 안에 만들어라” 하고 엄하게 명령하시니, 사쿠마가 “삼가 그 뜻을 받들겠습니다” 하고는 물러나서 준비를 했다. (『繪本太閤記』 상권 160~161쪽)

이 작품은 히데요시에 앞서서 다른 오다 노부나가의 부장들을 먼저 스노마타에 보내서 성을 쌓도록 했다가 실패한 것으로 그렸다. 먼저 사쿠마가 5천명의 병력으로 성을 쌓고, 3천명의 병력으로 적의 공격에 대비하고 있는데, 적 만 여명의 병력이 야간에 공격해 와 성 쌓기에 실패한 것으로 그렸다. 사쿠마가 실패하고 나서 다음으로는 시바타 카쓰이에(柴田 勝家)를 보내는 것으로 그렸다. 시바타는 노부나가 핵심 부하로 훗날 히데요시와 라이벌이 되었다가 제거된 인물이다.

시바타가 사쿠마와 교체하여, 성을 쌓으려고 똑같이 5천명을 인솔하고, 방어전 준비를 철저히 하고, 사쿠마의 패주와는 다르다하고 정력을 다하고 힘을 쏟았다. (중략) (미노 군사들이) 강 위아래에서 기습하여 시바타 군사의 뒤를, 예상치 못하게 공격 하자, 시바타의 군사들이 크게 놀라고, 성을 쌓던 병사들도 이전의 야간 기습에 놀란 나머지, 명령도 듣지 않고 내가 먼저다 하면서 도망을 치고 우왕좌왕 했다. 시바타가 크게 화를 내며 창을 꼬나 잡고 찔러댔지만, 아군의 방어선이 혼란하며 한꺼번에 무너지자, 지금이 마지막이다 하고 싸우다 죽으려고 생각하고, 한발도 물러나지 않고 싸우니, 사이토 군사도 부상자 수를 알 수 없었다. 그렇지만 대군이 시바타를 잡으려고 둘러쌌다. 노부나가 쪽의 장수 모리 이케다 2천여 명이 강을 건너서 기다리다가 시바타를 구해내고는 겨우 강을 건너 군사를 모아 철수했다.
(『繪本太閤記』 상권 164쪽)

이 작품은 사쿠마, 시바타 두 명이 적지인 스노마타에 건너가 축성하려다 실패하는 것으로 그려낸 다음으로 히데요시를 등장시켰다.

사쿠마와 시바타 두 장수가 스노마타의 성채를 수축하지 못하고 많은 인부를 잃고, 성을 쌓을 대나무를 잃었지만, 노부나가는 책망하지 않았다. 오히려 노고를 치하하시고, 토키치로(히데요시)를 불러서, "너는 스노마타 성채를 잘 쌓고 공을 세울 수 있겠느냐" 하고 물으셨다. 토키치가 황송하여 "저는 우리 쪽 인부를 쓰지 않고, 우리 고을의 대나무를 베지 않고, 다만 약간의 병사를 거느리고 가서, 스노마타 성채를 7일 안에 완성하겠습니다" 하고 말씀드렸다.

(『繪本太閤記』 상권 165쪽)

두 장수가 작전에 실패했지만, 노부나가가 책망하지 않았다고 한 것은 이 작전이 그만큼 힘든 것을 나타내고, 앞으로 있을 히데요시의 공을 배가시키기 위한 것이다. 그런데 히데요시가 아군의 물자나 인력을 쓰지 않겠다고 한 것은 『타이코키』가 기술한 대로 히데요시가 도적인 하치스카(蜂須賀 小六)의 도움을 받아 전공을 세우는 것으로 그려내기 위한 것이다. 하치스카는 앞에서 언급했지만, 히데요시가 어린시절 각지를 떠돌 때 만나서 몸을 의탁했던 도적으로 그려진 인물이다.

토키치(히데요시)가 미리 (하치스카) 코로쿠 등에게 계책을 제시해 두었기 때문에, 여러 가지 기이한 일을 꾸며서, 미노 군사를 괴롭혀 성채를 완성시키려고 했다. 미노 쪽도 이래서는 안 되겠다 하고 대군을 이끌고, 짧은 병기를 휴대하고 와서 육박전을 펼쳤다. 마침 6월 중순이라 갑자기 소낙비가 쏟아져서, 양진영이 서로 싸움을 중지하고, 비가 개기를 기다렸다. 토키치가 이때 여러 병사들에게, 이 강가는 모두 진흙이라, 비온 뒤의 대비가 없으면 싸움이 어렵다고 하고, 진창에서 신을 수 있는 짚신을 순식간에 만들게 하여 병사들에게 신겨서 잠시 숨을 돌리고 있었다. 이것이 여름비라서 곧 구름이 흩어지고 바람이 잠잠해져, 하늘색이 평화로워지자, 토키치가 명령해서, 재빨리 진격하라고 하자, 공격함성을 지르며 더 이상 없을 만큼 크게 적을 무너뜨렸다.

(『繪本太閤記』 상권 168쪽)

히데요시가 기책을 써서 미노의 군사를 물리치는 것을 그려낸 것이다. 히데요시의 성공을 완벽하게 하기 위해, 여름 소낙비를 잠시 내리다가 그치게 하고 그사이에 진창에서 움직이기 쉬운 신발을 만들어 적을 물리친 것으로 그렸다.

『회본 타이코키』는 히데요시가 이렇게 전쟁 와중에도 성을 쌓기 시작하여 그날밤 안으로 <스노마타 하루밤 성>을 쌓은 것으로 그렸다. 그리고 다 쌓지 못한 곳은 "백지를 늘어뜨리고 화공을 시켜서 화살 쏘는 곳 총알 구멍까지 그리게 해서 하루 밤 안에 성을 쌓는 것을 마쳤다"고 하고 있다. 적들이 다음날 아침 대군을 이끌고 공격하러 와서 본 모습을 다음과 같이 그린다.

> 다음날 아침 미노 쪽에서 대군으로 공격해 오면서, 멀리서 스노마타를 쳐다보니까, 신기한 일이로다 하루 밤 안에 안개도 없는데 무지개 같고 비도 안 오는데 용을 닮은 것이 있었다. 한 무더기의 긴 성이 홀연히 솟아 나와서, 깃발을 꽂고 무기를 늘어놓고, 수천 명의 정병이 엄중하게 지키고, 말나가는 곳 외에는 울타리를 막아, 방책을 둘러치고, 화살구멍을 나란히 하고, 총구를 늘어놓고 적이 오면 공격하려고 대기하고 있었다. 미노쪽 군사들이 간담이 서늘해서 망연하면서 취한 듯이, "이것은 틀림없이 도깨비 귀신의 짓일 것이다. 함부로 공격해서 실수하지마라" 하고 나아갈 힘이 없어졌다. "우선 퇴각하여 별도로 대책을 세워 격파해야 한다" 하고 군사를 후퇴시켰다.
>
> (『繪本太閤記』 168~169쪽)

하루 밤 사이에 스노마타 성이 도깨비처럼 솟아나온 것을 보고, 적들이 감히 공격하지 못하고 물러간 것을 그려냈다.

> 『신서 타이코키』는 『회본 타이코키』가 꾸며낸 이야기를 그대로 이어받고 있다. 『회본 타이코키』는 히데요시에 앞서서 사쿠마, 시바타라는 두 장수를 실패한 장수로 만들었는데, 『신서 타이코키』는 여기

> 에 한 명을 더 추가하고 있다. 두 부하가 작전에 실패하자 오다 노부나가는 사촌인 오다 카게유를 보낸다. 그렇지만 그도 역시 실패했고, 그리고 나서 히데요시를 투입하는 것으로 꾸몄다. 『회본 타이코키』가 도적의 두목으로 그렸던 하치스카를, 여기서는 히데요시가 삼고초려로 부하로 만드는데 성공하였고, 그의 도움으로 스노마타 작전이 성공하는 것으로 그려냈다. (『新書太閤記』 3권 29쪽)

현재 기후 현 오가키 시의 스노마타 성의 유적지에는 천수각(天守閣) 형태의 자료관이 1992년에 건립되어 있고, 이곳에서는 매년 10월에 <스노마타 히데요시 출세 마쓰리>가 열리고 있다. 히데요시의 승승장구하는 출발점이자 처음으로 성주가 되었던 스노마타 하룻밤 성을 기념하기 위한 것이다.

4. 이나바 산성 특공

히데요시가 1566년 스노마타 성 축조의 공훈을 세우고 난 이후, 1581년 오사카 서쪽 공략까지 15년의 기간 동안, 『타이코키』에는 아시카가 쇼군(將軍)을 감시하는 역할 말고는 별다른 활약이 기술되어 있지 않다. 그런데 히데요시가 죽고 200여 년이 지나 편찬된 『회본 타이코키』는 이 기간 중에도 히데요시의 공훈을 여러 가지 만들어 냈다. 그 가운데 하나가 이나바(稲葉) 산성 함락이다.

일본 중부 지방에 있는 기후(岐阜) 시내를 남쪽으로 내려다 보고 있는 이나바 산성은 난공불락의 요새로 알려져 있다. 오다 노부나가는 사이토(齋藤) 세력의 내분을 틈타 1567년 이곳을 함락하였다. 키요스 성에서 옮겨온 노부나가는, 이노구치(井口)로 불리던 이곳을 기후로 이름을 바꾸고, 아즈치(安土) 성이 축조되기까지 10년 정도 거점으로 삼았다.

히데요시가 특공대를 이끌고 가서 이나바 산성을 함락하는 장면을 살펴보자.

> 노부나가 대군이 이나바 산을 공격하기를 밤낮없이 3일을 계속했지만, 동쪽나라 제1의 명성이고, 한 사람이 지키면 만 명이라도 깨뜨리기 어렵다는 요새인데다가, 용감한 장사들이 필사적으로 방어전을 펴니까, 쉽게 함락될 것 같지 않았다. 키노시타 토키치(히데요시)가 가만히 살펴보고, 이 성은 힘으로는 안 되겠다고 생각했다. 그날 밤 성 아래의 지리를 살펴보니, 성 뒷산은 험한 높은 산이라, 새도 날수 없을 만큼 보였다. 토키치가 계책을 짜서 자신의 공격지는 동생에게 맡겨두고 스스로 하치스카 코로쿠 등 7명을 거느리고 샛길을 돌아 뒷산으로 갔다. 각각 허리에 양식을 차고, 표주박에 술을 넣어서는 마타쥬로에게 짊어지게 했다. 8월 13일 신시 중간에 진지를 출발하였다. 즈이류 산을 올라서 봉우리를 따라 샛길로 이나바 산 뒤에 있는 마키다에 왔을 때, 중추의 달이 동쪽에 떠올라 마치 대낮 같았다. 여기서부터는 험난하기 이를 데 없었다. 암석이 솟아있어 사람 길은 끊어졌고, 송백은 우거져 달빛이 덮였다. 토키치로(히데요시)가 원래 몸이 가볍기가 원숭이 같아서, 나무뿌리를 잡고 바위틈을 따라, 줄사다리를 내려서 대원들을 지나가게 해서 간신히 평지에 이르렀다.
>
> (『繪本太閤記』 상권 180쪽)

히데요시가 측근 7명으로 구성된 특공대를 이끌고 험난한 이나바 산 배후를 뚫고 들어가는 모습을 그려냈다. 히데요시가 원숭이처럼 나무와 바위를 잘 타서 다른 부하들을 이끄는 모습으로 그려냈다.

또한 히데요시가 이 과정에서 훗날 자신의 부장으로 삼은 호리오 모스케(堀尾 茂助)를 만나 부하로 삼는 장면을 그려냈다.

이곳에서 부하들에게 술을 마시고 밥을 먹게 하고 잠시 휴식을 취하는데, 갑자기 초목이 움직이더니 한발 남짓한 상처난 멧돼지가 흙을 차고 나타났다. 사람들이 어어 하면서 보고 있는데, 사냥꾼 한 사람이 뒤에서 달려와 소리를 질러 그 멧돼지를 불렀다. 멧돼지가 돌아보고 달려드는 것을 사냥칼을 뽑아 목덜미를 향해 두 번 세 번 정확히 찔렀다. 멧돼지는 더욱 날뛰다가 나무뿌리 바위 할 것 없이 종횡무진 달리다가 점점 힘이 다해 결국 쓰러져 죽었다. 토키치로가 그것을 보고 크게 감탄하여 가까이 다가가서 성명을 물어보니 호리오라고 했다. (『繪本太閤記』 180~181쪽)

히데요시가 이끄는 특공대가 이나바 산속으로 숨어들어가고 있는 가운데, 커다란 멧돼지를 쓰러뜨리는 용감한 호리오 모스케를 만나 부하로 삼는 장면이다. 이러한 내용은 1800년 전후 일본에 유행하던 중국 무협소설의 수법을 본뜬 것이다. 이나바 산의 지리를 잘 아는 호리오가 특공대원에 들어가 길을 안내하여 공을 세우는 것으로 그려졌다.

여덟 명이 산을 내려와서 절벽 앞에 이르러서 보니까 한 발 남짓한 좁은 계곡이 있어서 건널 수가 없었다. 어찌할까 하고 주저하는데, 코로쿠, 카지타, 호리오 3명이서 옆에 있는 큰 버드나무를 뿌리채 쓰러뜨리고는 이것이 마지막 연결다리입니다 하고 8명이 아무 어려움 없이 성안으로 숨어 들어갔다. 주변을 둘러보니 잡병들이 10명 남짓 병량으로 밥을 다 지어놓고, 땔나무에 누워있었다. 8명의 용사들이 칼을 뽑아 소리도 내지 않고 그 잡병들을 모두 잘라죽이고, 옷을 벗겨 입어 사이토 쪽 병사로 분장하고 쌓아둔 땔감에 불을 질러 놓고, 밥통을 들고 공격장소로 옮기는 모습을 하고 정문 쪽으로 서둘러 가도, 사이토 쪽의 군사들이 검문하는 자가 없었다. 토키치로와 부하들이 결국 뒷문으로 해서 정문 담벽을 돌아가서, 이제는 됐다하고서, 앞서서 동생을 비롯해 아군과 약속해 둔대로, 술통으로 썼던 표주박을 대나무 끝에 매달아, 담벽 높이 들어 올리고, 8명의 병사가 수문통을 빼내고 코로쿠가 빠져나가서 이곳으로 들어와 공격해라 하면서 아군을 불렀다. (『繪本太閤記』 상권 184쪽)

히데요시가 거느린 특공대원이 이나바 산성에 숨어들어 기지를 발휘하여 성안 사람들을 따돌리고 성밖의 아군을 끌어들이는 장면이다. 여기서 이들은 술통으로 썼던 표주박을 높이 들어서 성밖의 아군과 신호를 하고 있다. 이 장면은 히데요시가 이나바 산성을 함락하는 표주박 신호로 널리 알려졌다.

한편 『신서 타이코키』는 이 내용을 이어받아서 보다 확대해 냈다. 히데요시가 이끄는 특공대 인원을 8명에서 '10명 정도'로 했다. 그리고 호리오를 만나는 장면에서, 멧돼지를 잡는 것이 아니라, 산속 오두막 방안에서 노모의 허리를 주무르며 효도하고 있는 것으로 바꾸었다. 히데요시가 노모의 허락을 얻어서 호리오를 특공대원에 포함시키고 함께 이나바 산성으로 가는 것으로 그렸다.

> 호리오 모스케는 재빨리 조밥을 짓고, 된장매실 등을 곁들여, 자신을 포함해서 10인분의 도시락을 만들었다. 삼줄 한 가닥을 둥그렇게 말아서 들고, 허리에는 불붙이는 도구, 아버지가 물려준 칼, 가벼운 복장을 하고, "자 어머님, 함께 따라가겠습니다. 갑자기 전쟁에 나가게 되고, 봉직할 수 있어서 기쁩니다만, 무운에 따라서는 이것이 이별이 될 수도 있습니다. (중략) 그동안에 호리오 모스케는 없었던 자식이라고 단념해 주십시오" 정말 이별을 하게 되자 모자는 서운했다. 토키치로(히데요시)는 보고 있자니 견딜 수 없었다. 처마를 벗어나서 삼나무 밭으로 해서 깜깜한 산자락을 둘러봤다. 노모는 막 떠나는 자식을, "모스케, 모스케" 하고 불러 세워서는 "이것에 물을 넣어서, 가지고 가거라, 도중에 틀림없이 목이 마를 것이다" 하고 벽에 걸려있던 표주박을 벗겨 건네주었다. (『新書太閤記』 3권 176쪽)

『회본 타이코키』에는 히데요시가 부대를 출발할 때 표주박에 술을 담아갔는데, 『신서 타이코키』에는 호리오의 노모가 자식이 목마를 것을 염려하여 표주박에 물을 담아가도록 한 것으로 그리고 있음을 알 수 있다. 이 『신서 타이코키』의 내용에는 태평양 전쟁 상황이 반영되어 있다. 매일처럼 전쟁에 나가는 자식들과 늙은 부모가 이별하는 상황을, 호리오 모스케와 모친의 이별로 그린 것이다. 여기서는 『회본 타이코키』의 멧돼지를 잡는 장면이 비현실적이라고 보고, 특공대에 발탁된 효성스런 아들 호리오 모스케가 어머니가 이별하는 것으로 그린 것이다. 태평양 전쟁 이데올로기의 하나로 충효가 강조되는 상황에서, 히데요시는 물론 그의 부하도 효성을 다하는 모습으로 그려냈다.

『회본 타이코키』는 히데요시가 원숭이처럼 나무와 바위를 잘 타서 사람들을 안내한 것으로 그렸는데, 『신서 타이코키』는 산속에 살던 호리오가 갈구리를 던져서 줄을 매고 기어올라가 일행을 끌어올린 것으로 그리고 있다. 이미 태평양 전쟁 한 가운데서 영웅으로 모셔지고 있는 히데요시를 『회본 타이코키』와 같이 원숭이처럼 줄을 잘 타게 희화시킬 수 없었던 것이다.

기후(岐阜) 성은 1956년에 콘크리트 건물로 복원되었고, 1997년에 개축이 이루어졌고 케이블카가 설치되었다. 복원된 성채를 구경하기 위해 현재도 많은 관광객이 이곳을 찾고 있다. 이들은 『회본 타이코키』가 만들어낸 히데요시의 특공작전과 표주박 신호를 머리에 떠올리며 산을 오르고 있다.

5. 아시카가 쇼군 감시

일본 무가 정권을 막부(幕府)라고 하고, 최고의 권력자를 정이대장군(征夷大將軍), 줄여서 쇼군(將軍)이라고 부른다. 일본 최초의 무가정권인 카마쿠라(鎌倉) 막부는 12세기 말 관동(關東) 지역의 무사가 중심이 된 군사 정권이다. 카마쿠라 막부는 설립된 지 얼마되지 않아,

쇼군의 외척인 호오조(北條) 씨가 싯켄(執權)의 지위로 권력을 행사했다. 천황의 정치를 쇼군이 대신하고, 쇼군의 정치를 싯켄이 대신한 것이다. 싯켄 정치가 100여 년 이어지고 나서, 천황과 결탁한 아시카가(足利) 세력에 의해서 카마쿠라 막부는 몰락했다.

카마쿠라 막부가 무너지자 고다이고(後醍醐) 천황이 친정을 펴려고 했다. 아시카가 타카우지(足利 尊氏)가 이를 봉쇄하고 1336년에 쿄토 무로마치(室町)에 막부를 개설했다. 무로마치 막부는 이후 1573년 오다 노부나가에게 15대 쇼군이 추방될 때까지 이어졌다. 그러나 15세기 후반부터는 쇼군 권력을 둘러싼 암투가 시작되었다. 중앙 권력과 지방 영주들이 결탁되면서 무가정권은 통제력을 잃고 전국(戰國)이 시작된 것이다. 무로마치 막부 기간 중 장군은 2명이 암살되고, 4명이 추방될 만큼 막부 정권은 불안정했다.

16세기 후반 들어 막부의 실권은 측근들에 의해 농단되었다. 무로마치 막부 13대 쇼군 요시테루(義輝)는 1565년 칸레이(管領)인 호소카와(細川 晴元)의 슈지(執事) 미요시(三好 義繼)와 그 카로(家老) 마쓰나가(松永 久秀)에 의해 암살되었다. 무가권력은 형해화되어 명맥만 이어졌고 하극상이 극에 달한 것이다. 쇼군 자체가 천황의 권력을 대신하는 직책인데, 쇼군(將軍)의 권력을 대신하는 칸레이(管領), 칸레이의 권력을 대신하는 슈지(執事), 슈지를 보좌하는 카로(家老)에 의해 막부의 권력이 농락된 것이다.

모반자들은 쇼군을 암살하고 나서 쇼군의 사촌인 요시히데(義榮)를 아시카가 14대 쇼군에 세웠다. 그러자 나라(奈良)의 코후쿠지(興福寺)의 승려로 있던, 암살된 쇼군의 동생 요시아키(義昭)가 에치젠(越前)의 아사쿠라(朝倉 義景)에게 의탁하고, 각지의 영주들에게 구원을 요청하여 반란을 평정하고자 했다. 이런 상황에서 일본 중부의 미노

지방을 장악한 노부나가가 3년 남짓 유랑생활을 하던 요시아키를 호위하여 쿄토에 진출하는데 성공하였다. 그리고 1568년 요시아키를 15대 쇼군에 취임시켰다.

무로마치 막부 마지막 쇼군이 된 아시카가 요시아키(義昭)는 오다 노부나가의 무력으로 모반자들을 물리쳤지만, 실권을 장악하지 못하고 노부나가의 허수아비에 불과했다. 요시아키는 쇼군의 권력을 회복하기 위해 전국 각지의 영주들과 내통하여 거병했지만, 결국 실패하고 1573년 추방되었다. 여기서 무로마치 막부는 종언을 고하고 오다 노부나가(織田 信長)의 시대를 맞이한 것이다.

『타이코키』에는 노부나가 군이 새로운 쇼군 요시아키를 옹립하여 쿄토에 올라오고 나서, 히데요시로 하여금 요시아키 쇼군을 감시하는 중요한 역할을 맡긴 것으로 그려져 있다.

> 노부나가 공은 쿄토 니죠(二條)에 성을 만들어 바치고, 하직하고 물러날 때, 쇼군이 믿을만한 대신으로 무략에 뛰어난 한 사람을 남겨달라고 했다. 노부나가가 그 뜻을 알아차리고, 누구를 남겨야할까 하고, 각각을 살펴보고, 대신이기도 하고 예의심도 깊은 자로 사쿠마(佐久間)로 할까, 시바타(柴田)로 할까 하고 생각하던 차에, 키노시타 토키치로(히데요시)를 남겨놓았다. 오래된 신하들이 원망한다든지, 출신도 분명하지 않다든지 하는 등 주변에서 이견이 있는 차에, 사쿠마가, "아니요, 노부나가 공의 눈썰미가 잘못된 것이 뭐 있겠소, 이런 중요한 일에는 틀림없이 맞다고 보오. 소지소견으로 가부를 논하지 마시오" 하고 점잖게 말하자 모두 말이 없었다. 그것을 생각해보니, 천하의 정치는 큰 재목이 아니고서는 백성을 다스릴 수 없고, 무용이 아니고서는 적을 잡을 수 없기에 히데요시로 정해진 것인가. 참으로 무사의 명예에서 무엇이 이보다 더하겠는가. 노부나가 공이 자필로 5개조의 통제서를 작성해 히데요시에게 주자, 무슨 일인지, 히데요시가 한없이 즐거워하는 기색이다. (『太閤記』 31~32쪽)

히데요시가 젊은 나이에 노부나가의 신임을 얻어, 아시카가 쇼군을 감시하는 중요한 역할을 맡게 된 것을 그렸다. 여러 사정에도 불구하고 히데요시로 결정이 되자, 그가 크게 기뻐하는 모습을 그려낸 것이다. 히데요시가 이 때 요시아키 쇼군을 감시하고 쿄토의 책임을 맡은 것은 훗날, 그가 천황이나 궁정 대신들을 이용하여 일본 전국을 장악하는데 중요한 발판이 되었음은 물론이다.

히데요시가 쇼군을 감시하는 소임을 맡은 다음날 곧바로 쇼군 요시아키를 접견한 것을 다음과 같이 기술한다.

> 다음날 (히데요시가) 요시아키 관저에 가서, 뵙고 싶다는 뜻을 우에노에게 말했다. 그러자 오늘 뵙는 것은 조금 어떨지 하고 머뭇거리는 것을, 히데요시가 곧 살피고, "안되오, 곧 서둘러서 뵙고, 분부를 받아 모든 일을 처리하지 않으면, 많은 사람이 생각하는 바를 어떻게 수행하겠소. 이렇게 하는 것도 다 (쇼군을) 위한 일이오" 하고 거듭 청해서, 결국 허락을 받고 (쇼군을) 뵈었다. (『太閤記』 32쪽)

히데요시가 요시아키 쇼군 측의 서둘 것이 없다는 의견에도 불구하고 강요하여 접견한다는 내용이다. 표현은 은근하게 되어 있지만 이미 오다 노부나가 군의 통제하에 놓인 쇼군을 감시하는 히데요시의 역할을 보여준다.

그런데 『타이코키』에는 그 이후에 쇼군 요시아키가 노부나가에게 반기를 들었다가 추방되는 내용이 실려 있지 않다. 『회본 타이코키』에 1573년 오다 노부나가가 대군을 이끌고 반기를 든 쇼군 요시아키를 포위 공략한 내용을 싣고 있다. 쇼군 요시아키는 쿄토의 니죠성에서 물러나와, 쿄토 남쪽에 있는 우지 강가의 마키시마에서 노부나가 군대의 공격을 당하였으나, 히데요시의 책략으로 목숨을 부지한 것으로 그려지고 있다.

> 쇼군도 어쩔 수 없다고 생각하시고, 자결한다고 보이던 차에 잡병 한명이 달려와서, "쇼군이 자결하는 것은 아까운 일입니다. 지금 노부나가가 대군으로 쇼군을 압박한다고 해도, 화살 한 개 쏘지 않는 것은, 주군을 중요하게 생각한 때문이 아니겠습니까. 쇼군께서는 자결을 멈추시고, 성을 비워 물러나신다면 노부나가가 어찌 주군을 죽이겠습니까. 시험삼아 상사를 보내 노부나가에게 물어보는 것이 좋겠습니다" 하고 말했다. (『繪本太閤記』 상권 426쪽)

쇼군 요시아키가 오다 노부나가 군의 공격에 저항하지 못하고, 스스로 목숨을 끊으려고 하는 상황에 갑자기 한 병사가 나서서 만류하고, 사신을 보내 노부나가의 의중을 물어보라고 권유한 것이다. 이 병사는 히데요시가 보낸 첩자로 그려지고 있다. 결국 히데요시의 책략에 의해서 아시카가 마지막 쇼군은 목숨을 살린 것으로 그려진 것이다.

이렇게 하여 무로마치 막부 마지막 쇼군 요시아키는 결국 1573년 노부나가 세력에 의해 추방되어, 서쪽의 모오리(毛利) 세력에 의탁하였다. 1582년 모오리가가 히데요시에게 항복한 이후에는, 히데요시에 의해 1만석의 녹봉을 받고 감시를 당하며 살다가 1597년 사망했다.

6. 미키 성 아사 작전

노부나가는 1576년 비와(琵琶) 호 남쪽에 아즈치(安土) 성을 쌓고 이주하고서, 쿄토와 오사카를 장악하고 서쪽으로 세력을 확장하기 시작했다. 1577년 히데요시에게 히메지(姫路) 성을 본거지로 삼고 서쪽의 츄고쿠(中國) 지방을 공략하도록 했다. 오사카에서 90킬로미터 서쪽에 있는 히메지 성은 외관이 수려하고 아름다운 성으로 많은 관광객이 찾고 있는데, 히데요시가 서쪽을 공략하기 위한 본거지로 삼았던 곳이다.

서쪽 츄고쿠(中國) 지방은 현재의 히로시마인 아키(安藝)에 본성을 둔 모오리(毛利) 가의 지배영역이었다. 당시 모오리 가에는 모오리 모토나리(毛利 元就)의 장남이 죽고나서 손자인 테루모토(輝元, 1553-1625)가 어린 나이부터 가독을 이었다. 1571년까지는 조부 모토나리가 생존해 있어 섭정을 폈지만, 그 이후는 양천(兩川)으로 불리는 삼촌들 킷카와 모토하루(吉川 元春)와 코바야카와 타카카게(小早川 隆景)의 보좌를 받았다. 모오리 테루모토는 히데요시의 서쪽 공략에 적극적으로 대응하지 못하고 히데요시에게 항복하였다. 모오리 세력이 여기서 항복함으로써, 히데요시가 전국을 지배하는 길이 열렸다. 그래서 히데요시는 모오리 가를 극히 우대했다.

> 히메지(姬路) 성에 주둔한 히데요시는 1577년 11월 서쪽으로 진출하여 효고(兵庫) 현에 있는 코즈키(上月)성을 함락하고 아카마쓰 마사노리(赤松 政範) 세력을 몰살시켰다. 이 때의 내용이 오다 노부나가의 전기 작품에 소개되고 있다. 히데요시가 7일째 공략하던 날 성안 사람들이 대장의 목을 가지고 와서 성안 병사들을 살려 줄 것을 간청했지만, 히데요시는 들어주지 않고, 성안 사람들을 모두 끌어내 죽여서 걸어놓았다고 하고 있다. (『信長公記』 10권 12쪽)

다른 기록에 의하면 코즈키 성의 성주인 아카마쓰 마사노리(赤松 政範)가 자신의 가족을 죽이고 자결했고, 이 때 여러 측근들이 따라 죽었다. 히데요시가 이 성에 입성하여 성안의 부녀자 아이들까지 기둥에 묶어두고 찔러죽이거나 고챙이에 꿰어 죽이는 등 참상이 극에 달했다고 하고 있다. 당시 전쟁에서 사람들을 죽이는 것이 당연시 되었는데도, 이렇게 히데요시의 잔인함이 기록된 것은 예외적인 일이다. 이것은 아마도 후에 나타난 주자학적 사고의 영향으로 보인다.

이곳 아카마쓰 씨의 자손인 후지와라 세이카(藤原 惺窩)는 전란의 와중에 조선의 주자학을 받아들이고 일본 주자학의 개창자가 되었다.

코즈키(上月) 성의 함락이 있고 얼마 지나지 않은 1578년 3월에 후방인 동쪽의 미키(三木) 성에서 벳쇼 나가하루(別所 長治)가 오다 노부나가 군에 반기를 들었다. 벳쇼 나가하루는 서쪽의 모오리 가와 연합하여 가운데 들어와 있는 히데요시 세력을 압박하였다. 히데요시는 후방이 차단되고, 고립되는 상황을 맞게 되자, 코즈키 성을 포기하고 급거 후퇴하여 미키 성 공략에 전력을 기울였다.

히데요시는 서쪽 코즈키에서 병력을 미키 성 주변으로 철수하여 포위 작전을 펼쳤다. 이때 미키 성에는 7~8천 명 정도가 농성하고 있었고, 히데요시는 수만명의 병력을 거느리고 있었다. 하지만 히데요시는 서쪽에 모오리 세력이 있고 또 성안에서도 결사항전으로

히데요시가 서쪽 공략을 할 때 거점으로 삼았던 히메지(姬路) 성.
현재의 성은 히데요시 사후인 17세기 초반에 세워진 것임.

대응하고 있어 쉽게 공격하지 못하고, 2년 정도 포위 상태가 지속되었다. 히데요시는 미키 성을 고립시켜, 서쪽의 모오리 세력과의 연결을 끊고 보급로를 차단함으로써 성안을 고사시키기 위한 장기전을 펼쳤다.

히데요시는 2년 넘게 미키(三木) 성과 대치하는 가운데, 책략으로 모오리 세력을 와해시키는 전략을 구사했다. 오다 노부나가의 부하가 기록한 전기 작품에는 오다 노부나가가 히젠의 하치만 산 성주를 포섭한 공로로 히데요시에게 황금 백냥을 내렸다고 하고 있다(『信長公記』 1578년 5월 24일). 또 이듬해에도 히데요시가 아즈치에 있는 오다 노부나가에게 가서, 우키다 나오이에(宇喜多 直家)의 사면을 건의했지만 받아들여지지 않은 것을 기록하고 있다(『信長公記』 1579년 9월 4일). 히데요시가 미키 성을 무리하게 공격하지 않고 장기 포위전을 펼치고 자신의 장기인 책략을 구사한 것을 알 수 있다.

결국 히데요시의 미키 성 장기 포위작전이 성공했다. 1580년 정월 15일 히데요시는 부하를 보내 미키 성안의 병사를 살리는 조건으로 3명의 대장의 할복을 종용했다. 이것이 받아들여져서 성안의 장수들이 이틀 후인 17일에 자결했다.

> 정월 17일에는 배를 가른다는 것이 아내와 아이들에게도 알려지고, 서로 잔을 나누니 이 세상 하직이 슬플 뿐이다. 참으로 덧없구나. 어쩔 수 없다고 보고 나가하루가 삼촌인 요시스케에게 17일 오후 4시경에 배를 가르겠다고 알리자, 요시스케 생각으로는 배를 가르면 틀림없이 목이 잘려 대로를 지나 아즈치(安土)에 보내질 것입니다. 그러면 각지에서 입에 오르내리는 것이 부끄러울 따름입니다. 그러므로 성안에 불을 지르고 유골을 감추는 것이 좋겠습니다. 하고서 집에 불을 지르는 것을 보고 여러 사람이 달려들어 죽였다.
>
> (『信長公記』 13권 2~3쪽)

미키 성의 3명의 대장이 할복하기로 약속했으나, 성주의 삼촌인 요시스케가 목이 잘려서 내걸리는 수모를 당하느니 차리리 불을 지르고 죽으려 하다가, 부하들에게 잡혀 죽은 것으로 그려져 있다. 히데요시 서기가 편찬한 전기 작품에는 미키 성의 모반이 이 요시스케가 젊은 조카를 부추겨서 일어난 것으로 그려내고 있다.

히데요시의 서기가 편찬한 전기 작품은 히데요시의 철저한 포위를 당하여 아사 직전에 몰린 미키 성의 처참한 모습을 그려냈다.

> 히데요시가 친위대를 2교대로 나눈, 30명이 지키는 경비실을 만들고, 경비실 마다 이름을 써서 책임자의 도장을 찍어 돌리니, 만일 방심하는 자는 상하 구분없이 죄가 무거운 자는 찢어죽이고, 가벼운 자는 쳐 죽이니, 사람들은 혀를 내두르며 무서워했다. 성안에서는 남은 곡식이 모두 바닥나서, 이미 굶어 죽는 자가 수천 명이 되었다. 처음에는 겨, 풀을 먹고, 그 다음에는 소, 말, 닭, 개를 먹고 나중에는 사람 고기를 썰어서 먹는 것이 끝이 없구나. (『天正記』 17쪽)

히데요시가 철저하게 미키 성을 봉쇄하여 성안에서 먹을 것이 없어 굶어 죽는 처참한 모습을 생생하게 기술한 것이다. 식량이 바닥난 성안에서는, 평소에 먹지 않는 풀이나 동물을 잡아먹고 나중에는 사람까지 먹는 상황이 발생했다고 한 것은 히데요시의 빈틈없는 작전이 성공한 것을 말한 것이다.

그리고 나서 히데요시의 서기가 편찬한 전기 작품은 모반을 일으킨 세명의 장수들이 가족을 죽이고 자결하는 장면도 생생하게 그려냈다.

> 나가하루는 원래부터 각오하고 있었기 때문에, '우리들 가족의 최후의 때가 왔다' 하고는, 우선 무릎 위에 3살 난 어린아이를 두고,

뒤로 머리를 쓰다듬으면서, 한칼에 가슴팍을 찌르고, 아내를 끌어당겨, 똑같이 죽여서 같은 베개에 뉘이고는 비단으로 덮어 두었다. 동생인 토모유키도 아내를 같은 식으로 죽였다. 나가하루, 토모유키 형제는 손에 손을 잡고, 넓은 마루에 타타미 한 장을 깔고 좌우에 마주앉아, 각각 심호흡을 하고는 얼굴기색을 바꾸지 않고, 살짝 웃으면서, 이번 농성에 함께한 뜻은 바다보다 깊고, 산보다 높다. 어느 날에 이것을 갚을 수 있을까 했던 보람도 없이, 하직하게 되니 덧없기 그지없구나. 그렇지만 우리들 두세 명이 죽고, 여러 무사들이 산다니 최후의 즐거움은 이것뿐이다 하고서 나가하루 배를 가르신다. 미야케가 머리를 딱하고 떨어뜨렸다. 미야케가 소리쳐 말하기를, 이전에 은혜를 입은 자가 많다고 하지만, 이번에 함께 가려는 사람이 없구나. 나는 부족한데도 장로로 태어나 총애를 갚지 못했다. 가슴에 남는 것은 많지만, 목을 쳐줄 사람이 없구나. 그렇지만 함께 가겠다 하고 배를 열십자로 가르고, 내장을 꺼내어 죽었다. 토모유키는 근래에 가까이한 부하들에게 칼, 허리칼, 옷가지까지 기념으로 남겨주고, 배를 가르는 것을 보고는 이름을 후대에 남겨야한다 하고, 강인하게 배를 갈랐다. 나가하루 23세, 토모유키 21세. 아깝구나 아깝구나. 또 요시스케의 아내가 자결하려고 각오하고, 남자 아이 두명, 여자 아이 한명을 3칼에 찌르고, 같은 곳에 엎드려 칼을 물고 죽었다. 모두 이것을 보고, 슬픈 눈물이 소매를 적신다. 다음날 약속과 다름없이 성안 병사는 모두 내보내서 살려주었다. 그 가운데 부관 한명이 단책을 가지고 있었다. 이것을 보니 임종가였다.

나가하루

지금은 다만/ 원망도 없네/ 모든 사람의/
목숨에 대신하는/ 내몸을 생각하면

나가하루 부인

모두다/ 사라지기에/ 기쁘구나/
늦거나 빠른 것일 뿐인/ 세상일인 것을

토모유키

목숨도/ 아깝지 않네/ 아즈사 활(무사의 길)/
저 세상까지/ 이름 생각하니

토모유키 부인
의지했던/ 저 세상까지/ 날개를/
펼친 새의/ 인연이구나

요시스케 부인
저 세상의/ 길도 헤매지 말고/ 그리운 아들/
내몸을 따라/ 가는 하늘

미야케
그대 없이는/ 덧없는 목숨/ 무엇에 쓰랴/
남아서 보람/ 있는 세상이라도 (『天正記』 19-21쪽)

히데요시에 의해서 장기간 포위되었다가 함락된 미키 성의 장수들과 가족들의 자결하는 모습이다. 이들의 죽음은 부하들의 목숨을 대신하는 의로운 죽음으로 부각되었다. 주군의 총애를 받은 부하가 주군의 목을 쳐주고 따라죽는 것도 당시 전국시대 관습으로 빠지지 않고 기술되고 있다. 특히 나이 젊은 조카들을 모반하게 만든 삼촌이 비겁하게 죽는 모습과는 달리, 숙모는 자식들을 3명 다 찔러 죽이고 자신도 칼을 물고 죽는 용감한 무가의 아내로 그려지고 있다. 그러면서 죽어가는 자들이 성안의 부하들을 대신해서 죽는다고 칭송하고 있다.

히데요시 서기가 편찬한 전기 작품이 이렇게 미키 성 장수와 가족들의 처참한 상황을 자세히 그려낸 것은 바로 히데요시가 성을 함락하고 이룬 공훈을 드러내기 위한 것임은 물론이다. 히데요시의 공훈을 과시하기 위해서 패장들의 더욱 슬프고 가련한 모습으로 죽어가는 모습을 생생하게 꾸며낸 것이다.

7. 돗토리 성 아사 작전

히데요시는 미키 성을 함락하고 나서, 이듬해인 1581년 효고 현 북쪽 동해안에 인접한 돗토리(鳥取) 성을 공략했다. 히데요시 군이 서쪽의 모오리 세력을 공격하기 위해서 사전에 외곽을 차단하기 위한 전략이다. 이 돗토리 성 전투는 앞서 본 미키 성 전투와 마찬가지로, 히데요시의 2만 여명 대군이, 서쪽의 모오리의 후원군에 대비하면서, 성안의 4천 여명 군사를 봉쇄하는 작전을 펼쳤다.

히데요시는 이곳을 본격적으로 공략하기 1년 전부터도 회유와 책략으로 이 지역의 포섭작전을 펼치고 있다. 1580년 6월 6일 조에, "이나바 호오키의 경계로 이동하면서, 곳곳에 방화했다. 동쪽 군사가 밀고 온다고 하면서, 외곽의 성주들을 연줄을 찾아서 항복을 권유하자, 인질을 보내 사죄하고 항복한다는 뜻을 전해온 것을 보고하자, 노부나가 공이 몹시 즐거워하시고는, 히데요시가 공을 세웠다고 감탄하셨다"고 하고 있다(『信長公記』 13권 16쪽). 히데요시가 계략을 써서 돗토리 성 주변 성채를 항복시키는 전술을 쓴 것을 노부나가가 칭찬한 것이다.

그리하여 히데요시는 돗토리 성의 성주인 야마나 토요쿠니(山名豊國)를 항복시켰으나, 서쪽 모오리 가의 지원을 받은 가신단이 반발하면서 성은 접수하지 못했다. 이에 모오리 가에서는 킷카와 쓰네이에(吉川 經家)를 구원군으로 보내 성주로 삼고 히데요시 세력에 대항했다. 성을 접수하는데 실패한 히데요시는 1581년 6월 대군을 출진시켜 성을 봉쇄했다. 결국 10월 25일에 3명의 장수는 할복하고 성은 함락되었다.

이 돗토리 성 전투에 관해서 오다 노부나가의 전기 작품이 먼저 그려냈고, 이를 토대로 하여 『타이코키(太閤記)』가 히데요시의 출중한 무공으로 확대해 냈다.

먼저 오다 노부나가의 전기 작품이 그려내는 톳토리 성의 모습을 살펴보자.

> 6월 25일 히데요시가 츄고쿠(中國) 지방에 출정했는데, 병력은 2만 여명이다. 히젠, 미마사카를 넘어서, 타지마 입구에서 이나바 안으로 난입했다. 킷카와가 지키는 톳토리 성은 4방이 막힌 험한 산세다. 이나바는 북쪽부터 서쪽은 푸른 바다가 넘실댄다. 톳토리의 서쪽은 바다 한 가운데, 25마장 떨어져서 서쪽에서 동남쪽으로 흐르는 큰 강이 있다. 이 강은 뱃길이다. 톳토리에서 20마장쯤 떨어진 강가에 지성이 있다. 또 바다 입구에도 연결 요새가 있다. 아키로부터 구원군이 올 수 있도록 2곳을 만들어 두었다. (『信長公記』 14권 15쪽)

작자가 이곳을 실지로 방문했는지는 알수 없지만, 지형을 자세히 소개하고 있다. 톳토리 성이 난공불락의 요새임을 그려내고자 한 것이다. 이렇게 험난한 지형을 소개하고 나서 히데요시의 빈틈없는 작전을 다음과 같이 기술했다.

> 톳토리 동쪽에 7, 8마장 떨어져서 높은 산이 있다. 히데요시가 그 산에 올라가 살펴보고, 낙점했다. 이 산을 대장군의 진지로 만들고, 즉시 톳토리를 에워쌌다. 또 두 요새의 연결을 끊고, 방책을 두르고, 5, 6마장, 7, 8마장 마다 진지를 구축하고, 땅을 파서 말뚝을 박았다. 또 땅을 파서 방책을 치고, 축대를 높이 쌓았다. 빈틈없이 2중 3중으로 무기고를 설치하여 인원을 배치했다. 무기고를 튼튼하게 구축하고, 후원군에 대비하여 뒤쪽에 해자도 팠다. 담과 방책을 둘러쳐서 말을 타고 돌아다니더라도 넘어온 화살에 맞지 않도록 했다. 20리 안을 앞뒤로 축대를 높이 쌓아, 그 안에 막사를 서민집으로 지어서, 매일 밤 횃불을 밝혀서 낮과 같았다. (『信長公記』 14권 15~16쪽)

히데요시의 빈틈없는 작전 지시와 방비하는 모습을 그려낸 것이다. 『타이코키』는 이 내용을 이어받아 히데요시의 승리를 더욱 확대했다.

> 히데요시 경이 동쪽의 높은 산에 올라가, 사방을 내려다보고, 그 산을 본진으로 정했다. 각군의 진지를 배치하면서 말하기를, "적은 소수다, 한 사람도 남김없이 죽여야 한다" 하면서 사방의 공격로에 군사를 배치하여, 규율을 잘 지키도록 하고는 28일 아침부터 군사들로 밀어부쳤다. 드는 방패, 끌어당기는 방패, 공격용 거북차(龜甲)를 대기하고, 활, 총, 불화살 등을 빈틈없이 갖추었다. 공격함성이 산과 바다를 움직이고, 활 쏘는 소리가 천지를 울릴 만큼 굉장하자, 여자와 아이들은 숨었다. 사방의 공격로에서 총을 쏘고 함성을 지르자, 성안에서도 지지 않으려고 총을 쏘아대지만, 성 밖의 총에 비하면 백분의 일도 안되어 쓸쓸했다. 지성 공사는 7월 초부터 시작했는데, 10일쯤에는 어느새 담장, 무기고, 2층문, 해자까지 갖춰졌다. 참으로 문왕의 영대가 순식간에 이루어진 것 이것에 가까울 것인가. (『太閤記』 36~37쪽)

히데요시의 대군이 돗토리 성을 공략하기 위한 빈틈없는 작전과 빠른 속도로 진지를 구축한 것에 감탄하고 있다. 돗토리 성안에 4천여명의 군사가 농성하는 것을 히데요시가 2만 여명의 대군을 거느리고 정면공격하지 않고 장기전을 펼친 모습이다. 그런데 이것을 중국 주나라의 성군인 문왕의 영대를 지으려고 백성들이 앞다투어 나서서 완성한 것과 비교한 것이다. 이러한 『타이코키』의 기술에서, 우리는 히데요시를 비판적으로 그리려고 했던 원래의 의도는 바뀌어, 오히려 그의 공훈을 드러내는 것을 보게 된다.

또한 앞에서 오다 노부나가의 전기 작품에서, "20리 안을 앞뒤로 축대를 높이 쌓고, 그 안에 막사를 서민집(町屋)으로 지어서" 이용했다고 하는 대목을, 『타이코키』는 다음과 같이 그렸다.

> 축대 안에 10마장쯤 서민 집(町屋)을 지어서, 이나바 호오키의 상인들로 하여금 군수물자 조달하는 시장을 열게 하니, 각자 궁리하여 번창하여, 군수물자에 부족함이 없었다. 탕왕의 전장에 '저자에 가는 자는 막지 않고, 밭가는 자 옮기지 않았다'고 하는데 이런 것을 말한 것인가 하고 생각했다. (『太閤記』 37~38쪽)

전쟁 물자를 조달하는 시장을 열어 물건을 조달할 수 있게 한 것을 중국 고대의 성왕인 탕왕의 전쟁에 비유한 것이다. 이러한 내용을 『회본 타이코키』는 다시 다음과 같이 그려냈다.

> 그런데 공격군의 축대 안에는 10마장쯤 상가를 세우고, 이나바(因幡) 호오키(伯耆)의 저자를 열고, 떡, 술, 생선류, 산야의 채소 등을 각각 갖다놓고 장사를 했다. 여기에서 공격군의 군수물품이 부족한 것이 없었다. 그 가운데는 하루밤 정을 팔아서, 괴로움을 달래는, 매춘녀를 파는 집도 있었다. 그렇지만 대장의 호령이 엄하기 때문에 난잡하지는 않았다. (『繪本太閤記』 상권 651쪽)

히데요시가 돗토리 성 공략에서 장기전을 펴는 가운데, 한편에서는 상인들이 시장을 열고 장사를 하는 모습을 그린 것이다. 전사들의 사기를 돋우기 위한 매춘 시장도 개설했지만, 군기가 엄정하여 문란하지 않은 것을 기술하고 있다. 성을 포위하고 있는 공격진이 번창한 시장에서 풍성한 여유를 누린 것을 기술한 것은, 성안의 아사 직전의 참상과 대비시키기 위한 것이다. 한편 다른 전기 작품에서는 히데요시가 시장을 통해서 쌀을 비싼 값에 구매하도록 하여, 성안의 곡식이 유출되도록 책략을 쓴 것을 그리고 있다. 히데요시의 성안을 아사시키기 위한 작전의 성공을 부각시킨 것이다.

오다 노부나가의 전기 작품은 히데요시의 봉쇄작전으로 성안의 비참함을 다음과 같이 기술한다.

이번에 이나바 돗토리 고을의 남녀 모두 성안으로 도망가서 농성했다. 하층 농민들마저 성으로 들어갔지만, 장기전의 대비가 없었기에 즉시에 아사 위기를 맞았다. 처음에는 5일에 한번, 3일에 한번, 종을 쳤는데, 종소리를 따라 잡병이 모두 방책까지 나와서 초목의 잎을 따는데, 그 중에서 벼 그루터기를 좋은 먹거리라고 하다가, 나중에는 이것도 없어서 소와 말을 먹고, 이슬과 서리에 쓰러지고, 약한 자는 굶어죽는 자가 끝이 없었다. 굶어죽은 귀신 같이 여위어진 남녀, 방책에 붙어서 흔들거리며 나가게 도와주세요. 하고 소리치는 아비규환의 슬픈 모습에 눈도 뜰 수 없었다. 총으로 쏘자, 아직 숨이 붙어 있는 자를 사람들이 달려들어 칼을 가지고 관절을 끊고 먹을 것을 찾으려고, 몸 안에서도 특히 머리에 좋은 맛이 있다고 보고는, 목을 서로 빼앗고 도망쳤다. 어쨌든 목숨만큼 강한 것은 없다. (『信長公記』 14권 24쪽)

히데요시 군이 성을 포위하고 나서 성안 사람들이 굶주린 처참한 모습을 그려냈다. 이들 농성병들은 총을 맞았지만, 아직 목숨이 붙어 있는 동료를 서로 달려들어 잡아먹고, 그것도 머리에 좋은 맛이 있다고 서로 다투는 모습으로 그려낸 것이다.

『타이코키』는 이 내용을 더욱 확대했다.

여기에 (더욱) 불쌍한 것은, 이번에 농성한 남녀들이 졸지의 일이라, 10일 20일 양식만 준비했기에, 얼마 지나지 않아, 굶주려서 죽는 시체의 수를 모를 지경이었다. 잡병들이 희망 없는 목숨을 이어보기 위해서, 방책까지 비틀거리며 나왔다가 돌아가는 모습, 비틀비틀 흔들흔들 넘어졌다 일어나는데 들어갈 수 없을 것 같아 보였다. 실로 그림에서 본 굶주린 귀신으로 새까맣게 말라비틀어진 남녀들이 흔들거리며 와서, 바둥거리며 평지로 나가서는 "살려주세요, 살려주세요" 하고 외치는 소리도 그다지 크게 들리지 않지만 왠지 슬프게 보였다. 그중에도 벼를 베어낸 그루터기를 좋은 음식이라고 생각했는지, 서로 빼앗다가, 기절한 사람도 있었다. 나중에는 이런 것도 다 없어지자 소와 말을 죽여서 먹였는데, 말고기에 취해서 죽은 자도 있고, 말간을 먹고 싶어서 오랫동안 간직해온 도구를 가지고 와서는 바꿔주세요 바꿔주

> 세요 하고 애원하는 모습도 더욱 처량했다. 이것은 전혀 의병이 아니어서, 이러한 인과응보의 죄과가 쌓이고 쌓이면 나중에는 어떻게 될 것인지 하고 생각 있는 자들은 한탄하는 자도 있다. 특히 처량한 것은 방책을 넘어가려는 굶주린 귀신을 총으로 쏘아 쓰러뜨리자, 아직 죽지 않고 숨을 쉬고 있는데 남녀 할 것 없이 달려들어 혹은 작은 칼 부엌칼, 혹은 낫을 저마다 손에 들고와서 관절을 가르는 것이 마치 도살자가 우마의 껍질을 벗기고 얻는 것 같았다. 좋은 맛은 머리에 있다고 하더라 하면서 빼앗고 다투었다. 이래저래 슬프기가 비할 바 없었다. (『太閤記』 38쪽)

『타이코키』가 선행 작품 내용에 의거하면서 히데요시 공훈을 어떻게 다시 쓰고 있는지를 잘 보여준다. 돗토리 성 봉쇄작전으로 성안의 병사들이 굶어 죽는 모습을 더욱 처참하게 그려낸 것이다.

또한 『타이코키』는 성안의 장수들이 항복하고 죽는 장면도 상세하게 그려냈다. 성안에서 농성하던 3명의 장수 킷카와, 모리시타, 나카무라가 자신들의 가족과 부하들의 목숨을 보장받는 대신 할복을 청원하여 받아들여지자 고마워하는 모습을 그려냈다.

> 검시관 후쿠미쓰가 술통, 그릇, 안주를 대청에 늘어놓으니, 3명의 장수가 히데요시에게 항복한 이상, 주군이 내린 것이니까 절하고 받는 것이 예의이다 하고는, 예복을 갖춰 입었다. 절을 하고는 항복을 수락한다는 문서를 읽고, 기쁨의 눈썹을 치뜨고는, 여러 부하들을 불러모으고, "이번 농성 중에 여러 번 충절을 다하고 밤낮없이 수고한 것을 잊을 수 없는 바이다. 만일 포위를 뚫고 나갔다면 은상으로 땅을 내리고 서로 기뻐했을 텐데, 이렇게 작별을 하게 되었으니 사면초가와 같구나. 좋다 이것도 천명이다. 주군인 테루모토(輝元)에게는 충성스런 죽음, 여러 부하들의 목숨을 대신하는 것은 어진 죽음(仁死)인데 무엇을 원망하고 무엇을 한탄하겠는가" 했다. 가져온 술을 잔에 채워 돌려서 여러 부하들을 위로하는 모습이, 대장된 자의 지극함이라는 감정이 심부에 새겨졌다. 또 다시 볼 수 있는 사람이 아니라고 상하가 서로 눈물을 흘렸다. (『太閤記』 40쪽)

일본 전국 시대 전쟁에서 승패가 어떤 것인가를 잘 보여주는 대목이다. 이 때의 전쟁에는 특별한 이유가 없었고, 힘 있는 대로 싸우다가 지면 적의 부하가 되면 그만이었다. 여의치 못해 대장이 할복하게 될 경우 가족이나 부하를 살려주면 고마운 은혜로 여겨졌다. 여기 톳토리 성의 장수들도 히데요시가 할복을 받아주자, 그 때까지 적으로 싸우던 적장을 주군의 예를 올리고 죽게 해준 은혜에 고마워하는 것을 알 수 있다. 이들 3명의 장수들은 자신들이 부하들의 죽음을 대신하는 어진 죽음(仁死)이라고 스스로 위안을 하고 있다.

이 대목에서 『회본 타이코키』는 모리시타와 나카무라 두 장수는, 히데요시에게 이미 내통한 주군을 따르지 않았던 죄로 죽도록 했다. 그러나 새로 성주로 온 킷카와의 목숨은 살려준다고 했지만, 스스로 죽기를 청원하여 3명이 함께 할복을 허락받은 것으로 하고 있다. 이렇게 하여 성안에서는 히데요시에게 할복에 참관할 검시관을 요청하여 곧 할복에 들어갔다.

> 세 명의 대장이 검시관에게 사람을 보내 말하기를, "곧 넘겨줄 성을 피로 더럽혀서는 안 될 것인즉, 절에서 할복할 테니 곧 절로 오십시오 하니 호리오가 즉시 절로 왔다. 세 명의 대장이 이미 절에 대기하면서, "이번에 (할복할) 소망이 이루어지고, 많은 자들을 살려주시니, 기쁨이 이보다 더한 것이 없습니다. 마침내 이렇게 되었으니, 호리오 님에게 잘 부탁합니다하고 태연하게 말하고는, 세 명이 일시에 소리를 지르고 배를 열십자로 갈라서 아침이슬이 되었다. 참모들이 이미 준비했는지, 세 명의 목을 히데요시의 점검을 위해 상자에 목을 담아서 가지고 가려고 하는데, 킷카와의 소년병으로 나이 17, 8세쯤 되어 보이는 사카다라는 자와 후쿠미쓰라는 자가 나와서 말하기를, "말씀드리기 황송하오나 저희는 주군의 큰 은혜를 입은 자들입니다. 이 세상에서 은혜를 갚을 길도 없어졌습니다. 저는 이 미나토 강에 항상 익숙해있고, 강을 잘 알기 때문에 저 세상에 가는 세 강을 건너는

길을 안내하기 위해서 이 자리를 더럽히겠습니다" 하고 말이 끝나자마자 두 사람이 서로 찔러죽었다. 주군도 부하도 도(道)를 다하고 죽음을 잘했다하고 감탄하지 않는 자가 없었다. 뜻이 옅지 않은 자들이기에 이들 목을 포함하여 5개를 호리오가 들고 가서 바치니, 히데요시도 눈물을 흘리고 감탄하셨다. (『太閤記』 41쪽)

『회본 타이코키』는 세명의 장수가 자결하는 장면을 더욱 극적으로 그려냈다. 약간 내용이 길지만, 다시 쓰기한 이 작품의 성격을 이해하는데 필요하다고 보고 인용한다.

다음날 1581년 10월 25일, 검시관으로 호리오(堀尾), 이치야나기(一柳)가 오자, 킷카와 쓰네이에(吉川 經家)는, 은근하게 예를 갖추고 객관에서 다과로 향응했다. 그러는 가운데 모리시타, 나카무라 두 사람이 각각 처소에서 자살했다. 쓰네이에가 두 사람의 목을 보고 빙긋 웃으면서 배를 열십자로 가르려고, 부하인 시즈마(靜間)에게 명하여 자신의 목을 쳐주도록 부탁했다. 이 때 호리오가 시즈마에게, "쓰네이에의 목은 전하(히데요시)가 보실 것이니까, 정성스레 잘 쳐야하오" 하고 말했다. 시즈마가 알았다고 하면서, 두 사람에게 예를 갖추고, 큰칼을 뽑아 다가가니 쓰네이에가 임종가를 읊조렸다.

무사에게/ 전해온/ 아즈사 활/
돌아가네 원래왔던/ 집으로

이렇게 읊고서 칼로 배를 찌르고, 두 손으로 목을 잡아 늘이고는, "시즈마 잘 해라" 하고 말했다. 시즈마가 새겨듣고, 큰칼을 들어서 딱 치는데, 이것이 대대로 전해온 주군의 목인지라, 눈이 어두워지고 정신이 나가서, 큰칼로 칠 곳을 못찾아 잘못 쳤다. 쓰네이에가 약해진 기색도 없이, "바보같이, 안 잘리느냐" 하고 화를 냈다, 두 번째 칼로 마침내 목을 떨어뜨렸다. (『繪本太閤記』 상권 655~656쪽)

『회본 타이코키』는 돗토리 성의 함락과 세 명의 장수가 할복 자결하는 장면을 희화하여 그려내고 있다. 킷카와의 목을 히데요시가 실제 검사할 테니까 잘하라고 하자 오히려 잘 못하여 두 번째 칼로 목을 떨어뜨리는 장면을 그려낸 것이다. 동시에 킷카와의 무사로서 죽어가면서도 두려워하지 않는 평상심을 부각시킨 것이다.

1907년 당시 황태자의 방문에 앞서 히데요시의 인풍(仁風)을 기념하여
돗토리(鳥取) 성터에 세워진 서양식 건물의 인풍각

돗토리 성의 세 명의 장수의 최후를 묘사한 『타이코키』는 성안의 굶주린 백성들을 살리는 자비로운 히데요시를 그려낸다.

> (히데요시가) "성안의 상하 모두가 오랫동안 쌀을 굶주렸기 때문에, 갑자기 밥을 먹으면 오히려 죽는 법이니, 죽을 끓여서 작은 그릇으로 하나씩 먹여라" 하고, 여러 감독들을 보내서 잘 제지하니 죽는 사람도 없었다. 그러자 부하들이 "참으로 히데요시 경은 사람 죽는 것을 못보는 인심(仁心)을 발휘하여, 무사가 아닌 잡병들까지 신경을 써주시니 음덕으로 양보를 받을 사람이다" 하고 모두 믿음직하게 생각했다.

> 장인과 농민들 아침 연기를 피울 것도 없는 자들까지 베풀어서 쌀 3백석을 내려주시니 그대로 돗토리에 남는 자가 있는가 하면 또 타지로 가기도 하고 뿔뿔히 흩어졌다. (『太閤記』 41~42쪽)

돗토리 성을 함락하고 나서 히데요시의 은덕이 상공업자인 장인과 농민들에게까지 미쳤음을 그려낸 것이다. "참으로 히데요시 경은 사람 죽는 것을 못보는 인심(仁心)을 발휘하여, 무사가 아닌 잡병들까지 신경을 써주시니 음덕으로 양보(陽報)를 받을 사람이다" 하고 히데요시의 선처를 극구 칭찬하기에 이른 것이다. 여기서 우리는 『타이코키』의 히데요시에 대한 비판적 자세는 어느새 히데요시 영웅관으로 기울어진 것을 발견하게 된다.

이곳 돗토리 성 주변은 큐쇼(久松) 산을 중심으로 공원이 조성되어 유적지로 보존되어 있다. 1907년 러일 전쟁의 승리에 도취한 분위기에서 황태자가 이곳 히데요시의 전승지를 방문했다. 그 때 이곳에 히데요시의 인풍(仁風)을 기념하기 위해 인풍각(仁風閣)이 지어졌고, 현재 이것은 국가 중요문화재로 지정되어 있다. 인풍을 실천한 히데요시 영웅관이 만들어져 일본에 이어지고 있음을 알 수 있다.

8. 타카마쓰 성 물공격

히데요시는 돗토리 성을 함락하고, 서쪽으로 진격하여 빗츄(備中) 타카마쓰(高松) 성을 공략했다. 오카야마(岡山) 성에서 서쪽으로 10킬로 남짓한 거리에 있는 이곳 타카마쓰 성은 노부나가의 부하로서의 히데요시의 마지막 전승지가 된 곳으로, 여러 전기 작품들에 의해 크게 꾸며져 또 하나의 히데요시 영웅 전설이 만들어진 곳이다.

타카마쓰 성은 히데요시의 근거지인 히메지(姬路) 성에서 서쪽으로 80킬로미터 정도의 거리에 있고, 서쪽 모오리 세력의 주성인 히로시마와 중간쯤 되는 거리이다. 타카마쓰 성에는 성주인 시미즈 무네하루(清水 宗治)가 서쪽에서 온 구원군을 포함하여 5천명 정도의 병력을 거느리고 주둔하고 있었다.

히데요시는 1582년 3월 15일 히메지 성을 출진하여, 이미 내통한 오카야마 성의 우키다 히데이에(宇喜多 秀家) 병력을 포함하여 5만 여 명의 대군으로 4월 중순부터 타카마쓰를 공략했다. 그동안 주변의 성들을 함락하면서 병력이 크게 증가한 것이다. 히데요시는 성 주변의 아시모리(足守) 하천을 막아 물로 공격하는 작전을 세우고 5월 초부터 높이 7미터 제방을 3킬로 정도 쌓았다. 5월말에는 때마침 장마철 비가 내려 물이 불어나 잠기면서 타카마쓰 성은 항복하지 않을 수 없는 상황에 몰렸다.

서쪽 모오리 세력도 구원군을 보내 하천 서쪽에 진을 치고, 히데요시 군과 대치하고 있었다. 이런 와중인 6월 2일 새벽 오다 노부나가가 피살되었다. 히데요시는 3일날 밤에 주군의 피살 소식을 들은 것으로 알려졌다. 히데요시는 노부나가 피살소식을 감춘 채, 타카마쓰 성주인 시미즈 무네하루(清水 宗治)를 포함한 4명의 장수가 자결하는 조건으로 항복을 받아들였다. 성주인 시미즈 무네하루 등 4명과 순사하는 사람을 포함하여 5명이 6월 4일 할복하고 성은 함락되었다.

히데요시의 타카마쓰 성 공격에 관해서는 히데요시의 서기가 편찬한 전기 작품의 「코레토오 모반기」에 기술되어 있다. 이 내용에 의하면 히데요시는 3월 15일부터 빗츄(備中) 지역을 공략하기 시작하여 타카마쓰 성 주변의 카무리(冠) 성, 카와야(河屋) 성을 먼저 복속시켰다. 카무리 성 공격은 다른 성에 두려움을 주기 위해, 공격군의 희생이 나더라도 철저하게 응징하도록 했다. 히데요시는 카무리 성이 항복을 청원한 것도 받아주지 않고 모두 목을 잘랐다. 그 후 주변에 있던 카와야(河屋) 성이 스스로 항복하였고, 이들은 목숨을 살려주었다고 하고 있다. 히데요시가 강온 전략을 구사한 것을 볼 수 있다.

이 전기 작품은 히데요시가 타카마쓰 성을 지략을 써서 성공한 것을 다음과 같이 기술하고 있다.

> 3면이 늪으로 되어 인마가 다닐 길이 전혀 없다. 한 면에 겹겹으로 큰 해자를 파는 등 모오리 가에서 수년간 대비해놓은 견고한 곳이다. 비록 일본 전체의 대군으로 공격할지라도 힘으로는 쉽게 밀어붙일 수 없었다. 그러자 히데요시가 궁리를 해서 물로 공격할 준비를 했다. 성 둘레 2, 30리에 제방을 쌓고, 제방 안쪽에는 재목을 설치하여 방책을 만들고, 크고 작은 강 물줄기를 찾아, 산을 파고 바위를 뚫어, 시냇물이나 논가에 있는 웅덩이 물까지 모두 막아놓자, 순식간에 그 곳이 하나의 호수가 되었다. (『天正記』 26쪽)

타카마쓰 성이 '일본 전체의 대군으로 공격할지라도' 쉽지 않은 난공불락의 요새임을 강조한다. 그러한 성을 히데요시가 지략을 써서 물로 공격한 것이다. 당시 성의 규모나 농성한 인원으로 볼 때 작은 성이었던 타카마쓰를, 히데요시는 정면 공격하지 않고 장기전으로 임했다. 오다 노부나가의 주력부대가 동쪽의 적을 격파하고 지원군으로 곧 투입될 상황이었기 때문에, 모오리 군과 바로 결전을 하지 않고 대치하여 위세로 항복을 유도하는 전략을 구사한 것이다.

히데요시가 타카마쓰 성을 겹겹이 포위하고 제방을 쌓아 물을 끌어들였을 때 성안의 위급한 상황을 다음과 같이 기술한다.

> 새로 쌓은 제방 위의 몇 곳에 방책을 만들고, 큰 배를 만들고, 뗏목을 엮어서, 적의 성의 두 번째 보루를 공격하여, 담벽 위의 집을 부수고, 마지막 보루만 남았다. 성안의 군사들은 물이 넘쳐 들어오자,

큰 나무 가지에 평상을 걸고 판자를 박았다. 물결에 떠다니는 집이 꼭 배의 푹 들어간 것과 같았다. 참으로 새장안의 새 신세, 망에 걸린 물고기의 처량함으로도 이것을 비할 수가 없다. (『天正記』 27쪽)

히데요시의 지략에 의해서 물이 성안으로 넘쳐들자, 성안 사람들이 새장에 갇힌 새나 망에 걸린 물고기보다 못한 처량한 신세임을 그려낸 것이다. 『타이코키』는 이 장면을 더욱 생생하고 극적으로 그려냈다.

(모오리) 테루모토(輝元)는 타카마쓰 성에서 농성하는 부하들을 구원하고 싶어도, 히데요시의 준비가 철저해서, 이전에 궁리했던 것도 쓸데없어지고 날만 지나갔다. 5월 25, 6일 경에는 하층민들은 벌써 바닥을 높이 올리고, 떠있는 것이 불쌍하게 보였다. 게다가 더욱 마음 아프게 한 것은 뱀, 쥐, 족제비 같은 것들이 바닥 가까이 와서, 쫓아도 쫓아도 머리를 기대고 몰려오자, 여자나 아이들은 견디지 못하고 몇 번이고 정신을 잃었다. 처음에는 정신 차리라고 불러댔으나, 나중에는 익숙해졌는지 조용해졌다. 더욱 깊은 근심은 물이 흘러가지 않고, 밤낮없이 들어와 넘치고 불어나니, 그물에 든 물고기, 새장안의 새보다도 덧없이 운이 끝나가는 것이었다. (『太閤記』 57~58쪽)

타카마쓰(高松) 성에 물이 차오르면서 땅속에 사는 뱀, 쥐 등 갖가지 짐승이 나오자 여자와 아이들이 기절하는 상황을 그려냈다. 히데요시의 타카마쓰 물공격 신화를 생생하게 만들어 낸 장면이다.

이런 상황에서 오다 노부나가의 피살 소식을 접한 히데요시가 이를 비밀에 붙이고 타카마쓰 성의 항복을 유도하는 내용으로 꾸며냈다.

빗츄의 히데요시 진지에 6월 3일 한밤중에 비밀리에 보고가 있었다. 히데요시가 이것을 듣고서, 마음속으로 상심이 끝이 없었지만, 조금도 내색을 하지 않고, 더욱 진지를 강화하면서, 히하타의 요새에 계략을 보였다. 그리고는 모든 병력을 집중시켰다. 이 때 히데요시가 풍자하는 노래인 쿄카(狂歌)를 읊어서 각진지에 퍼뜨렸다.

> 두 냇물(兩川)/ 하나 되어/ 떨어지니(몰락하니)/
> 모오리 타카마쓰도/ 쓸모없게 되는구나

> 두 냇물은 킷카와(吉川)와 코바야카와(小早川)를 말한 것이다. 적진에 이것을 전했다. 그러고 나자 타카마쓰 성에서 대장 5~6명이 배를 가를테니, 부하들은 살려달라는 뜻을 전하고 항복했다. 또 모오리 가에서도 간절히 희망하기를, 영지 가운데 빗츄 등 5고을을 넘겨주고 맹서문과 인질을 보내, 항복하겠다는 뜻을 재삼 전해왔다.
>
> (『天正記』 34쪽)

히데요시가 주군 오다 노부나가의 죽음을 6월 3일 밤에 보고받고 나서, 이를 감추기 위해 공격 태세를 더욱 강화했다. 모오리 가의 젊은 주군인 테루모토를 보좌하는 두 삼촌인 킷카와와 코바야카와가 타카마쓰 성을 구원하지도 못하고 몰락이 눈앞에 닥쳤음을 조롱하는 시를 지어 퍼트리는 여유를 보인 것이다. 그러자 타카마쓰의 성안과 모오리 가에서 항복을 청해왔다고 한 것이다.

그런데 훗날의 전기 작품들은 이 대목을 더욱 극적으로 그려내고 있다. 『회본 타이코키』는 반란을 일으킨 아케치 미쓰히데(明智 光秀)가 모오리 군에 보낸 밀사를 히데요시 군이 붙잡는 것으로 하고 있다.

> 6월 3일 한밤중에 해어진 삿갓에 허리칼을 차고서, 카와즈가하나(蛙鼻)의 (히데요시) 본진을 왼쪽으로 은밀하게 지나가는 자가 있었다. 배치해둔 척후병들이 일찍이 발견하고는, 여기저기서 몰려나와서는, 신호로 정해놓은 북을 치자, 사방에서 수백명의 졸병들이 몰려나와, 그 남자를 잡아서 말도 않고 손발과 온몸을 위아래로 묶고서, 척후 소대장인 오타니에게 데리고 가서 보고했다. 오타니가 이 남자를 가까이 보고 얼굴에 진흙을 발라서 수상하다고 보고 대장의 본진으로 끌고 갔다. 히데요시가 이 보고를 받고 칼을 잡고 나와서는 품안을 찾아보도록 명령했다. 병졸들이 찾아보니 목에 편지통이 걸려있었다.

곧 이것을 풀어서 히데요시에게 보였다. 히데요시가 봉투를 뜯어 속에 있는 서한의 수발신인을 보니까, '킷카와, 코바야카와에게', '아케치 미쓰히데가 보냄'이라고 적혀 있었다. (『繪本太閤記』 중권 191쪽)

반란인 아케치 미쓰히데가 모오리 가에 보낸 밀사를 붙잡아 오다 노부나가가 피살된 사실을 알아낸 히데요시는, 모오리 쪽의 승려인 안코쿠지 에케이(安國寺 惠瓊)를 불러 강화를 중재하도록 요청한 것으로 그리고 있다.

한편, 『신서 타이코키』에는 히데요시가 오다 노부나가 피살 소식을 먼저 보고받고 나서 주변을 엄하게 단속한 끝에, 모오리 가에 가는 첩자 2명을 잡아낸 것으로 좀더 그럴듯하게 그렸다. 한명은 아케치 미쓰히데가 보낸 밀정으로 맹인으로 분장했고, 한명은 이시야마 혼간지(石山 本願寺)의 승려로 떠돌이 수행승으로 분장한 사람을 등장시키고 있다. 히데요시가 노부나가의 피살 소식이 모오리 군에 전해지는 것을 차단하고는, 훗날 히데요시의 부장이 된 승려 안코쿠지를 통해서 강화협상을 벌여 성공한 것으로 그려냈다.

히데요시가 타카마쓰 성의 항복을 받아들인 것을 보자. 히데요시 서기가 편찬한 전기 작품은 히데요시가 쿄토로 회군하여 반란인 아케치 미쓰히데를 토벌하기 위하여, 타카마쓰 성안의 세 명의 장수가 할복하는 조건으로 항복을 받아들이고, 히메지 성으로 회군했다고만 간략하게 기술하고 있다. 그러나 『타이코키』는 할복하는 장면을 자세히 그렸다.

다음날 할복하겠다는 소망이 이루어져서 새로 만든 작은 배와, 아름다운 술과 좋은 안주도 준비됐다고 하자, 시미즈 형제와, 나니와, 치카마쓰도 한탄 속에 즐거움이란 것은 이런 것을 말할 것이다. 주군에 충성하고, 여러 사람의 목숨을 대신하여 세상을 떠나는 일이 일생의 명예라고 기뻐하면서, 그날 밤은 이 세상 하직하는 술을 모두 함께 나누었다. 이리하여 밤이 밝아지자, 성안의 여러 도구, 문서를 만들어 곳곳에 붙이고는, 할복하고 난 이후에 틀림없이 히데요시에게 넘기도록 해놓았다. 그리고 나서 평소에 믿어왔던 부처 앞에 나아가 염불을 조용히 하고 출발했다. (『太閤記』 59~60쪽)

대문까지 물이 찰랑찰랑해서, 히데요시가 보낸 배를 저세상으로 가는 배로 알고 뒤도 돌아보지 않고 타고 가려는데, 요쥬로라는 자가 동행하겠다고 했다. 하얀 수의를 속에 입고 머리를 깎은 승려복장으로 배를 타려는 것을 만류하면서, 만일 저세상에서 너를 쓸 일이 있으면 틀림없이 와서 전하겠다고 해도, 꼭 배를 같이 타겠다고 물러서지 않았다. 쓰키키요(月淸)가 배를 저어라 하고 말하자, 그렇다면 물에 빠져죽더라도 동행하겠다고 해서 할 수 없이 배에 태웠다. (『타이코키』 60쪽)

타카마쓰 성에서 농성하던 장수들이 할복 청원이 받아들여진 것에 기뻐하며 성안이 정리된 채로 히데요시에게 넘어가도록 해놓고, 배위에서 할복하기 위해 떠나는 장면이다. 장수 본인들만 죽고, 처자식 등 가족은 살려주는 조건이었기 때문에 불만은커녕 히데요시에게 고마워하면서 죽으러 가는 모습이다. 그런 가운데 주군이 죽는 길을 안내하겠다고 따라나서는 젊은 무사를 그려냈다.

그리고 배 위에서 검시관이 지켜보는 가운데 할복하는 모습을 다음과 같이 그려냈다.

이리하여 검시관 호리오가 술과 안주를 건네자, "참으로 고마운 마음입니다 고마운 마음입니다" 하고 거듭거듭 감격하고, 쓰키키요(月淸)가 2~3번 마시고, 쵸자에몬(長左衛門)에게 주니 이것을 몇 번 기울이고, 나니와(難波) 님에게 황송하다고 하면서 술잔을 건네자, 치카마쓰(近松)에게 예를 올리고는 쵸자에몬에게 건넸다. 쵸자에몬이 취하지 않을 만큼 기분 좋게 마시겠다고 하는 중에, 쓰키키요가 세이간지(誓願寺)의 쿠세마이(曲舞)라는 곡조를 불렀다. 조금도 두려워하는 기색이 없이 평소와 같았다. 이렇게 술이 끝나자 쓰키키요가 나부터 시작해야지 하고는 웃을 걷고, 얏하고 소리를 지르고는 배를 열십자로 갈랐다. 나머지 3명도 멋있게 배를 갈라, 지금 이 종이 위에 향기로운 이름을 남겼다. 그러고 나자 요쥬로가 "나는 쓰키키요 노인의 말 담당으로 있었는데, 인연을 허락받고 정성을 다할 땅을 받았습니다. 죽어서 가는 저승의 세 길을 안내하겠습니다" 하고는 기분 좋게 배를 갈랐다. 검시관이 감탄하고 4명의 목에 딸려서 히데요시에게 보여주니, "다 같이 인(仁)의 죽음을 한 자들의 목이다. 4사람의 목은 산뽀라는 통에 넣고, 요주로 목은 헤기라는 통에 넣어라" 하고 말했다. 5일날 아침 제방을 트니 물이 폭포가 되어 떨어지는 소리가 큰 우레와 같았다. (『타이코키』 61쪽)

1582년 6월 4일 성안의 무장 4명과 주군을 따라 순사한 1명 등 5명이 조금도 두려움이 없이 죽어가는 과정을 자세히 그려낸 것이다.

한편, 태평양 전쟁 중에 일간 신문에 연재 되어 히데요시 영웅관을 확대했던 『신서 타이코키』는, 히데요시가 타카마쓰 성을 물로 공격하기 위한 제방을 신속하게 쌓는 과정을 추가해서 그려냈다. 히데요시가 보름 정도의 기간에 제방을 쌓으려고 농민들을 동원하여 쌀과 돈을 주고 작업을 시켰지만, 작업이 계획대로 진척되지 않았다. 감독을 맡은 쿠로다(黑田 官兵衛)는 히데요시가 지켜보는 가운데, 인부들을 집합시키고, 5명의 대표자를 뽑아 불만을 듣고 이들을 인부들이 지켜보는 현장에서 모두 처단했다. 그리고 나서 그 과정을 지켜보고 있던 히데요시가 부하들에게 돈 가마니를 가져오게 해서 나누어준다.

히데요시가 의자에서 일어서서 나왔다. 무릎을 꿇고 있던 (쿠로다) 칸베에와 감독들에게 뭔가를 명했다. 그러자 갑자기 그곳에 있던, 회계담당 무사의 인솔을 받은 졸병들이 무거운 돈 가마니를 메고 나왔다. 한 가마니나 두 가마니가 아니었다. 몇 십개나 되는 돈 가마니의 산, 아니 돈 산이 순식간에 쌓였다. 여전히 망연하고, 공포와 후회에 휩싸여 있는 사람들을 향해서, 칸베에가 다시 말했다. "너무 자책하지 마라, 너희들은 원래 불쌍한 자들이다. 동료 가운데 2, 3명의 나쁜 자들의 사주를 받아, 마음에도 없는 불평을 한 것에 불과하다. 그렇다 이 치쿠젠(히데요시) 님의 분부로, 딴 생각 없이 일하기 때문에 술값도 충분히 줘서 격려를 하라고 하셨다. 고맙다고 인사를 하고 술값을 받아, 곧 일을 착수해라" 그리고 졸병에게 명해서, 그곳에 있는 모든 가마니를 풀자, 돈산이 눈이 무너지듯 제방위를 메웠다. "얼마든지 잡을 수 있는 만큼 잡아서 가져가라. 다만 한 사람이 한 움큼 씩이다". (『新書太閤記』 7권 94쪽)

타카마쓰 성 둘레로 물막이 제방 쌓는 작업에 불만을 품은 5명의 대표자가 죽는 장면을 지켜보고 공포에 떨고 있는 인부들에게, 히데요시의 지시로 돈 가마니를 풀어 마음대로 가져가게 하는 내용을 그려냈다. 히데요시가 신속하게 제방을 쌓은 것이 단지 강압에 의한 것이 아니라, 백성들에게 많은 돈을 베풀어준 것으로 그린 것이다. 히데요시 전기 작품들은 전국을 장악한 이후에 여러 차례 돈이나 금을 뿌리는 모습을 그려내고 있다.

타카마쓰 성의 유적지는 현재 국가 사적지로 지정되어 있는데, 주변의 논과 2미터 정도의 높이에 있는 최후 보루인 혼마루(本丸)와 두 번째 보루인 니노마루(二丸)의 일부가 공원으로 조성되어 있다. 보루를 둘러싸고 있는 늪지가 당시의 해자였음을 보여주는 흔적이 남아있다. 최후 보루에는 타카마쓰 성터공원 자료관이 세워져있다. 그리고 타카마쓰 성주로 자결했던 시미즈 무네하루(清水 宗治)의 절명가비(絕命歌碑)가 세워져 있다. 이곳에서는 매년 6월 첫 번째 일요일에 시미즈 무네하루 마쓰리가 열리고 히데요시 위업을 되새기고 있다.

Ⅳ. 전국 통일 군주

히데요시의 권력을 상징하는 오사카(大阪) 성. 히데요시가 쌓은 성은 1615년 불에 탔고, 현재의 이 천수각(天守閣)은 1931년에 히데요시 영웅관을 전면에 내세워서 재건한 것임.

1. 노부나가의 죽음

오다 노부나가(織田 信長)는 <세상에 무를 펼친다(天下布武)>는 기치를 내걸고 각지에서 세력을 확장하고 있었다. 그는 전국 통일 기운이 무르익어 가던 1582년 6월 쿄토(京都)에서 부하인 아케치 미쓰히데(明智 光秀)의 쿠데타로 장남과 함께 죽었다. 노부나가는 오와리 네고을 영주의 아들로 태어나 주변 지역을 복속하고, 1568년 15대 쇼군 아시카가 요시아키(足利 義昭)를 옹립하고 쿄토에 진출했다.

> 그는 어려서부터 기이한 행동으로 주위의 이목을 끌었다. 부친이 죽자 기괴한 복장을 하고 나타나 불단에 향을 집어던지기도 했다. 이러한 파격적인 행동으로 인해 주위에서 큰 얼간이로 불리기도 했지만, 한 승려는 장차 큰 인물이 될 것을 예언했다고 하고 있다.
> (『信長公記』 수권 7쪽)

오다 노부나가는 1573년 무로마치(室町) 막부의 마지막 쇼군을 추방하고 중앙을 실질적으로 지배하며 전국 통일을 노리고 있었다. 그의 부하들은 사방 각지에서 적들과 대치하고 있었다. 장남인 오다 노부타다(織田 信忠)와 타키가와 카즈마스(滝川 一益), 모리 나가요시(森 長可)는 카이(甲斐, 현재의 야마나시 현)의 타케다 카쓰요리(武田 勝頼)와 대치하고 있었다.

오다 노부나가(織田 信長)의 초상화

오다 노부나가의 중신인 시바타 카쓰이에(柴田 勝家), 마에다 토시이에(前田 利家), 삿사 나리마사(佐々 成政)는 에치고(越後, 현재의 니이가타현)의 우에스기 카게카쓰(上杉 景勝)와 대치하고 있었다. 아케치 미쓰히데(明智 光秀), 호소카와 후지타카(細川 藤孝)는 탄바(丹波, 쿄토의 서쪽 부근)의 하타노 히데하루(波多野 秀治)와 대치했다.

그리고 하시바 히데요시(羽柴 秀吉)는 아키(安藝, 현재의 히로시마)의 모오리 테루모토(毛利 輝元)와 대치하고 있었다. 또 사쿠마 노부모리(佐久間 信盛)는 오사카 남쪽의 이시야마 혼간지(石山 本願寺,) 세력과 대치하고 있었다.

1582년에는 서쪽에서 모오리 세력과 대치하고 있는 히데요시 군과, 동북쪽에서 우에스기 세력과 대치하고 있는 시바타 군을 제외한, 노부나가의 대군은 후지산 서쪽의 타케다 세력을 복속하기 위해 총공세를 펼쳤다. 노부나가도 3월 5일 아즈치(安土) 성을 출발하여 직접 이곳으로 출진했다.

노부나가는 전지로 가는 도중에, 부하들이 보내온 적장 타케다 카쓰요리(武田 勝頼)의 목을 확인하고, 각지에서 남은 잔당을 토벌했다. 오랫동안 강력한 위협이었던 타케다 세력을 꺾은 노부나가는, 마음의 여유가 생겼는지 후지산 서쪽 경치를 유람하면서, 제왕과 같은 행차를 하며 한달 반만인 1582년 4월 21일 아즈치 성에 돌아왔다.

아즈치(安土) 성은 노부나가가 중앙을 장악하고 전국을 제패하기 위해 비와 호 남쪽에 새로 쌓은 성으로 노부나가의 권력을 상징한다. 오늘날 일본 성들의 중심 건물에서 보게 되는 천수각(天主閣, 현재 표기는 天守閣)이 이 성에서 처음 세워진 것으로 알려져 있다. 노부나가는 이곳에서 궁정 귀족을 비롯한 여러 전승 축하 내방객을 맞느라 분주했다.

그런 가운데 이번 전쟁에서 공을 세운 토쿠가와 이에야스(徳川 家康)가 5월 15일 아즈치 성을 예방하였다. 이에야스는 노부나가가 서쪽으로 세력을 확장할 초기부터 서로 우호관계를 맺은 동맹군이었는데, 이번 타케다 공략에도 군대를 이끌고 참가하였다. 그 공로로 노부나가로부터 스루가(駿河, 현재의 시즈오카 현 중부) 지역을 영지로 받았다.

이때의 기록들은, 이미 이에야스가 전국을 장악한 뒤에 편찬된 것들이어서 그런지, 노부나가가 이에야스 접대에 극도로 신경을 쓰는 모습으로 그리고 있다. 노부나가는 부하인 아케치 미쓰히데에게 5월 15일부터 3일간 이에야스의 접대를 맡겼다. 아케치 미쓰히데는 토쿠가와 이에야스 접대 임무를 수행하는 도중에, 서쪽에서 모오리

오다 노부나가의 권력을 상징하는 비와 호 남쪽의 아즈치(安土) 성

가와 대치하고 있는 히데요시 구원군으로 급파되었다. 노부나가 자신과 장남 노부타다도 곧 뒤따를 것임을 밝혔다.

아케치 미쓰히데는 5월 17일 아즈치 성을 출발하여, 비와 호 서쪽 연안에 위치한 자신의 사카모토(坂本) 성을 거쳐, 26일에는 교토 서쪽 외곽에 있는 자신의 영지 탄바의 카메야마(龜山, 현재는 카메오카 시) 성에 돌아와 출진 채비를 했다. 그리고 나서 6월 1일 출진했는데, 서쪽으로 가지 않고 동쪽 교토(京都)로 회군하였다. 그리고 다음날 2일 새벽 교토 중심부의 혼노지(本能寺) 절에 묵고 있던 노부나가를 겹겹이 포위해 죽였다.

오다 노부나가는 소수의 호위병만을 거느리고 서쪽 히데요시의 전지로 가기 위해 교토에 머물다가 변을 당한 것이다. 혼노지 절에서 가까운 묘카쿠지(妙覺寺) 절에 머물던 장남 노부타다는 바로 옆에 있는 니죠(二條) 성에 들어가 반란군을 막았으나 곧 제압되고 뒤따라 죽었다.

오다 노부나가의 신임이 두터웠던 55세의 아케치 미쓰히데가, 쿠데타를 일으킨 이유에 대해서 전기 작품들은 몇 가지로 의견이 나누어진다. 우선 오다 노부나가의 전기 작품에서는 미쓰히데가 5월 15일부터 아즈치에서 토쿠가와 이에야스를 접대하도록 명을 받고, 17일까지 수행하다가 사카모토를 거쳐 영지로 간 것을 기술하고 있다. 이것은 출진준비를 하기 위한 것이라고만 하고 쿠데타의 이유에 대해서 밝히고 있지 않다.

그런데 17세기 초반에 전문을 기록한 『카와스미(川角) 타이코키』에는 아케치 미쓰히데가 토쿠가와 이에야스 접대를 위해서 준비한 생선이 여름날이라 상해서 냄새가 난 것 때문에, 노부나가가 크게 화를 냈다고 하고 있다. 그리고는 토쿠가와 이에야스 접대 임무를 다른 사람으로 교체했는데, 이것이 쿠데타의 이유라고 하고 있다(227쪽).

한편 선교사 프로이스는 아케치 미쓰히데가 노부나가에게 이견을 말했다가 발로 차이는 수모를 당한 것을 전하면서도, 미쓰히데의 욕망과 야심이 쿠데타의 원인이라고 하고 있다(『일본사』 3권 144~145쪽).

오다 노부나가의 전기 작품에 의하면 미쓰히데는 히데요시의 구원군으로 가기 위해 5월 26일 카메야마 성에 돌아왔다가, 다음날 뒤쪽 산위에 있는 아타고(愛宕) 신사(神社)에 참배하고 여기서 하루밤을 자면서, 몇 번이나 행운을 점치는 제비를 뽑았다고 하고 있다. 그리고 그 다음날인 28일에는 신관(神官)인 교우(行祐), 렌가시(連歌師)인 죠하(紹巴) 등과 함게 와카(和歌) 100 구를 읊어서 신전에 바쳤다고 하고 있다. 그리고는 첫 3구를 인용하고 있다.

미쓰히데
때는 지금/ 하늘아래 다스리는/ 5월이로구나

사이보(西坊)
물이 불어나는/ 정원의 소나무(기다리는 나무)

죠하(紹巴)
꽃이 떨어져/ 흘러가는 끝을/ 막고서 (『信長公記』 15권 36쪽)

이것은 아타고 백운(愛宕 百韻)으로 불리는 연시의 첫 3수이다. 첫구는 좌장인 아케치 미쓰히데가 읊고, 두 번째 구는 아타고 신사의 신관이 읊고, 세 번째 구는 렌가시인 죠하가 읊었다. 미쓰히데가 읊은 구는 모반할 뜻을 미리 드러낸 것으로 유명해졌다. '때'를 나타내는 일본어 '토키'는 아케치의 원래 성씨인 토기(土岐)를 함축하고 있고, 이 와카에서 이미 정권을 찬탈할 의지를 드러낸 것으로 본 것이다.

아케치 미쓰히데의 최후의 장면을 여러 작품들은 다투어 그려냈다. 먼저 오다 노부나가 전기 작품의 기술을 보자.

> 노부나가가 처음에는 활을 들고 두세 개 쏘자, 어느덧 때가 됐는지 활줄이 끊어졌다. 그 뒤에 창으로 싸우시다가 팔꿈치에 부상을 입고 물러났다. 그때까지 여자들이 주위에 붙어 있는 것을 보시고는 여자들은 괜찮을 테니까 서둘러 물러가라 하고 말씀하여 쫓아내고는 곧 전각에 불을 지르니 불이 타올랐다. 자신의 모습을 보여주지 말아야지 하고 생각하셨는지, 전각의 안쪽 깊이 들어가 안에서 문을 닫고 배를 가르셨다. (『信長公記』 15권 38쪽)

그런데 노부나가의 죽음을 계기로 권력을 장악한 히데요시의 전기 작품에서 노부나가 최후의 모습은 변화를 보인다. 히데요시 서기가 편찬한 전기 작품은 앞의 오다 노부나가의 전기 작품 내용을 이어받으면서도, 노부나가의 죽음을 희화시킨다.

> 쇼군이 이 일은 꿈에도 모르시고, 밤에는 장남인 노부타다를 가까이 불러, 평소보다 자상하게 이야기 하고, 자신의 장년의 옛날과, 지금 남김없이 이룬 것을 즐거워하시며, 무라이와 측근, 시종들에 이르기까지 고생했다는 말을 하고는, 깊은 밤이 되자 노부타다를 묘카쿠지(妙覺寺)로 돌려보내고, 쇼군은 깊은 규방에 들어가셔서 예쁜 처자(佳妃), 좋은 미녀를 불러서는, 원앙이불, 사랑 베개(連理枕), 야밤의 밀어, 참으로 세상에서 꿀 수 있는 마지막 꿈이 아니던가.
> (『天正記』 28쪽)

히데요시의 서기가 편찬한 전기 작품이 그려낸 노부나가의 죽는 날 밤의 모습이다. 노부나가는 이미 부귀영화를 누렸기에 여한이 없었음을 그려내고, 여자들에 둘러싸여 최후의 밤을 보내는 장면을 그렸다. 그리고 나서 마지막 죽는 모습을 이렇게 그려냈다.

> 쇼군(노부나가)이 야간 기습하는 소리를 듣고, 모리 란마루를 불러서 물어보자, 미쓰히데가 모반한 것임을 말씀드렸다. 원한으로 은혜를 갚는 예가 없지 않다. 살아있는 자는 틀림없이 멸한다. 이것 또한 정해진 길이다. 이제 새삼스레 무엇을 놀래겠는가. 활을 들고 대청에 나가, 다가오는 적 5, 6명을 쏘아서 쓰러뜨린 뒤에, 십자 창을 들고 몇 명의 적을 쓰러뜨리고 문밖으로 쫓아냈다. 몇 군데 상처를 입고 안으로 들어가셨다. (중략) 이 밖에도 병사 7, 80명이 각각 싸워서 일단 막기는 했지만, 다수의 공격을 받아 모두 죽었다. 쇼군 근래에, 봄꽃이여, 가을 달이여 하고 즐기셨던 미녀들을 모두 찔러 죽이고, 전각에 스스로 불을 지르고는, 배를 가르고 마감했다.
>
> (『天正記』 29~30쪽)

오다 노부나가가 "원한으로 은혜를 갚는 예가 없지 않다"고 하여, 아케치 미쓰히데의 모반이 원한에 의한 것으로 나타내고, 그리고 노부나가가 최후까지 용감하게 싸우다 죽는 모습을 그렸다. 그러면서 "살아있는 자는 틀림없이 멸한다. 이것 또한 정해진 길이다" 하고 체념하고 있다. 노부나가는 무기를 들고 적을 일단 막다가 중과부적임을 알고는, 평소 총애하던 미녀들을 모두 죽이고 나서 불을 지르고 자결한 것으로 그렸다.

앞의 오다 노부나가의 전기 작품에서 죽기 전에 미녀들을 먼저 내보내는 것과는 달리, 여기서는 노부나가가 미녀들을 모두 죽이는 것으로 그렸다. 노부나가의 최후의 자리에 미녀들을 등장시킨 것은 중국 왕조 몰락시에 흔히 나오는 광경을 염두에 둔 것으로 보인다. 노부나가의 몰락을 자초한 문란한 삶을 그려내고자 한 것이다.

한편 프로이스도 오다 노부나가의 최후의 모습에 대해서 기술한다. 프로이스는 당시 노부나가가 머물고 있던 혼노지 절과 불과 100여 미터 떨어진 교회에 머물고 있었다. 이날은 양력 6월 22일 성수요일 아침으로 사제는 미사를 준비하고 있었다고 하고 있다.

미쓰히데의 군사가 전각 문에 이르러 먼저 경비병을 죽였다. 내부에서는 이런 반역을 의심하는 눈치는 없었고, 전각에는 숙박하고 있는 젊은 무사들과 시중드는 차동(茶童)과 여자들 이외에는 아무도 없었기 때문에 저항하는 병사들은 없었다. 그리고 이 사건에 특별 임무를 맡은 자가, 병사들과 함께 안에 들어가, 마침 세수를 하고 수건으로 닦고 있던 노부나가를 발견했기 때문에, 곧바로 그 등에다 화살을 쏘았다. 노부나가는 그 화살을 뽑고는, 낫 같은 형태의 긴 창인 나기나타라는 무기를 들고 나왔다. 그리고 잠시 싸우다가 팔에 총탄을 맞자, 안으로 들어가 문을 닫고 그곳에서 배를 갈랐다고 한다. 또 다른 사람은 그가 곧바로 전각에 불을 지르고 산채로 불에 탔다고도 한다. 어떻든 큰 불이 났기 때문에 어떻게 그가 죽었는지는 밝혀지지 않았다. 우리들이 알고 있는 것은, 그 목소리 뿐만 아니라, 이름만으로도 만인을 전율하게 했던 인간이, 모발은 물론 뼈까지 재가 되지 않은 것은 하나도 없고 그의 것이라곤 아무것도 지상에 남아있지 않다는 것이다. (『일본사』 3권 148쪽)

프로이스는 오다 노부나가의 최후에 대해서 당시 시중에 퍼진 이야기를 생생하게 전해준다. 그러면서도 그는 절대 군주의 위용으로 사람들을 전율시켰던 노부나가가 하루아침에 재로 변하고 마는 인간 현실에 대한 감탄을 전하는 것을 잊지 않았다.

이후의 히데요시 여러 전기 작품 가운데서 『회본 타이코키』는 앞선 전기 작품의 내용을 이어받으면서도 자유로운 상상력을 발휘하여 꾸며냈다. 노부나가의 총애를 받고 있던 모리 란마루라는 미동의 참소와 원한을 입고, 아케치 미쓰히데가 모반한 것으로 그렸다. 특히 토쿠가와 이에야스 접대를 맡은 아케치 미쓰히데가 접대를 과도하게 사치스럽게 한 것에 노부나가가 화를 내고는, 모리 란마루에게 때리라고 하자, 쇠살로 된 부채로 때려서 머리에서 피를 흘리게 해서 원한을 산다.

이런 상황에서 서쪽에서 히데요시로부터 구원요청이 오자, 노부나가는 미쓰히데에게 출진 명령을 내렸다. 미쓰히데는 자신의 영지에 가서 부하들과 반역을 꾸미고 혼노지에서 노부나가를 습격한다.

『회본 타이코키』는 이 대목에서 히데요시 서기가 편찬한 전기 작품이 만들어낸 노부나가의 마지막 잠자리의 미희들 모습을 더욱 과장해서 그려내는 한편, 노부나가의 경비병들의 눈부신 활약을 길게 그려냈다. 특히 노부나가의 총애를 받은 미동인 모리 란마루는 사지가 잘리면서까지 충성을 다하는 용감한 모습으로 그려냈다. 이것은 자유로운 상상을 덧보태서 독자의 흥미를 유발하기 위해 꾸며진 작품의 성격을 그대로 보여준다.

한편 20세기에 이루어진 『신서 타이코키』도, 선행 전기 작품들의 내용을 거의 그대로 이어받고 있다. 아케치 미쓰히데가 토쿠가와 이에야스 접대를 위해서 조달한 생선 썩는 냄새에 화를 내는 오다 노부나가를 그려낸 것은 앞의 『카와스미 타이코키』의 내용을 이어받았다. 그리고 노부나가가 총애하는 미동 모리 란마루에게 아케치 미쓰히데의 영지를 넘겨 주기로 약속했다는 것은 『회본 타이코키』의 내용을 그대로 이어받은 내용이다. 그리고 아케치 미쓰히데에게 구원군을 이끌고 가서 히데요시의 지휘를 받으라는 한 것이나, 미쓰히데 이름을 다른 장수들 아래에 실음으로써 원한을 산다는 내용 등도 이 작품이 상상으로 그려낸 것을 그대로 따르고 있다(『新書太閤記』 7권 163~164쪽).

2. 주군의 복수전

오다 노부나가가 혼노지(本能寺)에서 아케치 미쓰히데(明智 光秀)에게 피살되자, 히데요시는 대치하던 모오리 가의 항복을 신속히 받아들이고, 주군의 복수전을 펴기 위해 급거 귀환했다. 이것이 이른바 히데요시의 타카마쓰(高松) 대회군이다. 히데요시는 1582년 6월 6일

회군하여, 90킬로미터 동쪽에 위치한 히메지(姬路) 성으로 돌아왔다. 그리고 9일날 히메지를 출발했고, 12일에는 오사카와 쿄토의 경계에 있는 야마자키(山崎)에 진을 쳤다.

여기에서 히데요시를 기다리고 있던 오다 노부나가의 핵심 부하의 한 명인 니와 히데나가(丹羽 秀長)와 노부나가의 삼남 노부타카(信孝)와 합류하였다. 이들이 다음날인 1582년 6월 13일 아케치 미쓰히데 군을 궤멸시킨 것이 이른바 야마자키 전투이다.

히데요시 전기 작품들은 히데요시 군의 승리와 반란을 일으킨 아케치 미쓰히데의 비참한 최후를 생생하게 그려냈다. 먼저 히데요시의 서기가 편찬한 전기 작품에서 「타카마쓰 대회군」의 기술을 보자.

> (히데요시는) 6일날 오후 두 시경에 빗츄 남쪽을 철수하여 히젠의 누마(沼) 성에 이르렀다. 7일 큰비와 태풍이 부는 가운데 홍수가 난 몇 개의 강을 건너서, 히메지까지 200여리를 달려서 그날 돌아왔다. 여러 병사들이 다 돌아오진 않았지만, 9일날 히메지를 출발하여, 밤낮 없이 달려서 인마가 숨 쉴 겨를도 없이 아마자키(尼崎)에 이르렀다. (중략) 히데요시가 도착한 것을 미쓰히데는 조금도 모른 채, 쇼류지(勝龍寺)의 서쪽 야마자키 동쪽 입구에 진을 치고, 부하들과 말하기를, "히데요시는 아직 서쪽에 있기 때문에, 틀림없이 셋슈에서 시작하여 하리마로부터 난입해 올 것이다. 그렇다면 히데요시를 오사카 경계에서 모두 쳐부숴야 한다" 하고 작전을 세우는 중에, 히데요시의 병력이 바로 야마자키(山崎)에 진을 쳤다는 보고가 들어왔다.
>
> (『天正記』 34~35쪽)

히데요시가 신속하게 히메지로 회군하고, 또 오사카에 올라온 것을 기술한 것이다. 아케치 미쓰히데가 전력을 가다듬고, 세력을 규합하기 전에 히데요시가 공격한 것을 강조한 것이다. 일단 쿠데타에 성공한 미쓰히데는, 6월 4일 아즈치(安土)로 가서, 이미 피난하고 비어 있는 성을 접수했다. 그리고 다시 쿄토로 돌아온 것이 6월 9일이다.

히데요시의 정예부대와 다른 노부나가 부하들이 합세하여 <조문전(弔戰合)>의 명분을 내걸고 아케치 미쓰히데 군을 패주시킨 것을 다음과 같이 그려냈다.

> 히데요시 군사는, 빗츄 히젠에서 늦은 자들이 많다. 그래서 1만여기에 불과했다. 그렇지만, 모두 강건한 정병이다. 이밖에 오다 노부타카, 코레즈미 고로, 호리 히사타로 및 오사카의 인원이 가세했다. 이때 히데요시의 조문전(弔合戰)이란 억울한 큰칼의 위용이 참으로, 하늘에서 온 악마 파순(波旬)을 넘었다. 우군이 3방향으로 나눠, 창을 빽빽이 하고 공격했다. 미쓰히데도 군사를 배치하고 몇 시간을 싸우는데, 가운데, 강쪽, 산쪽에서 일시에 전선이 형성되자, 창방패도 견디지 못하게 밀어붙이니 일시에 쫓겨갔다. 모두 패배했다. 미쓰히데는 측근 30명쯤이 한덩어리가 되어 쇼류지(勝龍寺)로 숨어들었다.
>
> (『天正記』 35~36쪽)

주군의 억울한 죽음에 대한 복수전을 펼치는 히데요시 위용이, 하늘에서 온 악마 파순의 위용을 넘는다고 그렸다. 그리고 일시에 미쓰히데 군을 공격하자, 버티지 못하고 야반 도주하는 것을 다음과 같이 그렸다.

> (히데요시가) 쇼류지(勝龍寺) 절을 군사로 공격해서, 사방팔면에 진을 치고는, 패잔병을 한 사람도 남김없이 죽이자, 미쓰히데가 이것을 보고 지난 일을 후회하지만 되돌릴 수도 없었다. 오늘밤 빠져나가지 않으면, 포로가 될 것이 뻔하다. 우선 사카모토 성에 들어가서, 때를 기다리자 하고는 한밤중에 은밀히 5, 6명에게만 알렸다. 이 지역 지리를 잘 알기에, 큰길로 가지 않고, 논바닥, 숲속을 따라서 숨어서 숨어서 도망을 쳤다. 공격진이 낮 동안 싸움에 지쳐 갑옷을 깔고 창과 방패를 베개 삼고 있는 그 사이에 쇼류지 절의 포위망 틈새로 호랑이 꼬리를 밟고 나갔다. 성안은 미쓰히데가 도망간 소식을 듣고 앞다투어 무너졌다.
>
> (『天正記』 36쪽)

히데요시 스스로 자신의 공훈을 세상에 알리기 위해서 서기에게 편찬하도록 한 전기 작품이 그려낸 미쓰히데의 최후이다. 미쓰히데가 밤중에 측근 5~6명만 데리고 큰길로도 가지 못하고, 논바닥 숲속을 따라 숨어서 도망치는 모습을 그리고 있다. 히데요시의 포위망을 빠져나간 아케치 미쓰히데를 '호랑이 꼬리를 밟고 나'간다고, 두려워하며 간신히 포위망을 빠져나가는 모습으로 그렸다.

그런데 히데요시 서기가 편찬한 전기 작품에는 모반을 일으켰던 미쓰히데의 죽음에 대한 언급이 없다. 히데요시가 다음날 교토 동쪽 비와 호 입구에 있는 미이데라(三井寺) 절에서 사카모토 성을 공략할 계획을 세우면서, 각지에서 보내온 목을 검사하는 가운데 미쓰히데 목이 있었다고만 하고 있다.

그런데 『타이코키』는 야마자키(山崎) 전투를 더욱 상세히 그리고 있다. 아케치 미쓰히데가 오다 노부나가를 죽이고 나서, 곧 아즈치 성으로 갔고, 여기서 금은을 부하들에게 나누어 준일, 다시 교토로 돌아오는 길에 호라 고개에서 쓰스이(筒井 順慶)를 포섭하려다가 실패한 일, 그리고 나서 히데요시가 회군한다는 소식에 부하가 일단 사카모토에서 방어하도록 건의했으나 받아들이지 않고 쇼류지 절에 진을 친 것을 그려냈다. 여기에서 미쓰히데가 자신은 기세를 타고 있어 어떠한 <하늘에서 온 악마 파순>이라도 대항하지 못할 것이라고 한 것은(68쪽), 히데요시 서기가 편찬한 전기 작품의 히데요시 군에 대한 기술을 그대로 갖다 붙인 것이다.

『타이코키』는 패군하는 아케치 미쓰히데의 처량한 모습을 더욱 상세하게 그려냈다.

> 서로 맞붙어 목이 따이는 자도 있고, 찔려서 넘어지는 자도 많았다. 항복을 청하는 병사들의 말을 듣지 않고 목을 따지만 이쪽은 대항도 못했다. 처량한 모습 인과의 도리로다. 농민들까지 미워하니 도와주는 자가 없어 예상외로 당했다. 미쓰히데가 길로 후퇴하려고 해도 되지 않아 논 가운데를 따라서 마침내 쇼류지 절 방책에 당도해, 해자에 말을 몰아서 흙담을 오르려고 하는데, 말이 지쳐서 오르지 못했다. 부하인 신시가 내리십시오 하고는 말을 끌어올리고, 미쓰히데를 말에 안아 태우고 대문 앞 다리에 이르러 안도의 숨을 쉬니 참으로 말이 안 나왔다. 배를 가르겠다고 하는 것을 안으로 밀어 넣었다. 불쌍한 모습 보는 사람조차 가슴이 아팠다. (아케치 미쓰히데가) 천수각(天守閣)에 올라가 포위한 군사를 둘러보니, 사방을 십중 이십중으로 둘러싸고 개가를 부르는 것이 엄청났다. 오늘밤 도망치지 않으면 지난 잘못을 후회해도 소용없을 것이다. 밤이 밝으면 사방의 공격대가 둘러싸서 포로가 될 것이다. 우선 도망쳐서 사카모토 성으로 가서 농성하고 때를 기다려야지 하고는 오후 4시경에 패잔병을 세어보니, 기병 500여명, 활과 총을 가진 자가 4, 5백 명이었는데, 해가 저물 무렵 누구는 있고, 누구는 없었다. 대개 도망을 가고 100명도 안 남았다. (『太閣記』 70-72쪽)

아케치 미쓰히데가 패군하여 쇼류지 절로 일단 후퇴하였다가 밤에 빠져나가기 위한 전략을 세운 것을 그려내고 있다. 오다 노부나가를 성군으로 인정한 『타이코키』 작자는 미쓰히데의 패망은 '인과의 도리'라고 보았고, 그래서 농민들마저 미워하고 도와주지 않아 숨을 곳도 없는 비참한 모습을 기술하고 있다.

『타이코키』는 히데요시 군에게 포위당한 아케치 미쓰히데가 새벽에 부하 몇 명만 데리고 빠져 나가다가 죽어가는 모습을 다음과 같이 그렸다.

> 새벽 종소리가 들릴 무렵 미쓰히데는 쇼베에, 등 6명의 부하를 데리고 숨어서 후시미(伏見)로 도망갔다. 거기에서 오구르스(小栗栖)

로 나가는데, 맨앞에 말을 타고 가는 무라고에를 숲속에서 창으로 찔렀다. 하지만 갑옷이 강해서 찔리지는 않았다. 다음으로 말을 타고 가는 기병을 찔렀는데, 미쓰히데의 옆구리가 정확히 찔렸다. 그러자 앞뒤에 가던 자들이 큰소리로 "아군을 공격하는 이 멍청이들아 나중에 두고봐라" 하고 화를 내자, 숲속에서 "아군이 아니다. 5~6명은 말을 타고 따라가는 사람도 한둘이 보였다. 아군 대장이 아니라 패잔병이 틀림없다. 헛소리 말고, 얼른 나팔을 불고 덤벼라" 하면서 참으로 거칠게 욕을 해댔다. 개들도 모두 짖어대니, 5~6명 기병들이 손에 힘이 빠질 뿐이었다.

처량하구나 아케치 미쓰히데는 쇼베에의 손을 끌어서, 내장이 밖으로 나온 것을 더듬게 하고는, "더 이상 견딜 수 없을 것 같다. 목을 쳐서 치온인(知恩院)에 가지고 가 화장해라. 몸통은 논 가운데 묻어 감추어라" 하면서 자신의 목을 쳐주기를 간청했다. 쇼베에가 듣고는 "힘없는 말씀을 하십니다. 오오쓰까지는 조금만 가면 됩니다. 참으십시오" 하는데, 어느새 혀는 시들어 말도 알아들을 수 없게 되자 어쩔 수 없이 목을 쳐서 떨어뜨리고, 치온인은 미쓰히데가 잘 대해준 곳이라 목을 가지고 가서 화장하려고 숨어서 가는데, 짧은 밤 달은 산자락에 걸려 밝으려 하고, 여기저기서 무뢰배들이 나타나 패잔병을 수상히 여기며 혹은 공격하고 혹은 칼 같은 것을 빼앗는 것이 살벌했다. 그래서 미쓰히데의 목을 치온인에 가지고 갈 수 없어, 목을 풀 속에 던져 놓고, 마침내 목숨만 살아서 도망쳤다. (『太閤記』 72~73쪽)

17세기 초반 간행된 히데요시의 최초의 종합적인 전기 작품인 『타이코키』가 그려낸 아케치 미쓰히데의 최후의 장면이다. 야밤에 교토에서 동쪽에 있는 사카모토로 넘어가기 직전 숲속에서 패잔병의 소지품이나 머리를 노리는 민간인들의 창에 찔려 죽는 모습으로 생생하게 그려냈다. 아케치 미쓰히데는 옆구리가 터져서 내장이 나와서 더 이상 견디지 못하고 죽어갔다.

선교사 프로이스도 아케치 미쓰히데의 최후를 다음과 같이 생생하게 그리고 있다.

> 미쓰히데는 새벽이 되어 사카모토 성을 향해 걸어가서 그곳에서 재기를 할 셈이었는데, 거의 혼자 가고 있었다고 한다. 이야기에 의하면 얼마간 부상을 입고 있었다고 한다. 그런데 밤에 그곳에 도착할 수 없었기 때문에, 부근에 몸을 숨기고 있었다. (중략) 처량한 미쓰히데는 숨어서 가면서, 농민들에게 많은 금덩이를 줄테니까 자신을 사카모토 성으로 데려다 달라고 했다. 그런데 금덩이를 받고는 칼을 빼앗고 싶은 욕심에 그를 죽이고 목을 잘랐다. 그런데 이 사람은 목을 노부나가의 삼남인 노부타카에게 바칠 용기가 없었기 때문에, 다른 남자가 그것을 바쳤다. 그리고 다음날 목요일에 노부나가의 명예를 위해서 미쓰히데의 동체와 머리는, 그가 노부나가를 죽인 자리, 그리고 이미 다른 머리들이 놓여있는 곳으로 옮겨졌다.(중략) 그는 이교도(일본인)의 신분있는 자가 명예로 여기는 할복을 할 시간도 갖지 못하고, 가난하고 천한 농부의 손에서, 극도로 불명예스럽게 죽었다. 그뿐만 아니라 노부타카는 (미쓰히데의) 동체와 머리를 이은 다음에 발가벗겨서 만인에게 보이기 위해, 시 외곽 사람들이 많이 다니는 도로에 십자가에 걸도록 했다. (『일본사』 3권 174~175쪽)

프로이스가 그려낸 아케치 미쓰히데의 최후는, 앞서 본 『타이코키』의 내용과 약간 다른 것을 알 수 있다. 비천한 농부에게 그것도 금덩이를 가지고 목숨을 부지하려고 흥정하다가 목이 따이는 무사로서의 치욕을 당한 모습으로 그려냈다. 쿠데타에 실패한 미쓰히데에 대해 불명예가 모두 덧씌워진 소문을 기록한 것으로 보인다. 쿠데타 직후에도 유포되는 사실은 이렇게 다양하게 전개되고 있는 것을 알 수 있다.

그런데 프로이스는 쿠데타의 성패를 떠나서 당시의 참상을 생생하게 그려내서 보여준다. 미쓰히데는 쿠데타에 일단 성공하자, 아즈치(安土)로 가서 이미 피난하고 없는 성을 접수하였다. 그리고 오다 노부나가가 모아놓은 재물과 귀중품을 부하들에게 분배하다가, 히데요시의 회군 소식을 듣고 곧장 쿄토로 돌아왔다. 그리고 미쓰히데가 돌아간 이후의 아즈치의 참상을 이렇게 기술한다.

> 그가 떠난 뒤의 아즈치(安土)에서는, 집집마다 약탈, 강탈, 파괴, 그리고 강도들이 날뛸 뿐이었다. 그것도 아즈치 뿐 아니라 사카이에서 5~6일 거리에 있는 미노, 오와리의 여러 곳까지, 큰길이나 작은 길에서, 거리나 시내에서, 살인과 강탈에 밤이 지새는 형국이고, 그것은 참으로 큰 황폐를 초래하기 위해서, 지옥 전체가 열렸는지 생각될 정도였다. 그렇더라도 단 한명의 인간 때문에, 이 정도로 많은 여러 고을이 전복될 정도의 소동이 일어나고, 동요가 일어나다니 참으로 놀라울 따름이다. (『일본사』 3권 164쪽)

무력이 지배하던 전국시대 일본의 상황을 여실하게 보여준다. 무력으로 통제를 하고 있던 오다 노부나가가 죽자, 세상이 온통 통제력을 잃자, 각지에서 도적과 강도가 날뛰는 모습을 보여준다.

프로이스가 견문한 참상은 다음과 같이 이어진다.

> 다음 날이 되자, 곧바로 약탈과 참수의 상황이 엄청났고, 노부나가가 죽었던 장소에는, 첫 회분만으로 천개 이상의 머리가 날라져 왔다. 즉, 모든 머리를 이곳으로 가져오라는 명령이 내려졌는데, 그것을 바치고 노부나가의 장례를 치른다는 지령이 내렸기 때문이다. 해가 오르자, 견디기 어려운 악취가 일어나고, 그곳에서 바람이 불어올 때면, 우리들이 있는 수도원에서는 창을 열어놓고 있을 수 없었다. 어떤 장수는 전장에 없었기 때문에, 한 시라도 빨리 머리를 잘라서, 노부나가가 죽은 장소에 들고 가려고 초조해한 나머지, 마을에 와서 그곳에서 33명을 발견하자, 그 가운데 30명의 머리를 베고, 그것을 장례에 바쳤다고 한다. 이틀 뒤에 일부 사제들이 노부나가가 죽은 장소를 지나갔는데, 사람들이 새끼줄에 매달아 가져가는 30개 이상의 머리를, 마치 양이나 개목을 운반하듯이, 아무런 감정도 나타내지 않은 채 들고가는 자들을 만났다. 이렇게 해서 그 숫자는 늘어가 단기간에 2천을 넘게 되었다.
> (『일본사』 3권 174~175쪽)

야마자키 전투가 끝나고, 쿠데타에 가담했던 자들의 참수가 이어진 것을 기술한 것이다. 여름 날씨에 시신 썩는 냄새가 가득한 모습을 생생하게 전해준다. 당시 무사들 뿐만 아니라 민간인들도 전장에서 적의 목을 베어 나르는 것이 일상사가 되어 있었다. 선교사들에게는 잔인한 인간의 참상으로 비쳐져, 쿠데타의 승패 이상으로 생생하게 그려진 것이다.

이 주군의 복수전인 야마자키 전투는 하루에 끝이 났지만, 날이 갈수록 주검이 늘어가는 전쟁 뒷 처리의 처참한 상황이 이어지고 있다.

> 그 8일 내지 10일 간에 오사카에서 미노에 걸쳐 집행된 귀인들 혹은 다른 사람들의 죽음에 관해서는 말로 다할 수 없을 만큼 다수이다. 어떤 자는 적이라는 이유로 죽고, 어떤 자는 재산을 뺏기 위해서, 또 어떤 자는 포상금 수입 때문에 죽었다. 그리고 그 수는 실로 방대해서, 우리 가운데 어떤 사제는, 요도 강을 따라 올 때, 5백구 정도의 시체가 강에 흘러가는 것을 목격했을 정도이다. 사카모토 성은 점령하는데 아무런 저항을 받지 않았기 때문에, 군사들은 바로 아즈치로 향하고, 또 이곳에서 미노와 오와리로 가서, 미쓰히데에 가담했던 자는 한사람 남김없이 목숨을 빼앗았다. 여러 이야기가 일치하는 바로는, 이 며칠 간에 만명 이상이 살해된 것 같다. (『일본사』 3권 176~177쪽)

야마자키 전투에서 승리한 반란 진압 부대가 각지로 가서 모반자들을 색출해 내고 살해한 것을 말한 것이다. 오사카로 흐르는 요도 강에 500개의 목없는 시체가 떠내려가는 장면에서, 이 때의 처참한 상황을 보게 된다. 일본인들이 그려낸 기록들이 야마자키 전투에서의 승리, 패배에 치중되었던데 비해, 프로이스는 전국 시대 참상에 노출된 인간의 비극적 상황을 우리에게 보여준다. 그런데 오늘날 일본인들이 전국시대에서 삶의 교훈을 얻으려고 미화하고 있는 것은, 여전히 전쟁의 참상을 직시하지 않고 있는 것이다.

이 전투가 있고 200여 년이 지난 뒤에 편찬된 『회본 타이코키』는 앞의 전기 작품들을 참고로 히데요시가 반란인 아케치 미쓰히데를 응징하는 내용으로 그려냈다. 그러면서 오랜 시간이 지난 뒤에 편찬된 작품이어서 그런지 희화된 내용이 첨가되었다.

> 이때 야마자키의 들판이 넓다고 해도, 오늘 새벽부터 싸워서 저물었기 때문에, 적이든 아군이든 시체가 겹겹이 쓰러져 있고, 언덕 같고 또 산 같았다. 참으로 발 딛을 곳이 없었다. 히데요시의 용사가, 대장의 본진 앞에만은 우선 시체를 치우고 머리 검사에 들어가자 하고, 같이 다가가서, 세로로 가로로 쓰러져 누워있는 시체들의 손을 잡고 발을 잡아서 한쪽으로 쌓는데, 이상하게 시체 가운데서 한 사람이 움직이는 것을 보았다. 꾸물꾸물하고 일어나서, 단도를 흔들며 대장 히데요시를 향해 달려들었다. 카타기리가 창을 들고 막아섰다. 그 시체는 들었던 단도를 버리고, 큰칼을 뽑아서 달려들었다.(중략) 그 수상한 놈은 멈칫하면서도 단련된 용사인지라 카타기리의 창 손잡이를 한손으로 잡고 꺾었다. 카타기리가 재빨리 큰칼을 뽑아, 오른쪽 어깨 8치 쯤을 자르고, 결국 목을 땄다. (『繪本太閤記』 중권 320쪽)

전투에 승리를 하고 나서, 히데요시가 검시를 하는 장면을 희화해 낸 것이다. 수많은 시체 가운데서 벌떡 일어난 무사가 히데요시에게 덤벼들었지만, 옆에 있던 부하가 제압하여 목을 딴다는 내용이다. 이 작품에는 전국시대의 인간의 참상에 대한 시각은 전혀 없고, 마치 주검들 가운데서 머리 따기 놀이를 하는 게임을 하는 모습으로 그렸다.

한편 20세기에 편찬된 『신서 타이코키』는 앞의 전기 작품들에는 없는 장면으로, 아케치 미쓰히데의 머리를 히데요시가 실검하는 장면을 그려내고 있다. 미쓰히데의 목을 풀숲에서 발견했다고 오구루스의 농민이 들고 온 것을 비와 호 입구의 미이데라(三井寺) 절에 머물고 있던 히데요시가 실검하는 장면을 다음과 같이 그렸다.

적장의 머리를 실제 검사하는 데는 엄격한 예법으로 하는 것이 관례다. 히데요시는 시종에게 명하여 곧 본당 앞에 상을 차리게 하고 좌우 사람들과 함께 착석하여, 미쓰히데의 머리를 봤다. <…> 응시할 뿐이고 히데요시는 아무말도 하지 않았다. 단지 감개무량한 모습이었다. 이때 히데요시가 일어서서 (주군 노부나가를 죽인 죄과를 알았겠지) 하고, 미쓰히데의 머리를 지팡이로 쳤다는 것이 풍감(豊鑑)에 쓰여 있지만, 가소로운 필자의 억측에 지나지 않는다. 같은 억측을 한다고 하면, 히데요시가 들어 올린 지팡이는, 오히려 머리를 옆에 두고 뻔뻔한 얼굴을 하고 있는 머리 가져온 사람을 내려쳤을 것이라고 하는 것이 훨씬 히데요시의 심사에 가깝다. (『新書太閣記』 8권 224~225쪽)

이 내용은 히데요시의 예의바른 모습을 그려낸 것이다. 비록 아케치 미쓰히데가 모반자이기는 하지만, 그의 머리 앞에 예의를 갖추는 너그러운 히데요시를 그려낸 것이다. 히데요시가 지팡이로 미쓰히데 머리를 쳤다는 17세기의 기록을 부정하면서, 오히려 히데요시는 상을 타기 위해서 머리를 들고 온 사람을 치고 싶어 했을 것이라고 하고 있다. 그리고는 미쓰히데의 목을 가져온 사람에게 상금도 주지 않고 술만 잔뜩 먹여 쫓아버리라고 하고 있다. 태평양 전쟁의 와중에 편찬된 이 작품에서는 곳곳에서 무사도의 예법에 투철한 히데요시상을 강조하고 있다.

3. 노부나가 장례식

히데요시는 야마자키 전투에 하루만에 승리하고 쿠데타 세력을 완전히 제압하였다. 그리고는 이미 불에 타버린 아즈치(安土) 성을 거쳐, 1586년 6월 16일에 비와(琵琶) 호 동쪽에 있는 자신의 영지였던 나가하마(長浜)에 들어갔다. 그리고 나서 6월 27일에는 노부나가 본성이었던 키요스(清洲) 성에서 다른 중신들과 오다 노부나가 후계문제를 협의하였다. 이것이 이른바 노부나가 사후 처리를 협의한 키요스 회의이다. 히데요시의 서기가 편찬한 전기 작품은 이 회의에 대해서 극히 간략하게 다음과 같이 기술한다.

> (오다 노부나가와 함께 죽은 장남) 노부타다(信忠)의 어린 아들을 천하의 주군으로 정하고, 차남 노부카쓰(信雄)를 오와리(尾張)의 영주로 정하고, 삼남 노부타카(信孝)를 미노(美濃)의 영주로 정하고, 또 하시바(히데요시), 시바타, 코레즈미, 이케다 4명이 천하의 정치를 하기로 했다. 이번에 충절이 있는 사람은 영지를 나누어주고, 각자 영지를 정해 서로 협력하기로 맹서문을 작성하고 돌아갔다.
>
> (『天正記』 38쪽)

오다 노부나가 사후 문제를 중신들이 협의한 키요스 회의 내용이 극히 간략하게 그려져 있다. 혼노지 사건으로 노부나가와 함께 죽은 장남 노부타다의 3살난 아들 산뽀시(三法師)를 후계자로 정한 것과, 그리고 차남, 삼남에게는 노부나가의 영지를 분배한 것을 기술하고 있다. 그리고 히데요시 등 4명의 중신들이 협의하여 정치를 하기로 맹서문을 작성하고 각자의 영지로 돌아간 것으로 기술하고 있다.

이 키요스 회의에 참가한 4명의 중신은 시바타 카쓰이에(柴田勝家, 1522-1583), 니와 나가히데(丹羽 長秀, 1535-1585), 하시바 히데요시(羽柴 秀吉, 1537-1598), 이케다 쓰네오키(池田 恒興, 1536-1584)이다. 여기 시바타나 나가히데는 히데요시가 37세 때인 1573년에 니와에게서 '하(羽)', 시바타에게서 '시바(柴)'를 한 자씩 받아서 하시바(羽柴)라는 성을 받았던 인물들이다. 그리고 시바타 카쓰이에는 히데요시보다 12살이나 위이기 때문에 당연히 그가 주도권을 장악할 것으로 보이지만, 후계 문제에서는 히데요시의 주장이 관철되었다. 그러나 영지 분배 문제나 장례식 문제를 해결보지 못했던 것으로 봐서, 이 회의가 히데요시와

카쓰이에의 대립으로 파탄에 이르렀던 것을 알 수 있다.

『타이코키』도 키요스 회의 내용을 간략하게 소개하고 있는데, 다만 어떤 사람이 말한 것이라고 하고서, 영주가 없는 땅들은 모두 히데요시가 자유롭게 하게 되었다고 하고 있다(76쪽).

그런데, 『타이코키』와 거의 동시대에 편찬된 작품인 『카와스미 타이코키』는 키요스 회의 내용과 상황을 상세히 기술하고 있다. 키요스에서 중신들이 노부나가의 후계자를 정하는 가운데 히데요시와 시바타 카쓰이에가 의견 충돌을 빚었다. 카쓰이에가 오다 노부나가의 삼남인 노부타카를 추천하자, 히데요시가 이의를 제기하며 장남 노부타다의 아들 산뽀시를 밀고 나왔다. 그리고 그 이후의 상황을 다음과 같이 기술한다.

오다 노부나가가 서쪽으로 진출하는
교두보가 되었던 키요스(淸洲) 성

카쓰이에는 내심 기분이 나빴지만, 내색은 하지 않았다. 여러 영주들도 말이 없었다. 조금 있다가 나가히데가 말하기를, "카쓰이에를 비롯하여 여러 영주들 들어보시오. 히데요시 님이 말한 것도 조리에 맞다고 봅니다. 노부타다 님의 어린 아들이 없다면 말할 것도 없습니다만, 만약 따님이 있더라도 가문의 인연을 맞출 것인데, (중략) 하물며 아들이 있으니 세우는 것이 마땅하다고 생각합니다.

(『川角太閤記』 276쪽)

좌장격인 시바타 카쓰이에가 노부나가의 삼남을 후계자로 세우려고 하자, 히데요시가 노부나가와 함께 죽은 장남의 어린 아들을 추천하여 대립했다. 그러자 나가히데가 히데요시 의견을 옹호하고 나섰다. 이런 상황에서 히데요시는 몸이 아픈 것을 이유로 자리를 피한다.

시바타 카쓰이에 님을 비롯해 그밖의 영주들이 히데요시가 말한 것이 사리에 맞다고 생각하면서도, 다시 이야기를 꺼내는 사람도 없고 서로 쳐다만 보고 있는 것을, 히데요시가 보고서는, "아니지 아니지 이 자리에 히데요시가 있어서는 모두가 말하기 어렵겠지" 하고는, 평소에 있는 복통이 생겼다고 하면서, 회의 장소에서 나갔다. 다른 방으로 가서는, 사동들에게 베개를 가져오라고 하고, 더운물을 달라고 해서 약을 먹고 천천히 쉬시는 마음에, 틀림없이 내가 나온 후에 의견이 구구하겠지 하고 생각하고 있는데, 아니나 다를까 의견이 분분했다. 그런 가운데 나가히데가 말했다. "카쓰이에 님 이렇게 말한다고 화내지 마십시오. 히데요시가 한 말이 사리에 맞다고 봅니다"

(『川角太閤記』 275쪽)

히데요시는 오다 노부나가의 어린 손자인 산뽀시를 후계자로 세우기 위해 이미 각본을 짜놓은 듯 보인다. 후계자 문제로 의견이 대립된 상황에서 자신은 몸이 안 좋다는 핑계로 옆방에 가서 있고, 니와 나가히데가 히데요시의 하수인 역할을 하고 있다. 그리고는 결국 카쓰이에가 히데요시 의견에 동의하는 것으로 그려냈다.

카쓰이에도 더 이상 말을 못하고는, 나가히데가 말하는 것이 옳다고 하면서 잠시 궁리하더니, "좋소 좋소 좋은 일은 서둘라는 말이 생각나는데, 히데요시 님이 말한 것이 사리에 맞기 때문에 산뽀시를 천하인으로 받들겠소. 히데요시 님 복통이 나았으면 이곳으로 모셔오세요, 이야기를 매듭짓도록 합시다" 나가히데가 이 말을 듣고, 회의 장소에서 떨어진 곳에 있는 히데요시에게 가서, "일어나십시오. 복통은 괜찮습니까. 말씀하신 대로 카쓰이에가 동의했습니다. 어서 갑시다" 하고 데리고 원래의 방으로 돌아왔다. (『川角太閣記』 277쪽)

히데요시가 자리를 피한 가운데 히데요시의 의견대로 후계자 문제의 동의가 이루어지자 회의를 마감하기 위해 히데요시를 맞이하고 있다. 시바타 카쓰이에는 자신이 추천한 노부타카를 산뽀시의 후견인으로 세움으로써 히데요시의 의견에 동의한 것으로 그렸다. 이 내용이 얼마만큼 사실을 그려낸 것인지 알 수 없다. 하지만 히데요시가 이 때 이미 책략을 써서 다른 영주들을 밀어붙이고 자신의 입장을 관철시킨 것을 알 수 있다.

이 작품은 히데요시가 3살난 산뽀시를 후계자로 옹립하는데 성공하고 나서, 모든 영주들에게 예를 갖추게 한 장면을 그려냈다. 히데요시는 먼저 어린 산뽀시를 달래고 친해지기 위해 목수들에게 장난감을 많이 만들어 주게 하고서 얼굴을 익혔다. 그리고는 산뽀시를 안고서 영주들의 하례를 받았다.

어린 주군을 히데요시 경이 안으시고는, 높은 자리로 올라가자 하례가 시작되었다. 노부타카, 죠신, 그 밖의 노부나가 가족들이 목록에 있는 순서대로 예의를 갖추었다. 다음은 중신 부하들이다. 영주들의 목록에 있는 대로 카쓰이에 이하 순서대로 경사스레 하례를 하라고 말씀하셨다. 병풍 뒤에는 유모, 시녀들을 두셨다. 잘 모르는 사람을 보고 기분을 상하면, 유모를 불러 젖을 먹이기 위해서였다. 그밖에 항상 옆에 붙어 있는 시녀들은 병풍 뒤에 있기 때문에, 기분 한번

상하게 하지 않았다. 내막을 알아차린 자들이 눈치코치 하면서 뒤에서 웃었다. 그 이유는 가족을 비롯하여, 중신 부하들 때문이다. 이들이 삼가면서 머리를 땅에 대면서 절을 하여도, 히데요시는 어린 군주를 무릎위에 앉히고서 약간 고개를 끄덕일 뿐이고, 정말로 윗분이 인사를 받는 작법과 조금도 다름없는 모습으로 절을 받으셨다.

(『川角太閤記』 283쪽)

히데요시가 어린 산뽀시를 안고서, 노부나가의 가족들이나 자신보다 상위에 있는 중신들로부터 절을 받는 모습이다. 히데요시가 마치 자신이 군주인 것처럼 행동하자 히데요시의 영악한 행동에 사람들이 킥킥대는 모습을 기술하고 있다.

그런데 이런 히데요시의 오만한 행동에 대해서, 시바타 카쓰이에를 비롯한 중신들의 불만을 샀고, 결국 이들이 히데요시를 제거하기로 했다. 그러나 히데요시를 암살하려는 계획은 니와 나가히데에 의해서 히데요시에게 사전에 알려졌다. 이 작품에는 히데요시가 일이 일어나기 직전에 병을 핑계삼아 은밀하게 하리마로 빠져나간 것으로 그리고 있다(『川角太閤記』 284-286쪽).

이렇게 오다 노부나가 후계 문제를 둘러싸고 히데요시와 카쓰이에가 대립하는 중에, 히데요시가 히메지 성으로 돌아감으로써 키요스 회의는 끝났다. 하지만 노부나가 장례식 문제를 둘러싸고 양측은 다시 대립했다. 노부나가의 장례식을 바로 치르자는 시바타 카쓰이에의 의견에 대해서, 히데요시는 장례식 연기를 주장했다.

(히데요시) '장례식을 치르는 것은 당연한 일이라 생각합니다. 치르지 않으면 안 된다고 봅니다. 그렇기는 하지만 또 말씀드리겠습니다. 윗분의 장례를 치르는데, 오래된 절에서 한다면 세상 소문이 어떻게 되겠습니까. 결례가 될 테니까, 새로 절을 지어서 불교의식으로 잘 치르고, 또 윗분의 모습을 목상에 새겨서, 그 앞에서 분향을 하는

것이 좋겠다고 생각합니다.' 카쓰이에 님은 어떻게 되든 히데요시가 쿄토에 나오기만 하면 된다고 생각하고는, '그렇다면 새로 절을 지으세요. 윗분 모습을 평소 잘 아는 불상 기술자를 모아서 조각하도록 하세요' 하고 쿄토에 통보해 왔다. (『川角太閤記』 287~288쪽)

히데요시는 노부나가의 장례식을 잘 치르기 위해, 절을 새로 짓고, 노부나가 인물상을 조각하기 위해 장례식 연기를 주장했다. 이렇게 노부나가 장례식 거행을 두고 양측이 대립한 것은 주도권을 다투기 위한 권력 암투였다. 시바타 카쓰이에는 히데요시가 장례식에 참석하기만 하면, 제거하려는 생각을 가지고 있어서 연기요청을 받아들였다. 양측은 서로 음모를 써서 상대방을 제압하려고 치열하게 첩보전을 펼치고 있는 것을 다음과 같이 그리고 있다.

히데요시 님이 각 지역에 보내놓았던 정보원들이 돌아왔다. 시바타 님은 4~5천명 정도로 (쿄토로) 올라온다는 것이다. 그 외의 타키가와, 몇 명, 나가히데 몇 명 등등을 파악하고, 히메지로 돌아갔다. (히데요시가) 모든 인원을 계산해보고는 예상보다 많지 않다고 생각하셨다. 시바타 (카쓰이에) 님으로부터 연락이 재삼 올 때까지, 쿄토로 나가지 않고 천천히 기다려야겠다 하고 있는 참에 시바타 카쓰이에를 비롯해, 다른 영주들로부터 히데요시가 쿄토에 올라오는 것이 늦다고 빨리 오라는 연락이 왔다. 히데요시가 계략을 써서, 특별히 부대표시 표찰을 많이 써두었는데, 하시바의 부하 총포대장 누구누구, 활 조장 누구누구 하는 이름이 있었다. 이름이 알려지지도 않은 사람들을 누구누구라고 써서 쿄토 내외에 빽빽하게 표시했다. 하리마를 출발하기 5일전에 표찰을 돌렸다고 한다. 쿄토에 올라온 크고 작은 영주들이 이건 어찌된 일인가. 외부인을 많이 고용했다는 말인가. 그렇다면 틀림없다. 이번에 히데요시가 일을 저지르겠다하고 위아래가 서로 소란하더니, 쿄토가 조용하지 않군. 그렇다면 하리마에 정보원을 보내보자 하고 카쓰이에를 비롯해 모두 은밀하게 정보원을 보냈다. (『川角太閤記』 290쪽)

장례식 거행을 앞두고 양측이 첩보전을 치열하게 전개한 것을 기술한 것이다. 히데요시는 다른 영주들의 출동 상황을 일일이 체크하고서, 2만명의 대군을 이끌고 아무일 없다는 듯 꾸미고 쿄토를 행해 출발하였다. 이렇게 되자 시바타 카쓰이에 등 히데요시 반대파는 주군의 장례식 참석차 쿄토에 올라오다가, 히데요시의 수상한 행동을 간파하고 되돌아갔다. 그것을 이미 간파하고 히데요시가 대군을 이끌고 쿄토에 나타난 것이다. 히데요시는 다시 영주들이 장례식에 참가하도록 사신을 보내 독려하는 등 명분을 쌓았다. 그리고 나서 히데요시는 노부나가가 피살된 지 3개월이 지난 다음인 10월 중순, 노부나가의 아들이자 자신의 양자인 히데카쓰를 상주로 세우고 반대파를 배제한 채 장례식을 치뤘다.

히데요시 서기가 편찬한 전기 작품에는 히데요시가 노부나가 후계자로 옹립한 산뽀시의 참석도 없이 장례를 치르지 않을 수 없었던 상황을 다음과 같이 기술한다.

> 히데요시는 히데카쓰를 데리고 거듭 쿄토에 가서 상공(노부나가)이 배를 가른 곳에서, 눈물을 흘리면서 머물고는 슬픔에 잠기셨다. 히데요시는 태생이 원래 귀하지 않았다. 그런데도 쇼군(노부나가)이 천거하여 은혜를 입힌 것이 유례가 없다. 게다가 상공의 다섯째 아들(주, 현재는 넷째로 밝혀졌음) 쓰기마루를 양자로 주셨다. 그러니 히데요시는 동족과 같은 무사이다. 장례가 없어서는 안 된다. 그런데도 기라성 같은 장로들, 특히 형제자식들이 많았기에, 일단은 그것을 꺼려해서 10월까지 장례를 치르지 않았다. 또한 이것을 생각하면 어제의 친구는 오늘의 원수, 어제의 꽃은 오늘의 먼지, 누가 있어서 내일을 기하랴. 참으로 천한 아랫것들 가난한 남녀들도 장례의 뜻이 없는 자가 없다. 하물며 군주에게 있어서랴. 지금 이것을 치르지 않으면, 천변만화 속에서 어찌될지 알 수 없다. 그래서 10월 17일 다이토쿠지(大德寺) 절에서 장례를 치르고, 불교의식을 거행했다. (『天正記』 40~41쪽)

히데요시가 오다 노부나가의 장례를 더 이상 연기할 수 없이 강행한 이유를 설명하고 있다. 히데요시가 장례식을 주도한 것은, 노부나가의 큰 은혜를 입은 것과, 노부나가의 아들을 양자로 받았으니, '동족'이라고 하여 친족이나 다름없다고 하여 장례식을 치룰 자격이 있음을 기술한 것이다. 그러면서도 "어제의 친구는 오늘의 원수"라고 하여 동지들과 갈라섰음을 알리고, 또 앞으로 어떻게 될 수 없는 상황이라 장례식을 치루게 되었음을 말한 것이다.

히데요시는 장례식을 위해 교토의 다이토쿠지(大德寺) 절에 소켄인(總見院)이라는 절집을 새로 짓고 10월 11일부터 17일까지 장례식을 거행했다. 이때의 장례식의 화려함을 다음과 같이 서술한다.

> 그 가운데서도 15일의 장례 모습은 더욱 눈을 놀라게 할 뿐이다. 관과 곽을 금사 금란으로 싸고, 처마의 난간은 보석 같았는데 모두 금은을 박았다. 팔각기둥은 모두 단청을 칠했는데 여덟 칸을 채색했다. 침향으로 불상을 새겨서는 관곽 안에 안치했다. 그 안치한 누대의 가로세로가 광대하고 한 변이 102칸이나 되는 화장장(火屋)을 만들었다. 사각으로 만든 당 전체를 방책으로 둘렀다. 하시바 히데나가를 경비 총대장으로 하고 다이토쿠지(大德寺)로부터 1500간 안을 경비하는 무사가 3만명 정도 나와서 길 좌우를 지키려고 활, 화살통, 창, 총을 들고 섰다. 장례식장에는 히데요시 부하들은 말할 것 없고, 많은 무사들이 모두 모였다. 그밖에 구경하는 사람들 귀천 구별없이 구름 같았다. 상여 앞은 이케다가 메고, 상여 뒤는 하시바 히데카쓰가 멨다. 위패와 큰 칼은 히데요시가 들었다. 그 유명한 후도쿠니유키(不動國行)이다. 양쪽에 늘어선 자가 3천여 명, 모두 두건을 쓰고, 관복을 입었다. 고잔(五山)의 승려를 비롯해 교토 내외에서 각 종단 승려가, 몇 천만인지 모를 정도였다. (『天正記』 41~42쪽)

히데요시가 온갖 화려함으로 치장한 노부나가 장례식 모습이다. 장례식장 주위에 삼엄한 경비가 펼쳐지는 가운데 많은 인파가 모였음을 보여준다. 양쪽으로 관복을 입고 관을 따라가는 3천여 명이나 되는 장례 행렬과, 각 종단에서 불러 모은 수많은 승려들이 노부나가의 나무조각상을 안치한 관을 따라가는 모습을 그려냈다. 이미 반대파를 제압하고 난, 히데요시의 권력을 세상에 대대적으로 알리는 행사였다.

한편, 선교사 프로이스는 히데요시가 주도한 장례식을 다음과 같이 기술하고 있다.

> 히데요시는 빈틈없이 교활했기 때문에, 자신의 재능을 과시하여 귀족들이나 민중의 희망을 채워주기 위해서 두 가지 일을 하여 그들을 장악하려고 했다. 그 어느 것이나 당시에는 극히 타당하고 청렴결백하게 생각되었다. 그 첫 번째가 그는 주군이던 노부나가의 공양을 가장 호화스럽게 또한 성대하게 거행하도록 명령했다. 이를 위해 근린 여러 곳의 무장들을 교토에 소집하고, 노부나가의 유해가 가운데 안치되어 있는 것처럼 위장한 일종의 훌륭하게 장식한 관을 만들게 했다. 모든 위계의 승려들이 이 관을 따라가고, 그 호장하고 화려한 행렬은 교토 외곽 십리 되는 곳에 있는 다이토쿠지 절까지 갔다.
>
> (『일본사』 4권 19쪽)

히데요시는 빈틈없이 교활한 지능으로 산뽀시를 후계자로 만들고 나서, 또 이번에 오다 노부나가의 장례식을 화려하게 치룬 것을 기술한 것이다. 시신도 없는 관을 꾸미고는 노부나가의 흉상을 조각하여 안치시켰다. 그리고 무사들의 삼엄한 경비가 펼쳐지는 가운데 웅장한 장례행렬을 동원한 것을 기술하고 있다.

『회본 타이코키』에는 「오다 가문 중신들 회의」라는 항목이 설정되어 있지만, 어떻게 된 일인지 회의 내용은 없고 대신 히데요시가 사카모토에서 교토로 가서 전후 처리를 하는 장면이 그려져 있다. 히데요시가, 부하인 호리오를 교토 수비책임자로 임명하고서, "비상상황을 막고, 정사를 바르게 하며, 오로지 인정(仁政)을 펼치시니,

히데요시의 위세가 아침햇살 같이 혁혁했다"고 하고 있다(『繪本太閤記』 중권 370, 371쪽).

그리고 나서 「오다 가문 중신들 남은 영지를 평정함」에서 키요스 회의를 기술하고 있다 이 회의에서 후계자 문제에서 시바타 카쓰이에와 히데요시의 의견 대립이 있었던 것을 그려내고 있다. 그렇지만, 차남 삼남이 서로 사이가 좋지 않은 상황에 후계자를 정할 수 없다는 것이 관철되어 결국 어린 산뽀시로 정해진다. 그리고 차남 삼남은 산뽀시의 후견인으로, 그리고 중신들이 대로(大老)로 결정된 것으로 기술하고 있다. 술자리에서 거칠고 험악한 분위기가 있었지만, 결국 영지가 분배된 것으로 기술했다. 이후 각자 영지로 돌아가기로 했는데, 카쓰이에의 명을 받은 사쿠마(佐久間 玄蕃)가 히데요시를 암살하려다가 실패한 내용을 그려 넣고 있다(『繪本太閤記』 중권 427~429쪽).

한편, 『신서 타이코키』도 키요스 회의에서 시바타 카쓰이에와 히데요시의 대립이 있었지만, 중론이 히데요시에게 동조한 것으로 그려내고 있다. 카쓰이에가 중론에 따라 자신의 의견을 양보하고 히데요시 의견대로 산뽀시를 후계자로 정했다는 것이다. 영지 분배에서도 히데요시가 사심을 버리고, 자신의 영지를 카쓰이에에게 양보한 인정(仁政)의 모습을 그리는 한편, 시바타 카쓰이에를 여우와 같이 의심이 있고 둔한 인물로 그리고 있다. 히데요시를 '천하를 엿볼 생각이 없'는 사심이 없는 성군으로 만들어 냈다(『新書太閤記』 8권 296쪽). 그러면서 또한 히데요시를 민중을 위한 지도자로 그려낸다.

> 히데요시가 주재하면서 전력을 기울여서 거행한 노부나가의 장례식은, 곧 전일본의 이목을 집중시켜, (그야말로 노부나가의 위업을 이을 사람으로 보인다)는 인상을 주었을 뿐 아니라, 나아가 중앙정부도, 히데요시가 없어서는 이루어지지 않을 것 같은 느낌을 민심안에 깊이

심었다. 이점, 카쓰이에가 자신의 권익확대를 같은 무장들, 오다 가문과 혼인으로 긴밀히 하려고 믿었던 것과는 하늘과 땅 차이였다. 히데요시가 대상으로 하고 있었던 것은, 니와도 아니고, 이케다, 호소카와, 스스이도 아니었다. 하물며 노부카쓰도 여자들의 유족들도 아니었다. 실로 민중이었다. 그는 농민의 아들이다. 흙도 열도 다 알고 있었다.

(『新書太閤記』 8권 358쪽)

히데요시가 장례식을 통해서 노부나가의 후계자로 등극한 것을 말하고, 사사로운 이해에 이끌리는 시바타 카쓰이에와는 달리, 그는 오로지 민중을 위한 일에 힘쓰는 성군으로 묘사한 것이다.

4. 라이벌 제거

오다 노부나가의 장례식을 마친 히데요시는, 곧바로 노부나가의 아들과 중신들을 제거하기 시작했다. 히데요시는 노부나가의 삼남인 노부타카와 최대의 라이벌이었던 시바타 카쓰이에는 죽이고, 타키가와 카즈마스의 영지는 몰수했다. 이러한 상황이 1582년 12월부터 이듬해 4월까지 이루어졌다. 이것이 비와(琵琶) 호 북쪽에 위치한 시즈가타케(賤岳) 전투이다. 히데요시가 라이벌을 제거한 이 전투에 대해서 히데요시의 서기가 편찬한 전기 작품에서는 반대파들이 적대 계획을 먼저 세운 것으로 그리고 있다.

히데요시는 1582년 10월 15일 쇼군의 장례식을 치르고 나서, 교토 서남쪽 야마자키에 성을 쌓아, 교토 주변을 내려다보면서 백성들을 살리기에 힘썼다. 그리고는 노부타다의 어린 도련님을 맞이하여 아즈치에 모시면서 지키려고 했는데, 노부타카, 시바타, 타키가와가 상의하고는, 도련님을 히데요시에게 넘겨주면, 혼자서 세상을 마음대로 지배하고 권세를 부릴 것이 뻔하다고 하고서, 합심하여 돌보았다.

> 히데요시가 일단 쇼군의 자제에 대한 예를 중히 여기고, 또 협정을 두렵게 생각하고는 여러 가지로 간절한 서찰을 보냈지만, 노부타카는 마음을 허용하지 않았다. 오히려 은밀히 적대할 계획을 세웠다.
> (『天正記』 44~45쪽)

장례식 이후에 교토에서 '백성을 살리기에 힘쓰는' 히데요시가, 키요스 회의에서 자신이 천거하여 후계자로 삼은 산뽀시를 모시려고 해도, 반대파들이 넘겨주지 않고서, 오리려 '은밀히 적대할 계획'을 세운 것으로 하고 있다.

『타이코키』도 이 내용을 이어받고 그리고 자신의 의견을 덧보태 다시 썼다.

> 원래 히데요시 경은 아주 하인배인데, 몇 고을을 다스리게 되었다. 도련님을 돌보려는 것은 허울뿐이었고, 실은 천하 정치가 이미 이 사람에게 있었다. 전 쇼군 같이 위엄이 날로 더하고, 녹봉이 해마다 느는 것은 무리를 뛰어넘는 지혜와 무용으로 인한 것이다. 그런데도 지혜와 견식이 짧은 동료들이 이것을 질투하고 미워했다. 특히나 깊이 질투한 것은 카쓰이에였다. 교토의 아이들이 히데요시를 의지하여 행복한 것을, 카쓰이에 쪽 하층민들이 부러워하고는, 에치젠에 가서 히데요시의 위세를 말하니, 질투심이 날마다 생기고, 원한이 달마다 늘어갔다. '히데요시가 도련님을 아즈치에 두고, 자신이 후견인이 되어서 천하의 정치를 마음대로 할 것이 틀림없다. 자신의 역성을 드는 사람은 좋다고 하고, 우리에게 붙은 사람은 멀리 할 것이다. 지금 싹을 자르지 않으면 나중에 도끼로도 안될 것이다.' 이렇게 생각한 것을 노부타카에게 말하고, 히데요시를 제거하려고 했다.
> (『太閤記』 112~113쪽)

히데요시가 '아주 하인배'였고, '도련님을 돌보는 것은 허울 뿐'이었다고 이미 정권 찬탈의 태도를 가지고 있었다고 하고 있다. 그러나 앞의 히데요시 서기가 편찬한 전기 작품의 내용을 받아들여서 그런지 문장은 앞뒤가 잘 연결되지 않는다. 히데요시의 권력이 날로 증가하는 것을 '무리를 뛰어넘는 지혜와 무용'으로 인한 것인데, 능력이 미치지 못하는 동료들이 질투와 원한을 가진 것으로 그리고 있기 때문이다. 또 히데요시를 제거하려고 생각한 중심인물인 시바타 카쓰이에가 노부나가의 삼남 노부타카를 부추겨 히데요시를 제거하려고 한 것으로 그리고 있다.

히데요시의 서기가 편찬한 전기 작품에서는, 시바타 카쓰이에가 북쪽에 있는 자신의 영지는 겨울에 눈이 많아 군사를 일으키기 어려운 사정을 은폐하려고, 부하인 마에다 토시이에(前田 利家)를 히데요시에게 사신으로 보내 거짓 평화협상을 하도록 획책했다고 하고 있다. 그러나 히데요시는 이것이 책략인줄 알고는 협상을 중단하고서 12월 초에 전쟁을 일으켰다고 하고 있다(『天正記』 45쪽).

히데요시가 노부나가의 최고의 중신인 시바타 카쓰이에(柴田 勝家)와 벌인 이 전쟁에 관해서는 17세기 초반에 편찬된 『카와스미 타이코키』가 다른 전기 작품들에 비해 내용이 훨씬 상세하게 기술되어 있다. 이하에서는 이 내용에 의거하여 시바타 카쓰이에 몰락의 전말을 살펴보기로 한다.

카쓰이에는 히데요시가 이미 독자적으로 장례식을 치른 것을 알고는, 더 이상 히데요시를 무시할 수 없다고 보고, 자신이 먼저 화해 서신을 보내서 관계를 회복하기로 하고, 부하인 마에다 토시이에(前田 利家)를 사신으로 보낸다. 토시이에의 딸이 히데요시의 양녀이기 때문에 히데요시와 관계가 친밀한 것을 이용한 것이다. 시바타 카쓰이에의 화해 요청 사신을 맞은 히데요시는 극진한 예우로 토시이에를 대접했다.

토시이에가 도착하자, 융숭한 대접이 좀처럼 말로 다할 수 없는 정도였다고 한다. "카쓰이에로부터 온 사신이니, 카쓰이에가 직접 이곳에 온 것이나 다름없습니다. 사신으로 온다는 소식을 일찍 알았습니다. 히데요시는 한 마음이 될 각오입니다. 우선 이곳에서 천천히 쉬십시오. 카쓰이에를 대접하는 예로, 차를 대접해 올리겠습니다. 하지만 츄고쿠(中國) 진지에 오래 머물다보니 찻집이 모두 황폐해졌습니다. 차를 대접하기 위해서, 길에 소나무를 두, 세 그루 바꿔 심고, 찻집은 소나무 기둥을 세우고, 그 위에 뜸으로 지붕을 이겠습니다. 새 찻집을 만드는 것은 카쓰이에 님을 대접하기 위해서입니다" (『川角太閤記』 293쪽)

히데요시는 사신으로 온 마에다 토시이에를 그의 주군인 시바타 카쓰이에에 대한 예로 대접하기 위해 찻집을 새로 짓고 단장을 하겠다고 하는 등 정성을 다한다. 토시이에는 사신대접으로 오래 체류하게 되면 카쓰이에의 의심을 받을 것을 염려하여, 장기간의 대접을 받고 머물러 있어도 좋은지 주군인 시바타 카쓰이에에게 물어서 허락까지 얻는다. 마에다 토시이에는 찻집이 새로 지어지고 나서 이곳에서 히데요시가 직접 끓이는 차를 대접받고 그리고 명품 칼도 선물로 받았다.

그리고 시바타 카쓰이에의 화해요청에 대한 히데요시의 답신 내용을 이렇게 소개한다.

토시이에 님을 사신으로 보내셔서, 이곳에서 뜻을 접하게 되니 몸둘 바를 모르겠습니다. 특히 기후와 쿄토의 상황을 마음속에 남김없이 말씀하시고, 앞으로는 무슨 일이든, 천하(산뽀시) 님을 위하시겠다고 하니, 마음이 기쁩니다. 그렇다면 카쓰이에 님을 통해 화해 요청하신대로, 우리들도 화해하겠습니다. 토시이에 님 편에 보낸 문서를 보십시오. 하고 적고는, 길일을 정해서 화해요청을 수락하고 토시이에 님에게 건네 주셨다. (『川角太閤記』 294쪽)

이 작품 내용에 따르면 히데요시는 시바타 카쓰이에가 요청한 화해를 수락하고 서명했다. 그리고 나서 이듬해 봄에 노부나가의 장손인 어린 산뽀시를 쿄토에서 맞이할 수 있도록 해달라고 하고, 그 행차로에 찻집 등을 자신이 마련할 테니까, 주변의 나무를 벨 수 있게 해달라고 요청하기도 했다. 그리고 이것이 받아들여지자, 히데요시는 곧 벌목하는 사람을 보내 벌채를 하는 등 내년 봄에 산뽀시를 맞이할 준비를 하여 시바타 카쓰이에가 방심하도록 했다.

그리고 나서 히데요시는 시바타 카쓰이에 사신 방문에 대한 답례로, 동생인 히데나가를 보냈다. 카쓰이에도 히데나가가 오래 머물도록 하고 성대한 대접을 한 것은 물론이다. 그런데, 여기서 히데요시는 히데나가를 사신으로 보내면서, 특별한 임무를 부여했다. 며칠이건 붙잡는 대로 머물면서 눈이 내린 상황을 체크해서 보고하고, 마을에 눈이 쌓이면 하직인사를 하고 돌아오라는 지령이었다. (『川角太閤記』 297쪽)

이 작품이 전하는 히데요시의 책략이 어느 정도 사실인지는 알 수 없다. 그러나 이 작품은 후대의 『회본 타이코키』 등과 같이 허구의 내용을 의도적으로 만들어 내려고 하지 않았다. 현재의 연구는 이 작품에 한 두 가지 사실의 착오가 있는 것을 인정하면서도, 그 기록의 사실 자체를 의심하지 않고 있다.

일본 전국 시대에 계략으로 적을 속이고 물리치는 것은 항상 있는 일이었다. 하지만 히데요시가 라이벌을 제거하는 과정에서 그의 영특한 책사로서의 면모를 잘 보여주고 있다. 결국 북쪽에 눈이 내려 군사가 남하하지 못할 상황을 보고받고, 히데요시는 곧바로 겨울 전쟁 출동을 명령했다.

에치젠(越前)에 심어 놓은 정보원이 돌아와서, 고개마다 눈이 쌓였습니다. 말 같은 것이 다니기는 좀처럼 생각하기 어렵습니다 하고 말했다. (히데요시는) 그렇다면 때가 됐다 하고 하리마를 출발하셨다. 우키다를 시작으로 만 오천명의 병력을 거느리고 어느새 하리마에 들어왔고, 거기서 주변의 크고 작은 영주들은 히데요시의 천하라는 걸 모르는 자가 없었다. 모두 12, 3개의 고을 병력을 거느리셨기 때문에, 특히나 맹렬한 기세였다. (『川角太閣記』 300쪽)

시바타 카쓰이에(柴田 勝家)의 영지인 북쪽의 에치젠에 눈이 쌓인 것을 확인한 12월 초에, 대군을 동원하고 겨울 전쟁을 시작한 것이다. 히데요시는 먼저 비와(琵琶) 호 북쪽의 나가하마를 공략했다. 이곳은 원래 히데요시의 영지였지만, 노부나가 사후 처리를 위한 키요스 회의에서 카쓰이에에게 넘겨주었던 곳이다. 그리하여 카쓰이에의 양자인 카쓰토요가 이곳을 지키고 있었다.

1582년 말 겨울 전쟁에서 히데요시가 이곳을 함락한 상황을 살펴보자.

이곳은 히데요시가 오랫동안 거주한 요새이다. 그래서 지리를 잘 알고, 적의 취약점을 알고는, 대항하는 성을 설치하고, 성안 사람들을 끌어내서 공략할 계략을 세웠다. 카쓰토요가 에치젠의 지원병을 기대했지만, 근래에 눈이 온 것이 예년보다 더했다. 한번 간 자는 칩거하고, 오는 자는 동사해서, 인마가 끊어졌다. 그래서 카쓰토요는 가까운 것을 버리고 먼 것을 꾀하는 것은, 힘만 들고 공이 없다 하고, 심사숙고하고는 항복했다. 카쓰토요는 원래 시바타 카쓰이에와 성이 다른데 양자가 되었다. 지금 히데요시와 한편이 되는 것은 심히 충절을 잃는 것이다. 그렇지만, 사쿠마 모리마사가 에치젠에서 권력을 잡고, 카쓰토요를 미워했다. 히데요시가 그 내막을 알고는 카쓰토요를 회유하고 나서, 미노를 공략했다. (『天正記』 45~46쪽)

히데요시의 영지였던 나가하마에 주둔하고 있는 시바타 카쓰이에의 양자 카쓰토요를 회유하여 항복시킨 상황을 설명한 것이다. 북쪽의 에치젠에는 눈이 쌓여 구원군을 보낼 수 없는 상황인데다, 카쓰토요가 시바타 카쓰이에의 총애를 받고 있는 사쿠마와 불화하는 상황을 히데요시가 간파하고 회유하여 항복시킨 것이다. 양아버지를 배반하고 히데요시에게 항복한 카쓰토요는 곧 쿄토에서 병으로 죽어가면서도 히데요시에게 충성을 다한 것으로 그려지고 있다.

이렇게 히데요시는 눈 때문에 북쪽 에치젠의 병력이 움직이지 못하는 상황을 이용하여 나가하마를 함락하고 나서, 노부나가의 셋째 아들 노부타카가 있는 동쪽의 기후 성을 공략하였다. 그러나 노부타카도 이미 나가하마 성이 항복하고 또 북쪽의 구원군도 오지 못하는 상황이라 더 이상 견디지 못하고 항복했다. 히데요시는 노부타카의 항복을 받아들이고, 모친과 딸을 인질로 확보했고, 또 산뽀시도 넘겨받았다.

겨울 전쟁의 목표를 달성한 히데요시는 일단 쿄토로 돌아가 정월을 보내고, 봄에 다시 대대적인 공격을 했다. 1583년 2월에 키타이세(北伊勢)를 침략하여 타키가와 카즈마스 세력과 공방을 벌였다. 타키가와 세력이 완강히 방어전을 펴고 있는 가운데, 에치젠의 시바타 카쓰이에 병력도 남하했다. 히데요시는 남하하는 에치젠의 병력을 막기 위해 비와 호 북쪽으로 이동하여 결전을 벌였다. 이것이 시즈가타케(賤岳) 전투이다.

이때 전투는 겨울과는 상황이 달랐다. 지난 겨울에 눈으로 움직이지 못했던 시바타 카쓰이에가 군사를 이끌고 내려왔고, 히데요시에게 지난 겨울에 항복했던 기후 성의 오다 노부타카도 다시 히데요시에 반기를 들었다. 히데요시는 부하들을 보내 시즈가타케에서 남하하는 시바타 카쓰이에를 막게 하고, 자신은 동쪽의 기후 성을 공략하려고 하고 있었다. 이런 상황에서 히데요시에게 항복한 카쓰토요의 휘하 장수 야마지(山路 將監)가 다시 히데요시를 배반했다. 그는 남하하는 카쓰이에 군을 안내하여 히데요시 군에게 첫 패배를 안겼다(『天正記』 52쪽). 야마지의 안내를 받은 카쓰이에의 부장 사쿠마(佐久間 盛政)가 4월 20일 시즈가타케에서 히데요시의 선발대 나카가와 키요히데(中川 淸秀)를 전사시키고, 첫 전투에 승리한 것이다.

오가키(大垣)에 진을 치고 있던 히데요시가 이 상황을 보고 받고는, 밤을 이용해 이곳으로 이동했고, 다음날 첫 승리에 도취해 있던 시바타 카쓰이에 군을 대패시킨 것을 히데요시 서기가 편찬한 전기 작품의 「시바타(카쓰이에)퇴치기」는 다음과 같이 그려냈다.

> 히데요시 이 전투 소식을 듣고, 키요히데 죽다니 아주 슬프다. 그렇지만 이번에 카쓰이에가, 요새에 틀어박혀 나오지 않아서, 며칠을 그냥 보냈는데, 지금 승기를 타고 나왔다. 진지를 구축하기 전에 돌격하여 죽일 일만 남았다. 천하의 자웅을 겨루는 것은 이때다. 나르는 용에 채찍을 가해 달려야 한다. 군졸들이 모두 빠른 말발굽을 나란히 하고 잇달아 나아갔다. 타루이, 세키가하라, 후지카와 등을 지름길로, 빠른 걸음으로 해서 이부키야마 산록을 지나자, 말은 사람이 탄채로 죽고 보병은 숨이 끊어져 죽는 자가 많았다. (중략) 신시에 오가키를 출발하여 술시에 코노모토에 착진했다. 130리를 5시간에 도달한 것은 고금에 예가 없는 쾌거다. (『天正記』 53쪽)

히데요시가 자신의 부하 나카가와 키요히데(中川 淸秀)가 전투에서 죽었다는 소식을 듣고 슬퍼하면서도, 기회는 바로 이때라고 생각하고 오가키(大垣)에서 시즈가타케(賤岳)까지 130리의 거리를 빠른 속도로 이동한 것은 훗날 전기 작품들에서 히데요시의 영웅전설로 그려내고 있는 부분이다.

히데요시 서기가 편찬한 전기 작품에는 군사를 빠른 행군으로 적지로 이동시킨 히데요시가 연도의 주민들의 호응을 얻어 승리할 수 있었음을 그려냈다.

> 그런데 따라와서 양식을 대주는 자가 없었다. (히데요시가) 인마가 지치고 배고픔을 살피고는 길을 가면서 마을마다 사람을 보내 전하게 했다. 히데요시 오늘밤 새벽에 전투를 하기 때문에 집마다 쌀 한 되씩 밥을 지어 주먹밥을 만들어 코노모토로 가지고 오라. 그 은상을 잊지 않겠다. 잘 생각해라 하고 곳곳에 알리자, 혹은 20리 30리 혹은 50리 60리를 날라왔다. 특히 나가하마는 히데요시가 성주로 있던 땅이다. 솥에 5홉의 쌀을 지어온 사람도 있었다. 야인들이 은혜를 입었기 때문이다. 코노모토에서 부하들이 모두 피로를 회복했다. 히데요시 지혜를 짜내는 것이 이와 같았다. 범인들이 미치지 못할 바였다.
> (『天正記』 53~54쪽)

히데요시가 주민들에게 병사들의 식사를 지어오도록 한 것이다. 이곳 나가하마는 히데요시의 영지였던 곳이라, 히데요시의 선정으로 백성들이 다투어 협조한 것을 기술한 것이다.

다음날인 4월 21일 시즈가타케 전투 모습을 다음과 같이 기술한다.

> 카쓰이에는 어제 승리를 하고 그 여세를 몰아, 더욱 방심하지 않고 시간을 벌어, 요고 산 봉우리 서북쪽에 에치젠, 엣츄, 노토, 카가의 사람들 6만 여기를 배치하고 공격 진영을 짰다. 날이 밝아 21일인 오늘 전투는, 히데요시 일대의 천운이 여기에 달렸다. 목숨을 가볍게 하고, 이름을 만대에 올려야 한다고, 적진 5~6만기의 한가운데를 히데요시 근위부대에 히데나가를 보태어, 3방면의 공격대형을 만들어 맞붙었다. 그러나 아군은 아주 사람이 적었다. (중략) 게다가 이번 전투는 여러 진영이 제대로 갖춰지지 않았고, 근위대도 또 뒤에 처진 자가 많았다. (중략) 히데요시가 달려왔지만, 아직 신용할 수 없었는데, 그 표주박 깃발을 보고는 적진이 졸지에 공포에 질렸다. 하지만 카쓰이에도 노부나가 장군 어려서부터 아침저녁으로 무용을 다하고 목을 바친

일이 많다. 공은 천하를 덮고 이름은 세상에 알려졌다. 특히 상벌이 엄중했다. 옛사람이 말하기를 향기로운 맛 아래에는 틀림없이 고기가 걸려있고, 큰 포상 아래에는 틀림없이 죽는 사람이 있다고 했다. 이것으로써 어떻게 쉽게 패망시킬 수가 있을 것인가. 새벽부터 낮 후반까지, 5번 7번이나 전투가 있었는데 눈을 놀래킬 뿐이었다. 나중에는 양쪽 다 지쳐, 칼을 깔고 쉬고, 아직껏 승부가 결정되지 않고 있는 가운데, 히데요시가 보고 측근 젊은 무사 2~3백 기를 뽑아 시바타의 막사 아래로 곧장 치고 들어가게 하자, 대항하는 1천여기와 붙어 치고 받았다. (『天正記』 54~55쪽)

양측의 공방전이 아침부터 오후까지 이어져 서로 지쳐 있는 상황에서 히데요시가 측근의 젊은 무사를 투입하여 승리를 하는 장면을 그려낸 것이다. 이 전투에서 오늘날 <시즈가타케 7자루 창>이라는 히데요시 부하들 7명의 전설이 만들어졌다. 훗날 조선을 침략하였을 때 활약한 카토 키요마사(加藤 清正) 등 7명의 용사의 무용담이 그려진 것이다.

시즈가타케 전투에서 승리한 히데요시 군은 파죽지세로 북상해서, 24일에는 후쿠이(福井)에 있는 시바타 카쓰이에의 주성인 키타노쇼(北庄)까지 밀어붙였다. 이 전투에서 앞서 히데요시에게 사신으로 갔던 마에다 토시이에의 배반이 두드러진다. 히데요시 서기가 편찬한 전기 작품에는 히데요시가 키타노쇼로 진격하는 도중 4월 22일에 에치젠의 후추(府中)에서 성주인 토시이에가 항복한 것으로만 되어 있다. 그런데 『카와스미 타이코키』는 히데요시가 토시이에를 포섭한 내용을 자세히 기술한다.

히데요시가 기세를 내어 당도했고, (에치젠 후추)성에 선발대가 다가가자, 성에서 총을 격렬하게 쏘아댄다. 히데요시가 이것을 보고 선발대를 3마장쯤 물리고, 방비도 없이, 사람들을 모아놓고는, 모두 아래에서 쉬라고 명령하여, 조용해지자 말고삐 잡는 사람 한 사람도 없이, 말 깃발 하나만 앞세우고, 단 일기로 그 성채까지 말을 몰고 다가가셨다. 안에서는 '틀림없는 (히데요시) 말 깃발이다. 말 위에는 한 기뿐이다. 이것은 쏴도 소용없다. 쏘지마라'하고 총포 대장들이 명령했다. 히데요시가 가까이 말을 붙이고는, 허리에서 지휘봉을 꺼내, 나 치쿠젠 태수(히데요시)다. 알아보겠느냐. 총을 쏘지마라 쏘지마라 하고 말씀하시자, 안에서는 알아보는 사람이 많았다. 그러자 총쏘지 말라고 강하게 명령했다. (『川角太閤記』 309쪽)

마에다 토시이에의 성으로 히데요시가 단기로 접근하자, 안에서 알아보고 총을 쏘지 말도록 하고, 대기하는 장면이다. 그러자 마에다 토시이에가 곧 병사들에게 성문을 열게 하고 히데요시를 맞이했다.

토시이에 부자가 나와서, "여기까지 오시다니 경사입니다. 황송하기 짝이 없습니다. 서원으로 들어가십시오" 하고 안내를 했다. 부엌 앞을 지나다가, 말씀하시기를 우선 부인을 뵙고, 하리마에 있는 딸 소식을 말씀드려야지 하고는 곧 부인이 있는 곳에 신발도 벗지 않고, 불쑥 들어가셨다. 토시이에 님이 앞에 나오자, 우선 말씀드려야지, 오늘 아침 싸움은 주인장 때문에 이겼소 하고는 손을 합장했다. 다음 말은, 하리마로부터 이번에 넘겨받은 딸 소식이 왔소. 더욱 커졌다하고, 별탈이 없다고 전해왔소 하고 말씀하시자, 토시이에 부인이 오래 뵙지 못했는데, 이곳까지 오셔서 갑자기 뵙게 되었습니다. 특히나 이번 전쟁이 경사스럽고, 생각대로 되셨다니, 여자 몸으로도 참으로 이 이상 더 경사스러움이 없다고 생각합니다 하고 말하자, 히데요시 대답이 아까 말씀드린대로 싸움이 생각대로 된 것은, 오로지 토시이에 님 덕분입니다. (『川角太閤記』 310~311쪽)

히데요시가 마에다 토시이에(前田 利家)의 에치젠 후츄(越前 府中) 성에 진입하여 토시이에와 나눈 대화를 그려낸 장면이다. 토시이에는 딸이 히데요시의 양녀로 가 있었는데, 전년 말에는 시바타 카쓰이에의 사신으로 히데요시에게 가서 환대를 받고 돌아왔던 인물이다. 카쓰이에의 중신이면서 히데요시의 책략으로 포섭된 것임에 틀림없다.

이 작품의 내용을 통해서 보면, 마에다 토시이에는 겉으로는 드러내지 않았을지라도, 히데요시군에 적극적으로 대항한 것 같지는 않다. 이미 시즈가타케 전투에서 승패가 결정되고 시바타가 몰락한 상황에 이르러서는 히데요시에게 가담한 것으로 보인다. 『타이코키』에는 토시이에가 패주하여 후츄 성에 돌아왔을 때, 주군인 시바타 카쓰이에가 히데요시에게 항복하라고 권유한 것으로 그리고 있다(146쪽).

이 작품 내용을 통해서 보면 히데요시가 후츄 성에 이르렀을 때부터 드러내 놓고 주군인 시바타 카쓰이에를 공략하러 앞장서고 있다. 히데요시가 후츄 성에 들어온 이후로 마에다 토시이에는 적과 아군이 완전히 바뀌었다. 이미 대세가 기울었다고 보고 히데요시에게 적극 협조했다. 히데요시가 이곳에서 북쪽으로 20킬로미터의 거리에 있는 시바타 카쓰이에의 거성 키타노쇼(北庄)로 진격했다. 이 때 토시이에 자신은 히데요시의 선봉이 되었고, 자식은 히데요시를 약간 떨어진 곳에서 모시고 따라가도록 했다.

> 카쓰이에의 키타노쇼에 토시이에가 제일 먼저 도착했다. 성과 접근로 사이에 강이 하나 있었다. 그 다리를 키타노쇼 돌다리라고 한다. 요도 다리에서 20미터 정도 되는 가까운 거리이다. 다리를 건너지 않고, 서쪽 아타고 산에 진을 치셨다. 그러나 히데요시 근위부대의 선발대가 밀고 왔다. 토시이에 님이 강가는 자신의 부하들에게 지키라고 했다. 강 입구는 토시이에가 1등으로 건너가려고 하는지, 선발대도 다리 입구를 건너가게 하지 않았다. 자신의 측근들로 둘러싸게 하고, 자신은 아타고 산에 올라가 기다리는데 어느새 히데요시가 아타고 산에 올라오셨다. 그리고는 말씀하시기를 병사들이 허리의 병량을 먹게 하라고 명령하셨고, 연락병을 곳곳에 보내시고는, 토시이에 님에게 말씀하시기를, 성이 전열을 갖추기 전에 공격해야 한다 하고 상의하시는 중에, 천수각(天守閣)에서 불이 타올랐다. (『川角太閤記』 312~313쪽)

드러내 놓고 히데요시의 부하가 된 마에다 토시이에는 히데요시를 앞장서 안내했다. 그리고는 이제까지 자신의 주군이었던 시바타 카쓰이에를 공략하여 히데요시에게 공을 세우려고 애쓰는 장면이다. 그는 첫 번째로 키타노쇼에 도착하여 히데요시의 진지를 마련해 놓고, 공격명령을 받아 공격하려고 작전을 세우는 중에 성안에서 시바타 카쓰이에가 자폭한 것을 기술한 것이다.

그런데 히데요시 서기가 편찬한 전기 작품에는 시바타 카쓰이에 몰락 장면을 이와는 다르게 기술하고 있다.

> 히데요시는 같은 달 (4월) 22일 에치젠의 후츄에 이르렀다. 토시이에, 토쿠야마, 후와 등이 밟아가는 성마다 항복했다. 하나하나 공격해서 죽여야 한다고 했지만, 우선 카쓰이에를 죽이기 위해서 이들은 사면했다. 23일, 이름을 들어서 알고 있던 큰 강을 건너, 키타노쇼 성으로 밀고 들어갔다. 그 성곽은 카쓰이에가 수년간 만들어 놓은 진지로 병력 3천명을 넣어둔 곳이다. 야나가세 앞에서 살아남은 자들이 잇달아 들어가서는, 힘을 실어주게 되기 때문에, 시각을 넘기지 말고 공격해야 한다하고서 전면전으로 즉시에 깨뜨리고, 성벽 10칸 15칸을 떨어져서 포위하고 야간 공격을 했다. 성안에서 이를 보고 여기저기 나누어서 막았다. 그러자 성안에서 (항복) 요청이 왔고, 히데요시가 측근 원로 영웅들과 회의를 하자, 카쓰이에의 목숨을 살려서 협조하도록 하게 만들자는 간청이 있었지만, (히데요시가) 연못가에 독사를 풀고, 정원 앞에 호랑이를 기르는 것이라고 해서, 재빨리 공격을 했다. (『天正記』 55~56쪽)

이 히데요시 서기가 편찬한 전기 작품의 내용은 앞의 『카와스미타이코키』와는 다른 것을 알 수 있다. 카쓰이에 진영이 항복을 청해서 중신들이 사면을 요청했지만, 히데요시는 카쓰이에를 살려두면 "연못가에 독사를 풀고, 정원 앞에 호랑이를 기르는 것"이라고 들어주지 않고 즉시 공격을 감행했다. 이렇게 해서 항복이 받아들여지지 않자 최후까지 저항하는 시바타 카쓰이에를 그려냈다.

> 카쓰이에 힘이 미치지 못해, 천수각에 들어가 근자에 의지했던 중신들 80 여명을 불러서, 카쓰이에의 운명은 내일로 끝이다. 오늘밤 새벽녘까지 주연유흥을 벌여, 여한을 풀자하고 카쓰이에 잔을 들고, 일족일가 차례차례 잔을 돌리니, 어지러이, 뒤섞이고, 중간 마시기, 주고 싶은 사람에게 잔 따르기, 진미안주 산처럼 쌓아두고 뒤에는 정실을 비롯 후궁들, 여관들, 노파, 여승에 이르기까지 상하를 가리지 않았다. 젊은 기녀들에게 술을 따르게 하고, 한 곡 노래, 5단 춤, 거듭 거듭 취했다. 겉으로는 잠시 즐거운 소리를 내도, 속에는 끝내 슬픈 마음 감출 수 없다. (『天正記』 56쪽)

히데요시의 최대의 라이벌인 시바타 카쓰이에가 최후를 맞이하기 전날 저녁 술판을 벌인 상황을 그려낸 것이다. 이것은 시바타 카쓰이에의 비참한 최후를 그려내기 위한 것이다.

그리고는 시바타 카쓰이에가 자결하기 직전, 노부나가의 여동생인 새로 맞이한 부인에게 살아남을 것을 권유했지만, 같이 죽겠다고 하여 두 사람이 각각 임종가를 지은 것으로 그려져 있다.

> **오다니(小谷) 부인**
> 그렇잖아도/ 죽는 법인데/ 여름날 밤/
> 꿈길을 재촉하는/ 두견새로다
>
> **카쓰이에**
> 여름날 밤/ 꿈길 덧없고/ 훗날 이름을/
> 구름 위에 전해다오/ 산 두견새

그리고 나서 시바타 카쓰이에는 히데요시 군과 최후까지 항전하다가 죽는 것을 다음과 같이 그려내고 있다.

히데요시가 새벽 4시경부터 병사들로 하여금 성을 공격하게 하였다. 두 번째 방책의 한밤중 전투는 시체가 되어 눕는 자, 부상을 입는 자가 모래처럼 많았다. 흐르는 피가 성안에 흘렀다. 히데요시가 아끼는 영웅들 이때 쓰지 않고 언제 쓸 것인가. 천하의 승패가 오늘 결정난다 하고 말하고 용기를 북돋아, 마침내 최후의 방책까지 밀고 들어갔다. (중략) 측근 무사들이 목숨을 끊는 중에, 사다리를 타고 천수각 9층에 올라오자, 카쓰이에가 지금 할복할 테니, 적이지만 마음이 있는 자는 조용히 구경하고, 이름을 세상에 널리 전하기 바란다하고 큰 소리로 외치고, 나카무라(中村 文荷齋)를 불러 어젯밤 오다니(小谷) 부인의 임종가가 있고, 나도 지었으니 적어두라고 하자, 나카무라도 한 수를 지어서 뒤에 붙였다.

그리운 사람/ 따라가면서도/ 가는 길/ 안내하는 저승길/ 산 두견새

카쓰이에는 용감한 마음에도 이것을 감탄하고, 갑옷 소매를 적셨다. 그 외의 병사들 모두 소매를 적실뿐이었다. 오다니 부인의 덧없는 맹서로 남편 손에 죽는 것이 가슴 아프구나 한스럽구나. 이것은 전생의 업이 아니겠는가. 싸우다 죽고 자결하는 것은 무사의 일상이다. 생자필멸 회자정리 누가 이것을 면하겠는가. 오다니 부인을 비롯해 열 두 명의 첩과 30여 명의 여관들 지금 최후를 기약하고 염불 소리에 눈물이 난간을 적신다.(중략) 카쓰이에가 과감하게 잡아끌어서 한명 한명 죽이고 나서, 카쓰이에 배 가르는 것을 보아라하고 왼쪽 겨드랑에 찌르고, 오른 쪽 등뼈까지 끌어서, 되돌아서 심장아래 배꼽아래까지 휘젓고는, 나카무라 분카를 불러서 목을 치라고 청했다. 분카가 돌아보고는 목을 탁하고 떨어뜨렸다. 그 칼로 배를 가르고 죽었다. 그 밖의 부하들 80 여명 서로 찔러 죽거나, 자해했으니 1583년 4월 24일 호후 4시경이다. (『天正記』 58~59쪽)

이 작품은 시바타 카쓰이에가 최후까지 저항하다가 천수각(天守閣) 9층까지 사다리를 놓고 히데요시 부하들이 올라오자, 공격을 멈추게 하고 자결하는 장면을 그려낸 것이다. 앞의 『카와스미 타이코키』에서 본 대로 히데요시 군이 성을 공격하기도 전에 불을 지르고

최후를 마치는 급박한 상황이었는데, 히데요시 서기가 편찬한 전기 작품에는 이렇게 철저하게 응징하여 죽여서, 카쓰이에의 최후의 비참한 모습을 생생하게 만들어 낸 것이다. 이것은 히데요시의 용맹을 확대하고 동시에 시바타 카쓰이에의 죽음을 비장하게 그려낸 것이다.

그런데 시바타 카쓰이에와 최후를 함께한 아내 오다니 부인(오이치라고도 함)은 노부나가의 여동생이다. 원래 오다니 성주인 아사이 나가마사(淺井 長政)의 부인이었으나, 1573년 오다니 성이 함락되어 남편과 아들은 노부나가에게 죽었다. 그후 오다니 부인과 딸들은 키요스 성에서 노부나가의 비호를 받았다. 오다 노부나가가 죽고 나서 3딸을 데리고 노부나가의 중신인 시바타 카쓰이에와 정략 결혼했다. 그녀는 결혼하고 1년도 안되어 시바타 카쓰이에가 죽을 때 남편과 함께 죽었다.

그러나 이때 3딸은 살아남았다. 큰딸은 히데요시의 첩이 되었고, 둘째 딸은 궁정귀족의 아내가 되었고, 셋째 딸은 토쿠가와 2대 쇼군(將軍)이 된 히데타다(秀忠)의 정실이 되었다. 히데요시의 첩이 된 큰딸 차차(요도도노라고 불림)는 여러 처첩들 가운데 유일하게 히데요시의 아들을 누 명이나 낳았다. 차차는 아버지 아사이의 죽음, 아버지를 죽인 외삼촌 노부나가의 죽음, 그리고 다시 양부 카쓰이에의 죽음을 겪고 나서, 히데요시의 첩이 되어 아들을 낳아 권세를 누린 것이다.

5. 오사카 성

히데요시는 최대의 라이벌인 시바타 카쓰이에를 몰락시키고 자신의 권력의 중심지로 오사카(大坂)를 선택했다. 도성인 교토(京都)나무역항인 사카이(堺)와 가까운 이곳에 성을 쌓아 자신의 위용과 부를 과시하고자 한 것이다. 서양 선교사 프로이스는 히데요시가 오사카 성을 쌓게 된 것을 다음과 같이 기술한다.

> 히데요시는 혈통에서 보면 그다지 고귀한 출신이 아니고, 가계도 일본을 지배하거나 통치권을 장악하고, 일본의 군주가 되기에는 멀었다. 그런데 지금 이렇게 높은 자리에 오르는 행운을 얻어, 일본 역사상 미증유의 저명하고 걸출한 왕후장상이라고 일컬어진 노부나가의 후계자가 되자, 가능한 모든 방법으로 스스로를 꾸미고 세우려고 전력을 기울였다. 그는 주군인 노부나가의 성품이나 정치가 일궈낸 웅장함과 위용으로 일본 전국민의 존경과 평가를 받았던 것을, 자신에게 집중시키려고 한 것이다. 그래서 지금 오사카 성 건물이나 방, 오사카의 방대한 도시 자체, 또 성 주변에 세워진 제후, 무장들의 저택 등 어느 것에서도, 이전의 아름다웠던 아즈치 도시 및 성을 훨씬 능가하고 있다고 정평이 났다. (『일본사』 4권 53쪽)

히데요시가 노부나가가 쌓은 아즈치 성의 화려함과 웅장함을 능가하는 성을 오사카에 쌓아, 그의 후광에서 벗어나려고 한 것을 기술한 것이다.

오사카 성과 이를 둘러싼 도시는 이처럼 히데요시의 절대 군주의 야망이 만들어낸 것이다. 히데요시는 원래 정토 진종(淨土 眞宗)의 본산인 이시야마 혼간지(石山 本願寺) 절터인 이곳에 1583년부터 성곽을 쌓기 시작했다. 그는 많은 인력을 동원해 빠른 시일 안에 성곽을 완성시켰다. 원래 성곽은 전쟁에 대비하기 위한 것이고, 이것을 쌓는 작업은 전투와 진배없는 일이었다. 오사카 성의 토목공사에 거대한 암반을 운반해서 석축을 쌓은 것을 프로이스는 다음과 같이 기술한다.

> 이 공사에서 만인들이 가장 불가사의하게 생각하고 경탄과 두려움을 갖는 것은, 이렇게도 큰 대량의 석재를 어딘가에서 가져올 수 있었는지 하는 점이었다. 그것은 작은 것, 중간 정도의 것도 있지만, 그 가운데는 실로 거대한 것도 있어서 크리스챤 영주인 타카야마 쥬스토가 육로로 10리, 거기서 해로를 30리 운반해 온 바위 같은 것은, 수송하는데 천명의 인원을 필요로 했고, 오사카의 전 주민을 경탄하게 했다. 보통 이런 바위는 사람들이 어깨에 짊어지고, '움직여, 빨리'하고 명령하는 사람을 태우고, 굉장한 외침 소리와 굉음을 내면서 날라 온 것이다. (『일본사』 4권 92쪽)

프로이스는 히데요시가 거대한 암석을 날라다 석축을 쌓는 작업에 사람들이 경탄해마지 않는 것을 기술한 것이다. 바위 하나를 나르기 위해 천명의 군사가 동원되어 작전을 펼치는 것에, 사람들이 놀라고 두려워 떨었을 것은 틀림없다. 오늘날 오사카 성을 방문하면 거대한 암반, 큰 것은 130톤 정도가 되는 것을 설명하며 히데요시의 위용을 자랑하는 것을 보게 된다. 이것은 다른 거석 문화에서 보듯이 종교적 믿음에서 이루어진 것이 아니라, 전투의 일환으로 이루어진 것이다.

선교사 프로이스는 성 주변의 해자를 파는 공사에도 6만명 정도가 동원되어 작업한 것을 히데요시에게서 직접 들은 이야기라고 하여 전하고 있다. 그리고 이 작업은 민간인들이 아닌 병사들에 의해서 주야간 구별 없이 진행되었다고 하고 있다. 그러면서 히데요시가 자신의 권력의 상징을 만들기 위해 동원한 수많은 병사들이 강제노역으로 고통받는 모습을 프로이스는 잊지 않았다.

> 만일 여기서 강제노역에 동원된 사람들의 믿을 수 없을 만큼의 고생, 경비, 그리고 고뇌 같은 것을 말한다면, 특별히 긴 이야기가 될 것이다. 그들 대다수는 먼 고을, 외지에서 온 자들이고, 많은 경비와 책임이 필요한 이런 일에 참가할 여유가 없었고, 모든 것을 고향에

서 가져올 수밖에 없었다. 이리하여 그들의 공사장은 크고 작은 도검, 총, 갑옷, 말안장, 의복 같은 것이 가득했는데, 이들은 그것을 두 묶음에 3문씩 받고 팔아서 썼다. 이것은 그들이 극도의 궁핍에 빠져도, 사정을 히데요시에게 말하는 것도, 그에게 도움을 청하는 것도 불가능했기 때문이다. (『일본사』 4권 94쪽)

이들 각 지역에서 와서 성 쌓기 작업에 할당된 무사들은 모든 비용을 스스로 조달하고 책임을 감당해야 하는 어려움을 말한 것이다. 오늘날 일본 각지에 복원되어서 화려함을 자랑하고 관광객의 눈을 끄는 많은 성곽들도, 백성을 지키기 위한 구조물이 아니라, 주군의 가족을 지키기 위한 요새이고, 작업에 동원된 병사들이 전투나 다름없는 작업으로 이루어진 것을 잊어서는 안될 것이다.

오사카 성뿐만이 아니라 오사카의 도시 건설에도 비용은 각 지방 영주의 부담으로 이루어졌다. 프로이스는 오사카에 거대한 교회를 짓기를 희망하는 히데요시의 요구를 충족하기 위해, 크리스찬들이 궁리한 끝에 40리 정도 떨어진 오카야마에 세워져 있는 교회를 옮기기로 하고, 모든 비용과 노력을 크리스찬들이 부담했다고 하고 있다(4권 25쪽). 프로이스가 말한 오사카 "성 주변의 저택들이 40일 안에 2500채 이상 완성되었다"고 하여 빠른 속도로 도시 건설이 이루어진 것에 놀라워하고 있다(4권 23쪽). 오사카 도시 건설도 히데요시의 명령에 따라 군사 작전처럼 살아남기 위해 목숨을 걸고 진행된 것이다.

히데요시는 화려하고 웅장하게 오사카 성을 쌓고서, 선교사 일행에게 과시했다. 1586년 5월 4일 일본예수회 부관구장을 비롯, 4명의 신부, 4명의 수도사 등 일행 30여 명이 오사카 성을 방문했다. 이들 서양 선교사 일행이 도착하자 히데요시는 무장들을 대동하고 직접 나와서 안내했다.

> 히데요시는 천수각 및 보물을 저장해 놓은 탑의 문과 창을 서둘러 열도록 명령했다. 그 스스로가 성안을 안내했는데, 특히 우리는 그가 앉아있던 방에 들어가기도 하고, 크리스챤 영주인 타카야마 우콘으로 하여금 성안의 호화롭기 짝이 없는 황금을 칠한 여러 방들이나, 비할 바 없이 진귀하고 기교를 살린 극히 청초하게 조화를 살린 정원을 보여주도록 했다. 그리고 우리가 그의 방에 들어가자, 스스로 바깥으로 나와서는, 우리와 동행하던 동료 등 교회관계자까지 불러들였다. 그리고 많은 제후나 귀족들이 아무리 소망하더라도 쉽게 볼 수 없는 것을 자유롭게 볼 수 있게 해서 들어갔다. (『일본사』 4권 100~101쪽)

히데요시가 외부인에게 쉽게 공개하지 않는 내부 시설 등 여러 곳을 서양 선교사들에게 보여주고 자신의 부를 과시한 것을 알 수 있다. 그리고 이날 히데요시는 선교사 일행에게 자신의 포부를 밝히고 협조를 구했다. 이미 자신은 최고의 지위에 달했고, 일본 전국을 복종시켰기에, 영지나 금은도 더 이상 획득하고 싶지 않고, 더 이상 바라는 것이 없다고 했다. 그리고 오로지 후세에 자신의 이름을 남기기를 바란다고 하고, 일본을 무사하게 통치하고 나서, 조선과 중국을 정복하고 싶다고 하면서, 선교사들로 하여금 장식한 두 척의 대형 선박을 조달해 달라고 부탁했다.

이날 히데요시는 이들 선교사들에게 대륙 침략전쟁 협조를 이끌어내기 위해서인지 호언하기를, 중국을 정복하면 중국인들을 모두 크리스챤이 되도록 명령하겠다고까지 말했다(4권 100쪽). 히데요시가 서양 선교사들을 환대한 목적이 자신의 전쟁야욕에 필요한 군수물자 조달에 있었음을 밝힌 것이다.

이날 히데요시는 자신의 보물인 황금차실을 이들에게 보여주기도 했다.

또 그는 모두 황금으로 만들어진 한 방이 있는 장소를 우리에게 보여주었다. 그 황금 방은 여러 큰 함에 넣으면 이동할 수 있게 되어 있었다. 히데요시는 거기서 이 방은 어제 막 조립해서, 해체하지 않았기 때문에, 당신들에게 보여줄 수 있어서 다행이라고 말했다. 동행자 한 사람이 히데요시에게, 전하는 후일 선교사들이 오늘 참관한 것을 사람들에게 말할 때, 실증할 수 있게끔 적어도 한 조라도 조립하는 것을 보여줄 수 없는지 하고 청했더니, 히데요시는 그것은 들어주기 힘들다고 했다. 왜냐하면 함께 온 타카야마 우콘 조차도 그것을 보면 갖고 싶어해서 안 된다는 것이다. 하지만 다음에 그들에게 조립하는 것을 보여주겠다고 타카야마에게 호의를 보이고 놀리면서 말했다.

(『일본사』 4권 103쪽)

이 황금차실은 히데요시가 쿄토의 궁전에 가지고가서 천황에게 과시했고, 훗날 임진왜란 침략 시에는 큐슈 북단의 나고야 침략기지에 가지고 가서 명나라 사신들에게 자랑하기도 했던 황금차실이다. 히데요시는 자신의 부와 권세를 상징하는 이 황금차실을 외국인 선교사들에게 보여주고 농담을 곁들여서 과시한 것이다. 이날 히데요시의 선교사 일행에 대한 안내는 파격적이었다. 후궁들이 있는 곳과 자신의 침실까지도 안내를 했다.

히데요시는 크리스챤이 정토 진종보다 깨끗하다고 치켜 세우고, 만일 크리스챤이 다처를 허용하기만 한다면 자신도 크리스챤이 될 거라는 농담까지 서슴지 않았다(4권 38, 111쪽). 히데요시의 이러한 농담에 선교사도 농담으로 대답했다. "전하, 내가 허락해 드리겠습니다. 크리스챤이 되시는 것이 좋겠습니다. 왜냐하면 전하만이 크리스챤의 가르침을 지키지 않고, 지옥에 가시더라도, 전하가 크리스챤이 됨으로써, 많은 사람이 크리스챤이 되어 구원을 받을 수 있기 때문입니다"(4권 38~39쪽) 하고 대답했다.

선교사 프로이스는 히데요시를 많은 처첩을 거느린 호색한이라고 여러 차례 언급하고 있다. 그런데 이날은 히데요시가 선교사들과 이처럼 자연스럽게 농담을 나눌 수 있었음을 알 수 있다. 그만큼 히데요시의 크리스챤에 대한 우호적인 생각을 엿보게 한다. 그러나 불과 1년 뒤인 1587년 히데요시가 큐슈 출진 중에 갑자기 선교사 추방명령을 내리면서, 선교사들의 고통은 시작되었고, 히데요시에 대한 증오의 감정도 커졌다.

오사카 성은 1615년 토쿠가와 이에야스에 의해서 함락되었고 히데요시가 쌓은 성은 불에 탔다. 그리고 나서 17세기에 들어 토쿠가와 막부가 그 자리에 새롭게 성을 건립하였다. 그 후로 여러 차례 전란에 휩싸였다가, 지금 있는 오사카(大阪) 성의 천수각은 히데요시가 쌓은 것을 모델로 하여 1931년에 재건축 된 것이다. 현재 오사카 성은 일본인들의 히데요시 영웅관을 떠받치고 있는 중심지가 되어 많은 관광객으로 넘치고 있다. 히데요시는 몰락한 이후, 토쿠가와 막부 시대 260여 년 동안 지하에 묻혀 있다가, 천황과 국수주의 이데올로기를 자양분으로 하여, 오사카 성에 다시 돌아와서 자리를 잡고 웅거하게 된 것이다.

6. 이에야스 회유

히데요시는 1583년 시바타 카쓰이에(柴田 勝家)를 몰락시키고, 오다 노부나가의 삼남 노부타카(信孝)를 자결시켰다. 그리고 노부나가의 중신이었던 타키가와 카즈마스(瀧川 一益)의 영지를 몰수하여, 노부나가의 차남 노부카쓰(信雄)에게 넘겨주고 회유했다. 그러나 이듬해 1584년에 오다 노부카쓰가 히데요시와 내통한 자신의 중신들 3명을 처형하자, 히데요시는 곧 군사를 일으켰다. 노부카쓰는 토쿠가와 이에야스와 연합하여 히데요시와 맞섰다. 이것이 이른바 1584년 3월부터 시작된 코마키 나가구테(小牧 長久手) 전투이다. 이때의 상황을 프로이스는 다음과 같이 기술하고 있다.

> 군사준비가 이루어졌을 때, 갑자기 히데요시에게 세 고을의 영주인 노부카쓰라는 노부나가의 차남이, 아버지를 따라서 천하의 주인이 될 수 있을지 어떨지 시험해 보려고 히데요시에 대항하여 거병을 결의했다는 보고가 들어왔다. 노부카쓰 휘하의 신분이 높은 가신 가운데서 히데요시에게 인질을 보내고 있던 3명의 중신이 있었는데, 노부카쓰는 그들이 거병에 동의하지 않는 것을 알고, 일본의 습관에 따라, 그들을 위해서 호화로운 향연을 열고, 그 즐거움이 최고에 달했을 때, 갑자기 3명의 중신을 모두 참수하도록 명령했다. (『일본사』 4권 40~41쪽)

히데요시가 오사카 남쪽의 네고로스(根來衆) 불교 세력을 타도하기 위한 군사를 일으켰다가, 오다 노부나가의 차남 노부카쓰가 자신과 내통하고 있는 부하들을 처벌했다는 보고를 받고 기수를 동쪽으로 돌린 것이다. 오다 노부카쓰가 히데요시에 반기를 들 무렵, 반 히데요시 전선에는 와카야마(和歌山)의 네고로스 세력, 시코쿠(四國)의 쵸소카베(長宗我部 元親), 엣츄(越中)의 삿사(佐佐 成政)가 있었다. 전선은 전년의 시즈가타케 전투보다 확대되어 있었지만, 이들은 히데요시의 대군이 중앙에 가로막혀 있어서 서로 내통하여 연합전선을 구축하지는 못했다.

히데요시는 동쪽이 급하다고 판단하고 이곳으로 출진했다. 오다 노부카쓰와 토쿠가와 이에야스는 코마키 산에 성채를 구축하고, 북쪽의 이누야마(犬山)에 진을 친 히데요시의 대군과 대치하였다. 이 전선은 1584년 3월부터 시작하여 11월까지 이어졌다. 히데요시는 자신의 선봉부대가 토쿠가와 이에야스 군에 패했다는 보고를 받고,

3월 21일 오사카 성을 출진하여, 3월 28일 이누야마 성에 들어왔다. 히데요시는 부대를 신속하게 중부 지방으로 이동한 것이다. 히데요시 군은 10만명의 대군으로 만 6~7천명 정도의 이에야스 노부카쓰의 연합군 진지로 포위망을 좁혀갔다.

이런 상황에서 이에야스 군이 4월 9일 히데요시의 선봉 부대를 급습하여 대패시키고 주요 부장을 전사시켰다. 이 때의 상황을 프로이스는 다음과 같이 그려냈다.

> 히데요시는 출동했고, 군대가 이동함에 다라 진격을 계속했다. 도중에 몇 개인가의 성이나 시가를 정복하고, 이에야스의 진지에서 5킬로미터 정도의 지점에까지 이르렀다. 그곳에서 히데요시는 몇 명의 성주에게 서신을 보내 항복을 권고했다. 그들이 이것을 성주(이에야스)에게 보고하자, 이에야스는 항복할 것처럼 위장하고서 히데요시 군대를 확실하게 자기지역 안으로 깊이 들어오게 하고, 그때 그들을 습격하여, 한가운데로 들어가서 적을 괴멸시키라고 성주들에게 명령했다.
> (『일본사』 4권 42쪽)

히데요시의 대군이 이르는 곳마다 승기를 잡고, 항복을 유도하면서 밀고 들어오자, 토쿠가와 이에야스는 항복할 것처럼 하다가 깊이 들어온 적을 급습하여 궤멸시키는 전략을 쓴 것이다. 이때 히데요시 군이 패배하는 모습을 다음과 같이 그린다.

> 이에야스는 밤이 되자 새로 세운 코마키(小牧) 성을 나서서, 새벽을 기다려서 히데요시의 조카 히데쓰구의 진지를 습격했다. 그는 적이 방심하고 있었기 때문에 아무런 힘도 들이지 않고 그들을 패주시킬 수가 있었다. 그는 적들을 패배시키자, 곧바로 떨어져서 포진하고 있던 다른 진지를 습격했다. 같은 날 9시에 극히 격렬한 전투가 전개되고, 쌍방의 진영에서는 굉장한 전사자가 발생했다. (중략) 이에야스는 이 전투에 승리를 하자 코마키 성으로 돌아왔다. (『일본사』 4권 42쪽)

이에야스는 방심하는 히데요시 군의 선봉을 급습하여 패퇴시키고, 또 다른 부대를 공략하여 승리하였지만, 더 이상 히데요시의 본진과 대결하지 않고 철수를 하여 자신의 진지를 지켰다. 히데요시는 패보를 받고 군대를 출동시켰으나, 이에야스 군은 이미 진지로 되돌아가 있어 공격을 못하고 후퇴한 것이다.

양측은 신중하게 대응하면서 장기전을 펼치며 일진일퇴를 거듭했다. 한편 히데요시 군은 타케가하나(竹鼻)성을 물로 공격하여 성공하기도 했다. 이런 상황에서 정토진종인 네고로스 세력이 기세를 떨쳐 오사카를 위협하는 지경에 이르자, 히데요시가 급거 오사카로 귀환하는 위급한 상황을 맞기도 했다.

이후 히데요시는 대군을 거느리고 적과 대치하면서 책략을 펼쳤다. 11월에 히데요시는 노부나가의 차남 노부카쓰와 단독으로 만나, 항복을 받아들였다. 그리고 노부카쓰 영지의 일부를 몰수하고, 그의 딸을 인질로 확보했다. 이렇게 되자 토쿠가와 이에야스도 결국 협상에 응하지 않을 수 없었고, 12월에 차남을 인질로 보내면서 전투는 종결되었다. 히데요시의 끈질긴 책략이 성공한 것이다.

토쿠가와 이에야스는 오랫동안 오다 노부나가의 협력자로서, 노부나가가 서쪽으로 진출할 때, 동북쪽의 적을 막는 방패역할을 해왔다. 오다 노부나가가 오랜 숙적이던 카이의 타케다 세력을 몰락시킬 때에 토쿠가와 이에야스는 공을 세우고 아즈치 성에서 노부나가의 환대를 받았음은 앞에서 살펴보았다. 노부나가가 혼노지에서 피살될 때, 이에야스는 노부나가의 호의로 쿄토 남쪽의 나라(奈良) 지방을 구경하고 있었다. 이 때 난을 피해 간신히 귀향한 이에야스는 히데요시의 권력을 멀리서 주시하고 있었다. 히데요시의 수차례에 걸친 협력요청에도 응하지 않았다. 그리고 이번에 히데요시와 적대하였다가 항복했지만, 여전히 히데요시에게 나아가서 부하의 예를 취하지 않았다.

그러자 히데요시가 여러 가지 회유책을 써서 토쿠가와 이에야스를 자신의 휘하에 끌어들이려고 했다.

> (히데요시의) 회유책으로는 우선 여동생을 권하는 것이다. 이렇게 되면 형제가 되어서 회유가 될 것이라고 보았다. 그래도 이에야스가 받아들이지 않으면, 어머니와 딸, 그리고 여동생까지 세 명을 이에야스에게 인질로 보내야 한다 하고, 하치스카, 쿠로다 그 외의 두 세명에게 명령하자, 하치스카가 말하기를, "이것은 어찌된 일입니까. 옛날부터 천하인이 아랫사람에게 인질을 보냈다는 이야기를 못들었습니다. 이것은 의외의 일이라고 생각합니다" 하고 말하자, 히데요시가 대답하기를, "너희들이 말하는 것이 틀림없다. 하지만, 지금까지 중국책에도 선례가 없는 일을 히데요시가 해서 일본 기록에 남겨야겠다. 히데요시에 따르는 고을은 어느덧 30곳이 되었다. 이에야스 경은 카이등 네 고을이다. 히데요시 위광이 날로 커지면 이에야스가 인질을 확보했다고 해도, 히데요시가 자신의 뜻에 따르지 않는다고 인질을 걸어놓고 불로 지지지는 못할 것이다. 그러면 더욱 난처해질 것이다"
> (『川角太閤記』 324쪽)

히데요시의 토쿠가와 이에야스 회유 책략이다. 히데요시는 자신과 비교할 수 없는 적은 병력을 거느린 이에야스를 끌어들이이기 위해서 자기쪽에서 인질을 보내려는 전략을 세운 것이다. 히데요시는 먼저 자신의 여동생을 이에야스에게 시집보내서 형제의 의를 맺으려고 했다. 이에야스가 이것을 받아들이지 않으면, 모친과 양녀, 여동생을 인질로 보내려 한 것이다. 히데요시는 이렇게 해도 이에야스가 받아주지 않을 때에 무력을 사용하라고 하고 그 전략까지 부하들에게 지시한 것을 기술하고 있다.

이 협상은 2년을 끌었다. 이에야스는 히데요시의 구혼요청을 받아들여 1586년에 44살로 동갑인 히데요시의 여동생과 정략 결혼했다. 히데요시의 여동생 아사히히메(旭姬)는 이미 다른 사람의 부인이었으나, 이 결혼을 위해서 강제로 이혼한 것으로 알려져 있다. 이 작품에는 이에야스가 히데요시의 결혼 요청을 받아들이고 나서, 오사카로 가서 히데요시를 접견했다고만 간략하게 기술하고 있다.

토쿠가와 막부의 문사를 담당했던 하야시 라잔(林 羅山)이 편찬한 한문 전기 작품에는 이때의 내용이 다르게 실려 있다. 이 정략결혼에서 신부인 아사히히메는 시종 백 5~6십명을 거느리고 1586년 5월 14일 하마마쓰(浜松)에 도착하여 결혼했다(『豊臣秀吉譜』 중권 2쪽). 그런데 이에야스가 결혼을 하고 나서도 히데요시에게 직접 와서 부하로 복종하지 않자 다시 모친을 인질로 보낸 내용을 싣고 있다.

> 다이곤겐(大權現 : 이에야스)이 아직도 (히데요시를) 알현하기 위해 상경하려 하지 않자, 간언하는 자가 말하기를 "다이곤겐께서 결국 히데요시와 절교하고 상경하지 않으면 인질로 보낸 히데야스를 죽일 것입니다" 그러자 다이곤겐이 말하기를, "나는 히데야스를 인질이 아니라 양자로 보냈다. 히데요시가 만약 이를 죽인다면 자비심이 없는 일인데 어찌 내가 동조하겠느냐, 자고로 혼인을 맺고도 적국이 된 일이 많다. 내 어찌 경거하게 상경하랴" 히데요시가 이를 듣고서 걱정하면서 자신의 어머니 오만도코로를 인질로 오카자키에 보내서, (이에야스의) 마음을 편하게 했다. 히데요시 동생 히데나가가 듣고 크게 화를 내기를, 모친을 적에게 보내는 것은 무사에게 큰 치욕입니다. 그가 명을 듣지 않는다면 일전하여 승패를 가를 뿐입니다. 히데요시가, "아니다. 히데나가 너의 마음이 좁구나" 하고서, 가을 9월에 (모친을 인질로) 결국 보냈다. 어떤 자는 이것을 의심했다. 언제가 히데요시 여동생이 하마마쓰에서 오카자키 성을 보러 가서 말하기를, 실로 이것은 나의 어머니다 라고 했다는 것이다. (『豊臣秀吉譜』 중권 3쪽)

토쿠가와 이에야스가 히데요시 여동생 아사히히메와 정략 결혼을 받아들이고 나서도 상경하지 않자, 결국 히데요시가 모친을 인질로 보낸 것을 기술한 것이다. 이 때 모친을 인질로 보내자는 데 대해서 히데요시의 동생이 반대를 했지만, 히데요시가 관철하는 내용이다. 앞서 『카와스미 타이코키』에서는 히데요시가 모친을 인질로 보낸 내용은 없고, 다만 여동생을 시집보내 보고, 안되면 모친마저 인질로 보내서라도 이에야스를 설복하라고 한 것이다. 그리고 부하가 이에 이의를 달고 반대하는 것이었는데, 여기서는 히데요시의 동생이 반대를 하고 나섰지만, 히데요시가 어머니를 인질로 보낸 것으로 하고 있다.

그런데 한학자이자 토쿠가와 막부의 문사를 담당했던 하야시 라잔(林 羅山)의 이 기술에는, 히데요시가 모친을 인질로 보낸 것이 아니었다는 다른 사람의 의견이 첨가되어 있다. 히데요시 모친이 오카자키 성에 인질로 온 것이 아니라, 이에야스의 부인이 된 히데요시 여동생 아사히히메가 와서, "실로 이것은 나의 어머니이다(實是我母也)"라고 한 것이 와전된 것이라는 설을 부기한 것이다.

이 문장은 앞뒤가 잘 연결되지 않는다. '이것'이 가리키는 것이 무엇인지 뚜렷하지 않다. 오카자키 성을 가리키는 것일까. 아니면 고향에서 가까운 '이곳' 오카자키를 어머니와 같다는 표현을 한 것인지 알 수 없다. 어떻든 하야시 라잔도 히데요시 모친이 도쿠가와 이에야스에게 인질로 보내졌다는 것을 확인하지는 못하고 있다.

히데요시가 토쿠가와 이에야스를 회유하여 부하로 만들기 위해서, 이미 결혼생활을 하고 있던 여동생을 시집보내고, 그리고 어머니마저 인질로 보냈다는 것은 또 하나의 히데요시 영웅 전설이 되었다. 영특하고 책략가인 히데요시가 능력있는 토쿠가와 이에야스와 대결을 피하면서 부하로 만들기 위한 끈질긴 전략을 구사했다는 것이다.

7. 절대 군주 관백

히데요시는 스스로 오다 노부나가의 후계자가 되어 라이벌들을 물리치고, 오사카에 자신의 성을 쌓았다. 그리고 나서 천황으로부터 관백(關白)이라는 관직을 받은 것이 1585년 7월이다. 오다 노부나가가 죽은지 3년만의 일이다. 12세기 말부터 일본 무가의 최고의 권력은 정이대장군(征夷大將軍)이 되고, 이것을 줄여서 쇼군(將軍)이라고 불렀다. 히데요시도 이 직위를 가지려고 했다. 그는 아시카가 15대 쇼군 요시아키의 양자가 되어 쇼군에 오르려고 했지만, 받아들여지지 않았다.

> 히데요시가 정이대장군이 되고 싶어서 요시아키(義昭, 15대 정이대장군)에게, "공이 나를 양자로 받아주면, 내가 쇼군이 될 수 있겠소. 공이 만일 나를 양자로 받아주면 공은 마땅히 존귀하고 번영할 것입니다" 하고 말했다. 요시아키가 우매하여 끝내 이 말에 따르지 않았다. 히데요시가 키쿠데이 우대신 하루스에와 상의하였는데, 하루스에가, "관백(關白)은 신하된 자의 최고의 작위이고, 백성들이 경앙하는 것이 쇼군보다 훨씬 낫습니다. 공은 관백에 오르십시오" 하고 말하자, 히데요시가 기뻐했다. (『豊臣秀吉譜』 상권 37쪽)

히데요시가 이미 추방된 아시카가 막부 마지막 쇼군(將軍)의 양자가 되어, 무가의 최고 직위인 정이대장군, 즉, 쇼군이 되려다가 실패한 것을 기술한 것이다. 요시아키 쇼군은 추방되어 이미 실권도 없는 상태였지만, 쇼군직을 히데요시에게 물려주지 않은 것이다. 그러자, 궁정대신이 쇼군보다 관직이 높은 문관 직위인 관백에 임관되는 것이 좋다는 청원을 했고, 히데요시가 이를 받아들였다. 히데요시는 관백의 직위에 있던 궁정귀족 코노에(近衛 前久)의 양자가 되어서 관백 직위에 올랐다. 히데요시가 군사력으로 권력을 장악했기 때문에 무가의 우두머리가 되어야 하는데, 쇼군의 양자가 되지 못하자 문관 직위인 관백에 올라 천황을 정점으로 한 권력기구에 들어간 것이다.

오다 노부나가 사후 히데요시의 관직 제수를 보자. 히데요시는 노부나가의 장례를 거행하기 직전인 1582년 10월 3일 종5위하의 소장(少將)직에 올랐다. 이듬해 시즈가타케 전투에서 승리하여 시바타 카쓰이에를 죽이고 나서 다음달 5월 22일에 종4위하 참위직에 올랐다. 이듬해 코마키 나가쿠데에서 오다 노부카쓰 및 토쿠가와 이에야스와의 전쟁을 치루고, 노부카쓰를 항복시키고 난 직후 1584년 11월 22일에 종3위 다이나곤(大納言)직에 올랐다. 다음해인 1585년 3월 10일에는 정2위 내대신직에 올랐다. 이로부터 4개월 뒤인 7월 13일에 종1위 관백(關白) 직에 올랐다.

히데요시가 이렇게 관백의 직위에 오른 것을 그의 서기가 편찬한 전기 작품에는 다음과 같이 기술하고 있다.

> 대저 천하 안태(安泰)는 바로 지금이다 하고 천황 마음이 크게 감동하셨다. 그래서 내대신을 좌대신으로 임명해야 한다는 칙명이 있었다. 이것에 관해 코노에와 니죠님 관백들 간에 논의가 있었다. 그리고 조칙에 이르기를, 내대신은 지금 천하를 통솔하는 자이다. 관백은 모든 정치의 영을 내리는데 아무런 지장도 없다. 관백으로 임명하겠다는 선지가 내렸다. 사퇴하기 어려웠다. (『天正記』 79쪽)

내대신에 임명된 히데요시를 넉 달만에 좌대신으로 임명하려는 천황과, 당시 관백이라는 관직에 있던 2명의 대신이 상의하여, 히데요시가 실질적인 통치를 하는데 지장이 없도록 관백에 임명하도록 주청했다. 이들은 더 이상 히데요시를 자신들보다 아래에 둘 수 없다고 판단하고 관백에 임용시킨 것이다.

관백(關白)이란 '모든 것을 알린다'(정치를 한다)는 뜻을 가진 중국에서 만들어진 용어이다. 일본에서 이 관직은 9세기부터 2백여 년 이어진 '섭관(攝關)' 정치에서 쓰여졌다. 섭정은 천황의 나이가 어린 경우에, 관백은 천황이 성인이 되고 나서도 정치를 대신하는 것이다. 히데요시는 관백의 직위에 오를 때 천황으로부터 후지와라(藤原)라는 고대 귀족들이 사용하던 성도 받았다. 이 직위에 오를 수 있는 것은 후지와라 성씨를 가진 최고의 귀족이어야만 했기 때문이다.

1585년 7월 13일 치뤄진 히데요시의 관백 임관식 모습은 그의 서기가 편찬한 전기 작품이 상세히 기술하고 있다. 궁중의 남전에서 거행된 이 임관식에 천황이 가운데 앉고, 왼쪽에는 왕자 등 대신, 그리고 오른쪽에 히데요시와 부하들이 자리 잡았다. 임관식이 끝나고 노오(能) 상연을 관람하는 상황을 이렇게 그렸다.

> 노오가 공연되는 중간에 뜻하지 않게 소낙비가 내려서 어수선했다. 처마에서 떨어지는 빗물은 폭포 같고, 정원에 흘러넘치는 물은 바다 같았다. 참가하고 있던 상하 모든 사람들이, 비가 머리를 때리는데 소매로 가릴 수도 없었다. 흐르는 물이 허리를 적셔도 무릎을 고쳐 앉을 수도 없었다. 삼가면서 관람을 했다. 몇 시간이 지나자 갑자기 구름이 다시 흘러가며, 저녁 해가 소나무 사이로 비추고, 서늘한 바람이 오동 잎새로 들어왔다. 모두 기분이 상쾌해졌다. 주연이 파하고 노오 공연이 끝났다. 축하의 절을 하고 물러나왔다. (『天正記』 81쪽)

임관식을 치루고 나서 이를 축하하는 노오 공연을 관람하는 장면이다. 이 연극이 상연되는 도중에 갑자기 소나기가 쏟아졌는데도 아무도 움직이지도 못하고 비를 맞은 채 행사가 진행된 모습이다. 히데요시는 임관식에 즈음하여 왕자와 왕비들의 자리다툼을 정리해 주었다. 자리 순서를 다투는 사람들을 추첨을 해서 앞뒤 자리를 정하고, 다음날은 순서를 바꾸도록 결정하고 이를 따르도록 당사자들에게 통보했다. 히데요시가 왕자, 왕비 등 궁정 귀족들의 분란을 해결해 준 것을 "물리를 알고, 아주 총명"해서 이 일을 해결했다고 했다.

히데요시 스스로 자신의 위업을 선전하기 위해 편찬 하도록 한 전기 작품의 「관백 임관기」는 천황으로부터 관백이라는 최고의 관직을 제수받은 것을 화려하게 기술하고 나서, 마지막에 <히데요시의 태생>이라는 항목을 만들었다. 여기에서는 앞 장에서 살펴본 대로, 히데요시 모친이 궁중에서 천황의 혈통을 받아 히데요시를 낳은 것처럼 꾸며냈다.

그런데 히데요시는 얼마 지나지 않아, 그가 제수받은 관백 직위와 후지와라 성씨에 만족하지 못했다.

> 그런데 전하(히데요시)는 태생이 불초하여, 문장을 배우지 못한 것을 후회하고는, 바로 유학자를 초청하여 몇 권의 고전(古傳), 여러 가문의 계도(系圖) 등을 배우고, 악을 버리고 선을 쓰는 일이 많았다. 이리하여 사물의 유서를 생각해보니 후지와라 성을 받고, 관백에 임용된 것이 이치는 있다고 하더라도, 오래된 성을 잇는 것은, 마치 사슴과 소가 앞에 있는 자리를 밟는 것과 같다. 나는 천하를 소유하고, 미래까지 이름을 남기고자, 오로지 새로 다른 성을 세워서 시초가 되어야겠다. (『天正記』 85쪽)

히데요시가 천황의 신하가 되어 전통을 지켜가는 것을 "사슴과 소가 앞에 있는 자리를 밟는 것과 같"은 것으로, 자신만의 독자적인 권력을 갖고 싶어한 것이다. 결국 히데요시는 후지와라 성을 버리고 토요토미(豊臣)라는 성을 내려주도록 요구했다. 히데요시가 요구한

토요토미 성을 천황이 문서로 내려보낸 것이 1585년 9월 9일이다. 관백에 임용된 지 두 달이 채 되지 않은 시기였다. 후지와라라는 고래의 명문 귀족의 성에 더 이상 얽매이지 않겠다는 선언이 바로 토요토미라는 성인 셈이다. 이후 히데요시는 자신의 부하들에게도 자신의 성인 하시바(羽柴), 토요토미(豊臣)를 나누어 주었다.

그리고 나서 히데요시가 다음해 정월 천황을 하례하고 자신의 부와 권세를 과시한 것을 살펴보자. 1586년 1월 14일 궁중에 들어가 하례를 하고는 다음날인 15일에는 오사카 성에서 황금 차실을 옮겨와 천황에게 보여주고 차를 대접했다. 다음날인 16일에는 궁중에서 노오(能) 연극을 관람했다. 다음 달인 2월 24일에는 다시 궁중에 들어가 벚꽃을 구경했다. 28일에는 천황과 벚꽃을 읊은 와카를 주고받았다. 히데요시가 마음대로 궁궐을 드나들며 거침없이 행동한 것을 알 수 있다. 그리고 2월에는 궁궐 옆에 자신의 저택인 취락정(聚樂亭)을 짓도록 지시했다.

히데요시의 관백 임용과 관련해서 일본 전국시대의 극히 형식화된 제도와 풍습을 보게 된다. 히데요시는 군사력을 배경으로 절대 권력을 행사할 수 있었기 때문에 관직이나 제도를 새로 만들 수 있었지만, 기존의 관직을 천황으로부터 제수 받았다. 기존의 전통에 얽매이지 않으려고 하면서도 천황의 권위 자체를 뛰어넘으려고 하지 않고, 토요토미라는 성을 하사받는데 머물렀다. 하급 무사 출신인 히데요시가 천황의 권위를 빌어 자신의 절대 군주로서의 권력을 세우고자 한 것이다. 이런 점에서 히데요시가 죽고 200여 년이 지나 천황이 실권을 장악하였을 때, 히데요시를 영웅으로 복권시키게 된 것이다.

8. 큐슈 복속과 크리스챤 추방령

히데요시는 중앙의 통제력을 확보하고 나서, 1587년 대군을 동원하여 큐슈(九州)를 복속했다. 당시 큐슈에도 전국(戰國) 상황에서 각지에 호족들이 웅거하고 있었으나, 1586년에는 남쪽 사쓰마의 시마즈 요시히사(島津 義久)가 세력을 확장하여, 북쪽 분고(豊後)의 오오토모 소린(大友 宗麟)과 세력을 다투었다. 전세가 불리해진 오오토모는 히데요시에게 구원을 요청했다. 히데요시는 먼저 서쪽 츄고쿠(中國) 지역의 모오리(毛利)와 시코쿠(四國)의 쵸소카베(長宗我部) 등의 군사를 보냈다. 쵸소카베 군은 시마즈 군과 전투를 벌여 대패하는 등 전선이 교착되자, 히데요시는 이듬해 자신의 동생 등을 후속군으로 보내 총 22만명의 대군을 투입하였다.

먼저 『타이코키』의 내용을 따라서 히데요시가 큐슈에 출진하게 된 계기를 살펴보자.

> 생각컨대 1469년부터 1573년까지 군주의 위엄이 동서로 쇠퇴하고, 무력의 위명이 남북으로 쇠미해져서 제후 대부들이 자신의 영토를 갖고, 마음대로 하는 일이 많아졌다. 교토에서 먼 곳에는 군주가 없는 것이나 마찬가지였다. '기회는 지금이다' 하고서 시마즈 요시히사는 자기 영토에서 임관하고, 모든 일을 마음대로 하고 따르지 않는 것이 몹시 예의가 없었다. 그래서 사자를 보내서, '예전 같이 교토에 와서 군주의 명을 받들어라' 하고, 1586년 9월 12일 사신으로 센고쿠(千石)를 우선 분고(豊後)까지 보내자, '뭐 그 토키치 원숭이 같은 놈의 분부로 상경하라고' 하면서 화를 냈다. (『太閤記』 232쪽)

여기서는 히데요시의 전쟁 중지 명령을 시마즈 요시히사가 묵살하고 거부하였기 때문에 정벌한 것으로 그려냈다. '토키치 원숭이 같은 놈'하는 표현은 『타이코키』 작자의 히데요시에 대한 의중이 만들어낸 표현이다. 히데요시는 이미 대군으로 중앙을 장악하고 있고, 형식상으로도 천황의 명을 앞세웠기 때문에 시마즈 요시히사는 대적할 수 없는 상황이었다. 이미 히데요시의 대군에 저항할 수 없다고 판단한 시마즈는, 히데요시를 배반할 생각이 없음을 밝히고, 히데요시군에 적극 협력한 것으로 알려져 있다(『황금 타이코』 47쪽). 그런데도 히데요시는 대군을 앞세우고 자신의 위용을 과시하기 위해 제왕과 같은 모습으로 큐슈 남쪽까지 군대로 복속하면서 행차하였다.

『타이코키』는 히데요시가 1587년 3월 1일 대군을 앞세우고 출정하는 모습을 다음과 같이 기술한다.

> 1587년 2월 초하루부터 선발대를 출발시키는데, 대군이 바닷길에 끝도 없이 이어졌지만, 군법이 엄정해서, 민가에 피해를 주는 일도 없이 아주 조용했다. 서로 시끄럽게 싸우는 소란도 없었다. 이리하여 선발대가 바다를 건너 큐슈의 분고, 부젠에 가득찼는데, 후진은 히젠, 하리마의 포구에 아직도 대기했다. 2월 하순에 후진도 바다를 건너자, 히데요시 공이 교토를 출발하셨다. 그날 복장으로, 붉은 히오도시 갑옷에 호미 형태의 투구를 목이 안보이게 깊이 쓰고, 붉은 색 바탕의 비단 히타타레 겉옷을 걸치고 아주 화려하게 출발하셨다. 수행하는 자들, 그 가운데 늙은 자들이 더욱 젊게 꾸민 것이 굉장했다. 아름다움이 전례가 없을 것이라고 말들 했다. (『太閤記』 237쪽)

히데요시의 대군이 해안에 길게 이어지면서도 군기가 엄정한 모습을 그려냈다. 이때 히데요시가 화려한 복장을 하고, 근위부대에 둘러싸여 제왕의 모습으로 출진하고 있다. 히데요시는 붉은 색 갑옷에 투구를 착용하고 출진했다.

또 제왕과 같은 유람을 겸한 행차를 한 히데요시는, 3월 20일에 세토나이카이의 명소인 미야지마(宮島)의 이쓰구시마(嚴島) 신사(神社)에도 참배하고 있다.

3월 17일 아키(安藝, 현재의 히로시마)에 도착하여, 이츠구시마 신사를 구경하려고 했다. 그렇지만 바람이 거칠어 해상이 조용하지 않아, 2, 3일 체류하고, 20일 아침에 잠잠해져 평소보다 조용해지자, 그렇다면 건너야지 하고 이쓰쿠시마로 건너갔다. 수군 사공들이 모두 뱃노래를 부르며 흥겨워하는 가운데 섬에 오르자, 승려, 신직, 신녀 들이 모두 나와서 축하했다. 회랑에 오르자, 해녀들이 조개를 잡아서 바쳤다. 아주 경치가 좋아서,

들었던 것보다/ 물리지 않는 경치/ 이쓰쿠시마/
보여드려야지 생각나는/ 구름 위의 사람

하고 읊으시니, 정말 생각하시는 사람이 있어 보였다. 이 경치가 교토에 있었으면 하고 부러워했다. 옛날 타이라노 키요모리(平 淸盛)가 참배했다는 것을 신녀들이 말씀드리자 기분이 좋아지셨다. 이리하여 신사에 돈 천관을 내리셨다. (『太閤記』 237쪽)

히데요시가 큐슈를 정복하러 가는 도정에 유람을 겸한 느린 행보를 하고 있다. 3월 1일 교토를 출발하여, 히로시마까지 20일이나 걸렸다. 그리고 명승지로 이름난 히로시마 앞바다의 미야지마(宮島)에 있는 이쓰쿠시마 신사에 참배하고는, 이곳의 아름다운 경치를 와카로 읊었다. 히데요시의 와카는 미야지마의 빼어난 경치를 궁중에 계시면서 보지 못하는 천황에게 보여드리고 싶다는 뜻이다. 이 부분의 문체가 고문의 문어체를 구사하고 경어를 사용하고 있는 것으로 봐서, 이것은 측근 누군가에 의해 작성된 원문을 거의 그대로 옮긴 것으로 보인다.

히데요시는 자신의 큐슈 도착에 앞서서, 부하들을 좌우로 나누어 북쪽에서 남쪽으로 공략해 가게 하고, 자신은 뒤따라 큐슈 내륙의 중로를 택하여 남하했다. 히데요시는 1587년 3월 29일 큐슈 북쪽의 부젠(豊前)에 상륙하여, 각지에서 공략과 회유를 병행하면서 전진했

다. 히데요시의 대군이 이르는 곳마다 큐슈의 군사들은 대적을 포기하고 항복했다. 부젠에서 히코야마를 지나면서, 험난한 지형에 의지한 불교 사찰 세력이 스스로 항복하는 장면을 보자.

> 히코야마(彦山) 사람들이 이것을 전해 듣고 놀라고는 재빨리 종을 치고서 모두가 모여 회의를 했다. 속담에 '여러 입이 구구하면 결정하기 힘들다'고 하는 것처럼, 일이 결정되기 힘든 가운데, 한 스님이, '혁혁한 성주조차도 어찌할 수 없이 말을 교묘히 꾸며서 항복하여 부하가 되는 판이다. 몇 년간 무장한 산의 군사 2~3천명으로 공을 세운 적은 많지만, 쿄토에서 온 다수를 상대하기는 힘들 것이다. 어떻게든 항복해서 잘 마무리해야 한다.'고 말했다. (『太閤記』 241쪽)

히데요시의 대군이 밀고오자, 산속의 작은 성에 의지하던 소수의 승병들이 어떻게 항복하여 명맥을 유지할지 고민하는 모습을 그리고 있다. 히데요시는 지나는 곳마다 항복을 받고, 위용을 과시했다. 히데요시는 대군의 위용으로 큐슈를 쉽게 복속했다.

시마즈 요시히사의 주력부대 역시 히데요시 군에 대적하지 못하고 항복을 청했다. 5월 8일 히데요시는 요시히사의 항복 청원을 받아들이고 영지의 일부를 인정했다.

> 선발대 10만여 기, 시마즈의 영역인 카고시마 부근을 공략하여, 차례차례 방책을 쌓고는, 쇼군(히데요시)의 명령을 기다렸다. 시마즈의 대신들이 상의하여 지금 히데요시의 위용이 홍수폭포가 되어 떨어지는 것과 같다. 이르는 곳마다 항복하지 않는 자가 없고, 공격하는 곳마다 넘어가지 않는 곳이 없다. 이 예봉을 피하여 가문의 대를 이을 것을 꾀하는 것이 좋겠다. 시마즈의 중신 이쥬인(伊集院)은 히데요시 동생 히데나가에게 달려가서, 주군 시마즈 요시히사의 목숨을 살려주실 것을 일념으로 청원했다. (『太閤記』 245쪽)

'홍수폭포'처럼 밀려오는 히데요시의 대군에 더 이상 저항할 수 없다고 보고, 시마즈의 중신들이 항복을 청원하는 장면이다. 히데요시로부터 항복을 허락한다는 연락을 받자, 시마즈 요시히사는 히데요시에게 사례하러 복명했다.

> (시마즈의 부하가) 돌아와서, (히데요시가) 항복을 받아주겠다고 한 것을 요시히사에게 보고하자 모두 기뻐하였다. 그래서 시마즈 요시히사가 머리를 깍고, 출가한 자의 옷을 입고 히데요시가 머물고 있는 타이헤이지(泰平寺) 절에 가는 모습은, 모든 것을 단념한 모습이었다. (주군의) 죽음에 동반하려는 자 6~7인도 출가한 자의 검은 옷을 입은 모습이다. 참으로 남자다운 스무 살쯤 되어 보이는 시종 한명을 데리고서, 타이헤이지 절에 이르러 작은 방에 대기하는 가운데, 곧 배를 가르겠다고 다짐하는 모습으로 보였다. (『太閤記』 246쪽)

시마즈 요시히사는 히데요시가 항복을 받아주겠다고 하자, 타이헤이지 절에 머물고 있는 히데요시에게 사례하러 간 것을 기술한 것이다. 이때 시마즈 요시히사는 자결할 각오를 하고, 또 따라 죽을 부하까지 데리고서 간 것이다. 그러나 히데요시 군이 큐슈에 출진하기 전부터 큐슈의 군사가 항복했기 때문인지, 시마즈를 할복시키지 않고 사면해 주었다.

그런데 히데요시가 큐슈를 정복하는 과정에서 그동안 우대했던 선교사들을 추방하는 사건이 일어났다. 선교사 프로이스는 히데요시가 큐슈를 정복한 목적이 시마즈의 항복을 받기 위한 것이 아니라 크리스챤을 탄압하기 위한 것이었다고 하고 있다.

> 충분한 근거에 입각하여 말할 수 있는 것은, 이 독재자가 이번에 강력하고 절대적인 군사력으로 큐슈에 집결한 것은, 사쓰마의 영주와 싸우기 위해서가 아니었다. 왜냐면 그는 승리를 하고나서, 그들 영지

는 거의 변동이 없이 평온무사하도록 허락하고 있기 때문이다. 그런 반면 그는 그 악의와 계략의 창끝을 성스런 복음의 선포, 전능한 제우스, 그 성스런 가르침 그리고 크리스챤 종단에 겨눴다.
(『일본사』 4권 212쪽)

프로이스는 히데요시 군대가 큐슈에 출동한 것은 시마즈 세력과 전쟁을 하기 위해서가 아니라, 크리스찬을 탄압하기 위한 것이라고 하고 있다. 히데요시는 큐슈 남쪽까지 행차하여 시마즈의 항복을 받아들인 다음 귀로에 올라, 6월 초 큐슈 북쪽 하카타(博多) 항에 돌아와 큐슈의 영지 배분 등 전후처리를 했다. 히데요시는 하카타 항에서 가까운 하코자키에서 전후처리를 하는 가운데, 갑자기 크리스챤 선교사의 추방령을 내렸다. 프로이스는 히데요시가 선교사들을 우대하다가 이때 갑자기 추방하게 된 과정을 자세히 그려냈다.

선교사들은 히데요시가 큐슈에 출진하는 것을 알고, 그와 면담할 기회를 엿보았다. 히데요시가 큐슈 내륙으로 남하하자, 선교사 일행은 히데요시를 만나기 위해 나가사키(長崎)를 출항했다. 이들은 히데요시 해군함대의 보호를 받으며 남쪽 쿠마모토(熊本)로 향했다(『일본사』 4권 172쪽). 그리고 쿠마모토 남쪽에 있는 야쓰시로(八代)에서 히데요시를 면담할 수 있었다. 선교사 일행이 히데요시를 면담하러 가는 도중 전쟁포로들이 감금되어 처형을 기다리는 상황을 목격했다.

야쓰시로 성에는 불교 승려가 섞인 남녀노소 다수가 수용되어 있었다. 관백은 성체 축일의 전날, 그리고 축일에 그들 전원을 계급에 따라 3곳의 감옥에 나누어 수용하도록 했는데, 그 수가 만오천명에서 이만명이라고 한다. 이들은 그때까지 관백에 적대했던 시마즈의 부하들이었기 때문에, 어떤 자들은 자신의 불운과 역경을 슬퍼하고, 눈물을 흘리며, 불행한 운명을 떨면서, 곧 다가올 참수를 기다리고 있었다.

> 그 때 한 수도사가 그들이 있는 감옥을 지나다가, 간수에게 수용되어 있는 사람들을 보기를 청하자 쾌히 허락했다. 그는 감옥에 수용되어 있는 많은 불교 승려들을 주목했다. 그들도 수도사를 보고는 교회 사람인 줄 알고서는, 몹시 슬픈 눈물을 흘리면서, 두 손을 들고 만일 가능하다면 부관구장이 자신들을 불쌍하게 여기고, 이 극도의 역경에서 자신들을 구해주도록 관백 님에게 청원해 주도록 수도사에게 부탁했다. (『일본사』 4권 178~179쪽)

프로이스 일행이 지나가자, 수용소의 포로들 가운데 특히 불교 승려들이 히데요시에게 자신들을 탄원해 달라고 부탁한 것이다. 히데요시는 선교사를 접견하고 자신의 과업을 자랑하고, 또 후에 중국을 침략할 생각을 밝히면서, 이들에게 의견을 묻기도 했다(4권 181쪽). 선교사 일행은 다른 것은 젖혀두고서 전쟁 포로들을 살려달라고 히데요시에게 청원하였다.

> 부관구장은 큐슈의 크리스챤 종단을 위해서, 관백에게 몇 가지 원조를 부탁할 셈이었는데, 이미 시간도 늦고, 게다가 관백은 다른 많은 용무가 있었기 때문에, 다른 일은 일체 나두고, "전하, 전하의 군주로서의 관대함과 위대함으로 저곳에 묶여있는 사람들을 용서해 주십시오" 하고 말하고, 자신에게 이 불쌍함을 부탁해주도록 한 불교 승려들을 특히 지명했다. 사제는 이 한 가지 일에 모든 것을 맡겼다. 이것이 만일 실현된다면, 우리의 적대자 사이에까지, 예수회에 대한 평가를 높이고, 크리스챤 종단에 대한 호평을 받을 수 있는 것이었다. 관백은 만족한 기분으로 "선교사들이 애써서 청하니까, 그들을 용서하기로 하지, 돌아가면서 그들에게 곧 모두 석방될 거라고 말해도 좋소" 하고 대답하고 그대로 실행했다. 우리는 이렇게 해서 돌아왔다. (『일본사』 4권 183~184쪽)

선교사들은, 일본 선교 활동중에 기회 있을 때마다 선교에 방해가 되는 승려들을 개종시키고자 했지만, 자신들의 능력을 보일 기회로 삼기 위해 히데요시에게 살려달라고 청원한 것이다. 히데요시는 이들 선교사들의 말을 받아들이고 승려들을 용서했다. 선교사들은 히데요시의 비호를 받고 있음을 알릴 수 있는 좋은 기회였던 셈이다.

선교사 일행은 야쓰시로에서 히데요시와 충분히 면담할 시간이 없었기 때문에, 다시 면담하기 위해 하카타 항으로 향했다. 이들은 히라토에서 8일, 그리고 하카타 항에서 7일 등 장기 체류하면서 히데요시를 다시 대면할 기회를 기다렸다.

선교사 일행이 1587년 6월 14일(양력 7월 19일 일요일) 후스타 선을 타고 하카타 항에 대기하고 있을 때, 히데요시가 부하들과 함선을 타고 있다가, 예정에 없이 후스타 선에 올라왔다.

> 사제들은 한 방을 준비하고 관백을 그곳으로 안내했다. 그들은 여기서 관백 및 동행한 무장들에게 약간의 과자를 제공하고, 약간의 레몬즙, 생강, 그리고 약간의 포르투갈 포도주를 선물로 가지고 가도록 했다. 그는 먹지 않고, 두세 번 반복해서, 내 적이 독을 혼입할 두려움이나 의심이 있기 때문에, 그것들을 자신에게 가져올 때는 모두 봉인해서 가져오도록 충분히 주의하라고 말했다. 그리고 그는 두 번 후스타 펌프를 조작하게 했다. 그는 식품 저장소로 쓰는 배 바닥에 내려가서 구경하고, 배안 구석구석을 순찰했기 때문에 후스타 선에서 그가 보지 않은 곳은 없었다. 그는 방으로 들어가자고 손짓하고, 코에리오 선교사 및 동행한 무장들을 불러, 사제들과 장시간에 걸쳐 이야기 하고, 극히 흥미있고 만족하게 환담했다. 그는 포르투갈어에 관해서 질문하고, 그 말을 일본 문자로 쓰게 하고는, 부하들에게 들리게 발음하고 다시 반복했다. 그리고 두세 번 나는 선교사의 제자다 하고 농담을 했다.
> (『일본사』 4권 195쪽)

히데요시가 예정에 없이 포르투갈 선에 올라타서 보인 관심과 행동을 통해서 우리는 히데요시의 기민하고 호기심에 가득찬 성격을 보게 된다. 그는 새로운 것을 이해하고 받아들일 수 있는 영민함을 갖추고 있었던 것이다. 포르투갈어를 묻고 이를 따라하고서 자신은 선교사의 제자라는 농담까지 하고 있다. 이때 히데요시는 기분이 좋았던지, 각지에서 보내온 많은 뇌물 가운데서 가까이 있던 식료품을 모두 후스타 배에 옮겨 싣도록 했다. 또 하카타 항 좋은 자리에 교회를 짓도록 허락했다.

그리고 다음날 선교사 일행이 하카타 항에서 가까운 하코자키 신사로 히데요시를 예방할 때에도 히데요시의 시동들이 몰려와 크리스챤에 대한 관심과 호기심을 보였다. 이들은 융숭한 식사와 황금찻잔으로 차를 대접 받은 후 안에서 히데요시를 면담했다. 선교사들은 이날 방문도 아무런 문제없이 히데요시의 환대 속에 무사히 마쳤다.

그리고 나서 이틀 후에 크리스챤 영주이고 히데요시의 부하였던 타카야마 우콘(高山 右近)이 후스타 선에 와서 "제우스의 사업은 항상 악마의 방해를 받는 법입니다. 나는 곧 악마가 크게 방해하고 반격해올 것이라고 생각합니다"는 말을 하고난 다음날, 악마의 일이 현실이 되어 히데요시의 크리스챤 탄압이 있게 되었다고 하고 있다. 그리고는 프로이스의 히데요시에 내한 증오가 표출되고 있다.

> 그는 키가 작고, 또 추악한 용모의 소유자이고, 한 손은 6손가락이었다. 눈은 튀어 나오고 중국인처럼 수염이 적었다. 남자 아이에도 여자 아이에도 복이 없고, 빈틈없는 책략가였다. (중략) 그는 심상치 않은 야심가이고, 그 야망이 여러 악의 근원이 되어, 그를 잔혹하고 질투가 많고, 불성실한 인물, 또 기만자, 허언자, 앞뒤가 안맞는 인물이 되게 했다. 그는 매일 불의와 횡포를 마음껏 저질러 만인을 경악시켰다. (『일본사』 4권 203쪽)
>
> 나이가 이미 50이 넘었는데 육욕과 품행이 난잡하기 짝이 없고, 야망과 육욕이 그로부터 정상적인 판단력을 빼앗아 갔다고 생각된다.

이 극악한 욕정은 그칠 줄 모르게 그의 전신을 지배하고 있었다. 그는 관청 안에 영주들의 어린 딸들을 3백 명이나 거느리고 있을 뿐 아니라, 곳곳의 성에도, 또 다른 많은 처녀들을 두고 있었다. 그가 여러 고을을 방문할 때, 주요 목적의 하나는 예쁜 처녀를 찾아내는 것이었다. (『일본사』 4권 204쪽)

여기에는 히데요시에 대한 증오의 감정이 나타나 있다. 히데요시의 용모가 추악하고 또 손가락이 여섯이라는 것, 그리고 또 품행이 난잡하고 색욕이 강한 야비한 성품을 지적하고 있다. 프로이스는 히데요시의 크리스챤 탄압의 주원인을, 크리스챤 여자들의 저항으로 인한 참소 때문으로 그렸다.

관백은 하카타에 있을 때, 그 늙은 사악한 조언자 세야쿠인 젠슈(施藥院 全宗)에게, 아리마(有馬)에 가서, 기량이 좋고, 또 신분이 있는 집 딸들을 탐색해서 연행하도록 말했다. 그런데 아리마 주민의 대부분은 크리스챤이어서, 그는 자신이 본 몇 명의 부녀자들로부터 강경한 저항을 받았다. 이들 부녀자들 가운데 어떤 자는 정결을 서약하고 있었고, 또 어떤 자는 양심의 가책과 제우스의 공포심에서 그러한 관백의 명령에서 벗어나려고, 눈물을 흘리며 가능한 저항을 시도했다. 그러자 노인은 격앙했다. 원래 그는 뿌리부터 크리스챤의 적이었는데, 이번 기회를 잡고는 자기가 전권을 넘겨받은 아리마에서, 뒤에 관백이 일본에서 선교사를 전원 추방하고, 기성 크리스챤 종단을 전멸하도록 있는 힘을 다하겠다하고 공공연히 말했다.
(『일본사』 4권 205~206쪽)

히데요시의 의원이었던 젠슈가 크리스챤을 참소한 것으로 그려내고 있다. 젠슈가 아리마에서 크리스챤 여자들을 징발할 때 여자들이 저항하는 것을 보고, 이를 기회로 평소에 증오했던 크리스챤을 참소하였다고 하고 있다.

한편 프로이스는, 크리스챤 탄압의 원인을 일본 종교를 방해한 것 때문이라는 히데요시의 말을 전하기도 한다. 선교사들은 히데요시 부인을 통해서 크리스챤 탄압을 되돌려 보려고 노력했다. 히데요시 부인이 아무런 이유도 없이 선교사를 추방했다는 말을 꺼내자, 히데요시는 역정을 내면서, "그렇지 않아, 크리스챤 신도들은 일본의 모든 종교에 대해서 방해가 되기 때문에, 나는 그들을 추방하도록 명령한 것이다"라고 하고 있다(『일본사』 4권 253쪽).

프로이스는 6월 19일자 크리스챤 추방령의 조문을 다음과 같이 싣고 있다.

천하 주인의 결정 사항

1. 일본은 신들의 나라이므로 크리스챤 나라에서 온 악마의 가르침을 설파하기 위해서 선교사들이 건너 온 것은 심히 사악한 일이다.
2. 이들은 일본 여러 고을에 와서 자신들 종파의 신도를 만들고, 신과 부처의 사원을 파괴하는데, 이런 일은 이전에 들어본 적이 없다. 천하의 주인이 큰 고을 작은 고을의 봉록을 내리는 것은 그 당시에 한하는 것이다. 그들은 천하의 법 및 결정사항을 조금도 어기는 일 없이 준수해야 한다. 그런데도 사람들이 절과 신사를 파괴하는 소요를 일으키는 것은 처벌받아야 한다.
3. 크리스챤이 자신들의 뜻을 따라 그 고상한 지혜의 법대로 행동한다면 그들은 일본법을 파괴한 것이 된다. 그러나 이것은 몹시 부정한 일이기 때문에, 나는 선교사가 일본에 머물러서는 안 된다고 결정한다. 따라서 오늘부터 20일 이내에 그들은 신변을 정리하여, 자국으로 돌아가야 한다. 만일 이 기간 중에 그들에게 해를 가하는 자가 있다면 벌을 받을 것이다.
4. 포르투갈 배가 상거래로 오는 것은, 그것과는 다른 것이니까 아무런 방해없이 허용한다.
5. 앞으로 상인뿐 아니라 인도에서 오는 어떤 사람들도, 신이나 부처의 가르침을 방해하지 않는 한 자유롭게 일본에 올 수가 있다. (『일본사』 4권 215~217쪽)

히데요시는 일본은 신의 나라인데, 크리스챤 선교사들이 신불을 훼손한 것을 지적하고 추방령을 내렸다. 그렇지만 상거래는 허용한다는 것이다. 이때의 히데요시의 크리스챤 추방령의 원인을 놓고 아직도 여러 가지 논란이 이어지고 있다. 이 내용으로 본다면 히데요시가 크리스챤을 추방한 것은 크리스챤의 일본종교에 대한 배타성을 감지한 히데요시가 추방령을 결정한 것으로 보인다.

그동안 선교사들은 각지에서 전란이 이어지는 상황에서 크게 세력을 확장할 수 있었다. 오다 노부나가의 뒤를 이어 히데요시도 서양의 신무기나 기술을 도입하여 많은 혜택을 입었다. 그러나 무력으로 전국이 장악되어 가자, 일본이 신국(神國)임을 내세우고 선교활동을 탄압한 것이다. 크리스챤 추방령이 내려지자, 히데요시를 측근에서 보좌했던 크리스챤 영주들 다수는 종교를 버리고, 오히려 크리스챤 탄압에 앞장섰다.

그런 가운데서 주목이 되는 인물은 훗날 조선 침략 선봉에 섰던 히데요시의 부하 코니시 아고스치이노(小西 行長)이다. 프로이스는 추방령이 내리자 숨어 지내면서 크리스챤들의 활동을 격려하는데, 코니시가 배교하고 하루아침에 달라진 것을 알았다. 프로이스는 목숨을 걸고 코니시를 회개시켰다. 코니시는 회개했지만 여전히 폭군 히데요시의 하수인에 머물면서 부와 권력을 누리기에 바빴다.

크리스챤 탄압이 이루어지자 종교적 양심을 선택한 인물은 타카야마 우콘(高山 右近)이다. 히데요시가 배교명령을 내렸을 때, 그는 지위를 버리고 신앙을 선택하고 추방을 당하였다. 그는 일본 전국의 피폐한 삶속에서 진정한 종교인의 길을 추구한 것이다.

그 때 타카야마 우콘은 다음과 같이 말했다. 일본에서 전쟁에는 통상적으로 5천명 내지 만명이, 단지 악마를 사랑하고 사소한 세속적 이익을 얻기 위해서 목숨을 버린다. 그것도 그들만 죽는 것이 아니라, 그 가족 전원이 유린되고, 파멸되고, 적의 마음대로 처분을 받는다. 현재 우리가 직면하고 있는 것은, 그 악마와의 싸움이 아닐까. 이 싸움에서 죽는 것은, 크리스챤과 함께 승리자가 되는 것이고, 이 덕행으로 그리스도 가족인 일본교회는 비호되는 것이다. (『일본사』 4권 263쪽)

그는 현실을 정확히 판단하고 진정한 종교인의 길을 추구했다. 선교사 프로이스는 타카야마 우콘을 훌륭한 크리스챤으로 형상화하고 있다. 종교적 신념에 따라 지위와 권세를 버릴 수 있는 위대한 인간을 조형해 낸 것이다. 히데요시의 크리스챤 추방령은 다음 시대에 비하면 혹독하지 않아서, 타카야마는 동료들의 도움으로 살아가고 있었다. 토쿠가와 막부가 강력한 크리스챤 추방령을 내렸을 때, 타카야마 우콘은 1614년 62세의 나이에 필리핀으로 추방되어 다음해 그곳에서 생을 마감하였다.

9. 취락정에 천황 영접

히데요시는 큐슈를 복속하고 돌아와서 오사카 성으로부터 취락정(聚樂亭)으로 이사했다. 취락정은 쿄토의 궁정 옆에 새로 지은 히데요시의 저택으로 둘레가 3천보나 되고, 주변에는 해자를 파는 등 성곽의 형태를 갖추었다. 1586년 2월에 공사를 시작하여 이듬해 9월에 완공되었다. 히데요시가 이곳에 입주하고 나서 이듬해에 천황을 영접했다.

일본은 무사들이 현실정치를 전담하면서부터 천황은 실권이 없는 상징에 불과했다. 전국의 혼란한 사회 속에서는 곤궁한 삶을 지탱해야 하는 비참한 처지에 놓이기도 했다. 오다 노부나가는 천황으로부터 관직을 받는 것을 사양했기 때문에 천황가는 더욱 곤궁한 생활을 견뎌야만 했다. 히데요시는 이렇게 몰락에 처한 천황가를 이용하여 자신의 권력을 극대화 하고자 했다.

히데요시는 1586년 6월 오오기마치(正親町) 천황을 양위시키고, 손자인 17살의 고요제이(後陽成) 천황을 승계시켰다. 그리고 코노에(近衛前久) 대신의 딸을 자신의 양녀로 삼아서 천황에게 시집보냄으로써 천황의 장인이 되었다. 천황가로서는 몰락해가던 상황에서 히데요시의 비호를 받으면서 활기를 되찾은 것이다.

히데요시는 1588년 4월 14일부터 18일까지 5일간 천황을 영접하는 행사를 대대적으로 거행하였다. 히데요시의 천황 초청은 아시카가 막부 초기에 있었던 전례를 따른 것이다. 히데요시는 전국 통일 기운이 굳어졌다고 보고, 천황의 권위를 이용하여 자신의 자리를 확고히 하고자 했다.

천황이 취락정에 행차한 내용이 히데요시의 서기가 편찬한 전기 작품의 「취락정 임금행차기」와 프로이스의 『일본사』에 전하고 있다. 전자가 히데요시의 선전을 위한 내부의 기술인데 비해, 후자는 히데요시에 대한 비판적인 시각에서 기술한 것이다. 이들 두 기록은 각각 히데요시를 보는 각도가 서로 다르지만, 양쪽 다 행사를 세세하게 그려내서 보여준다.

히데요시가 이 행사를 치른 목적에 대해 두 기록은 흥미있는 대조를 보여준다.

먼저 히데요시의 서기가 편찬한 전기 작품의 내용을 보자.

> 무릇 오랜 옛날 하늘 열리고, 거치른 땅 시작된 이래 신대(神代)의 세월 대개 기록이라 해도 그 역수가 분명치 않다. 인황(人皇)의 시작, 진무(神武) 천황 병진 년부터 1588년 무자 년인 지금까지, 성주 109대, 성상 2237년, 조정의 정치는 넝쿨처럼 이어졌다. 훌륭한 신하는 소나무 잎처럼 떨어지지 않았다. (중략) 그런데 관백 태정대신 히데요시 공은, 나이 어린 지난날부터 용맹은 사람을 뛰어넘고, 지략은 세상에 뛰어나, 동쪽 오랑캐를 평정하고, 서쪽 오랑캐를 토벌했는데, 문무를 겸비하여서 위를 우러르고 아래를 불쌍히 여겼다. 그래서 하늘에 바람이 조용해지고 사해의 파도가 잠잠해졌다. (중략) 그러자 임금이 행차하셔야 한다고 해서, 취락(聚樂)이라고 이름을 짓고, 저택을 마련하여 사방 3천보에 돌을 쌓아 산같이 만들었다. 누각문은 철기둥을 세운 철문이고, 누각은 별을 따온 것 같이 높고, 전각은 하늘에 치솟았다.
>
> (『天正記』 102~103쪽)

'문무를 겸비'한 히데요시가 사방의 적을 평정하고, 세상을 안정시키자, 이를 축하하기 위해 오래 전해온 천황을 자신의 저택에 모시게 된 것을 기술하고 있다. 그리고 취락정의 웅장함을 그려냈다.

프로이스는 히데요시가 천황을 취락정에 모신 의도를 이렇게 그려낸다.

> 이 폭군은 다른 어떤 것보다도 뛰어나게 자신의 권력과 위업을 과시하고자 하고, 또 자신의 명성이 사람들의 큰 박수와 상찬 가운데 영구히 남기를 바라고, 전쟁 및 잇단 각지의 동란으로, 5백년 가까운 이전부터 잊혀졌던, 일본 왕가의 몇 개인가의 고귀한 행사를 갱신하려고 결의했다. 그리고 이런 것들 모두는, 히데요시의 종전보다 더 커진 존대한 오만 및 신이나 부처와 같이 사람들로부터 예배를 받고 싶은 욕망에서 기획되고 생각해낸 것이었다. 이런 것들 중의 하나가 임금의 행차, 즉 국왕을 위안하려고 그 궁전에서 외출하는 행사를 치른 것이다. (『일본사』 5권 28쪽)

히데요시가 자신의 '권력이나 위업을 과시하고' 또 '존귀한 오만 및 신이나 부처와 같이 사람들로부터 예배를 받고 싶은 욕망'에서 이 행사를 기획해 냈다고 하고 있다.

그러면서 프로이스는 취락정의 화려한 모습을 이렇게 그려낸다.

> 히데요시는 지금 교토에 새롭게 쌓은 성과 여러 저택이 있는 같은 담장 내부에 천황이 행차하기 위한 몇 개의 전각을 짓도록 했다. 그는 이들 전각에 은 기둥과 철문을 만들게 하고, 또 금을 칠한 많은 방들 사이에, 특히 내부를 잘 꾸미려고, 금은으로 새긴 호화롭기 짝이 없는 한 집, 그리고 극히 진귀하고, 굉장히 청결하고 조화를 살린 정원을 만들게 했다. 폭군은 그들 전각과 성채에 취락, 즉 모든 기쁨과 즐거움이 모이는 곳이라는 명칭을 부여했다. (『일본사』 5권 29쪽)

히데요시가 천황을 맞이하기 위한 집을 극히 화려하게 꾸미게 하고, 또 정원을 단장한 것을 그려낸다. 그러면서, 취락의 의미를 '모든 기쁨과 즐거움이 모이는 곳'이라고 하고 있다. 전쟁으로 지새고, 착취당하는 백성들의 삶과 유리된 폭군만을 위한 공간임을 비판한 것이다.

히데요시 서기가 편찬한 전기 작품에는 이 때의 행사를 자세히 일정별로 그려내고 있다. 벚꽃이 피는 때를 골라 날을 잡았다. 4월 14일부터 일정을 잡은 이 행사는 원래 3일 동안 개최할 계획이었으나 5일간으로 연장했다. 14일은 히데요시가 부하들과 함께 천황을 영접했다. 15일은 천황에게 식읍과 돈을 바치고, 그리고 부하들에게 맹서문을 작성하게 했다. 16일에는 궁정귀족과 무사들이 함께 와카를 짓는 모임을 가졌다. 17일에는 만세악(萬歲樂) 등 무악을 연주하는 행사가 있었다. 18일은 환송 행사가 있었다.

한편, 선교사 프로이스도 천황의 행차를 어딘가 군중 속에서 바라보고 나서, 다른 전해들은 이야기와 함께 자세히 그려냈다. 폭군의 과장된 위용을 비판적으로 바라본 것인데, 그 문체는 사실적이면서 생생한 현장감을 전해준다.

먼저 프로이스가 그려낸 내용을 살펴보자. 6천명의 병사들로 삼엄한 경비가 펼쳐지는 가운데, 히데요시가 취락정에서 1.5킬로미터 떨어진 궁궐까지 천황을 영접하러 갔다.

> 선두에는 진홍 색 옷을 입은 70명의 기마인이 나아갔다. 그들은 챙이 없는 모자를 왕관처럼 머리에 얹었고, 소매는 넓고 길었으며, 중국풍으로 만든 관리들의 옷을 입었다. 말 옷은 모두 진홍색 비단으로 만들었고, 광택이 많이 났고, 흑칠한 위에다 섬세한 금으로 도금을 한 안장과 등자를 달았다. 모두가 두 손으로 큰 지팡이 같은 것을 들었는데, 마치 유럽의 궁정무관을 생각나게 했다. 이들 각각은 20명의 가신을 대동했는데, 6명은 흰색이었고, 나머지는 전신에 검은 옷을 걸쳤다. 이 사람들의 직책은 군 사령관, 재무 담당 관리, 사카이 대관 등이었다.
>
> 두 번째로 정연하게 이어진 것은 궁중에 봉직하는 귀족들이고, 머리위에는 이상한 표장을 달고 있었다. 이들은 중국 고관들이 쓰는 귀를 덮는 모자를 쓰고, 손에는 터키 활 같은 작은 활을 들었고, 허리에는 화살을 약간 차고 있었다. 이 사람들도 말을 타고 있었는데, 옛날식으로 많은 인원들이 수행했다.
>
> 세 번째로는 영주나 직책이 있는 무장들이 나아갔다. 이들도 똑같이 70명이고, 모두 카라오리라는 화려하고 훌륭한 의복을 걸치고 있었다. 이들은 각각 2백명 내지 3백명의 가신을 대동하고 있었고, 말 옆에는 고삐를 잡은 흰옷의 젊은이가 있었다.
>
> 네 번째로는 천황의 친척이든지 궁중 고관을 맡은 승려들을 위해 아름답게 채색한 17대의 가마가 지나갔다.
>
> 다섯 번째로는 좋은 재질로 만든 15대의 하얀 가마가 지나갔는데, 궁중 부인들 용이었다. 이들 가마마다 훌륭하게 차려입은 15명의 호위 무사가 따르고 있었고, 가마를 어깨에 메는 사람들은 소매가 굉장히 넓고 긴 검은 옷을 걸치고 있었다.
>
> 여섯 번째로는 큰 두 마리 소가 지나갔는데, 이들 소에는 관백의 문장을 새긴 옅은 붉은 색 천이 덮여있었다. 소다리를 덮은 천은 진홍색 비단으로 짜여 있고, 소고삐도 똑같았다.

일곱 번째로는 전부 검게 칠한 바퀴가 달린 수레가 지나갔다. 이들 바퀴들은 거울처럼 빛났다. 이 수레들은 앞서 가는 두 마리 소와 마찬가지로 훌륭하게 장식된 한 마리 소가 끌고 있었다. 소뿔과 귀는 금박이 입혀져 있고, 뿔은 많은 실국화나 장미 등 비단으로 만든 조화가 장식되어 있었다. 수레 주변에는 극히 아름답고 정교하게 만들어진 엷은 주렴이 드리워져 있고, 안에는 아름답게 꾸며진 수레 한 대가 있고, 안쪽에는 극히 향기롭고 기분 좋은 향이 피워져있어서, 지나가자 향기가 퍼졌다. 그리고 그 가마 안에는 마치 우상처럼 오만하기 짝이 없는 폭군이 앉아 있었다. (『일본사』 5권 30~31쪽)

히데요시가 천황을 영접하기 위해 취락정에서 궁궐로 가는 모습이다. 프로이스는 군중속 어딘가에서 세밀하게 이 내용 하나하나를 놓치지 않고 관찰하고 있다. 인간뿐만이 아니라 말이나 소 등 짐승까지 온갖 화려한 치장을 하고 천황을 맞으러 가는 모습을 그려내고 있다. 그리고 '오만하기 짝이 없는 폭군' 히데요시가 향을 피운 수레에 앉아 있는 모습을 발견해냈다.

프로이스는 천황을 영접한 히데요시 일행이 취락정으로 돌아가는 모습도 생생하게 그려냈는데, 여기서 히데요시의 영접을 받아 취락정으로 가는 천황을 포착했다.

32대의 가마가 일렬로 늘어서 아주 폭이 넓은 곧은 도로의 한쪽을 지나가고 나서, 도로 양쪽으로 굉장한 숫자의 궁정에서 일하는 귀부인들이 걸어서 나아갔다. 그녀들은 기모노 옷을 훌륭하게 차려입고 있었다.

그 바로 뒤에 천황을 실은 가마가 지나갔다. 그것은 호렌(鳳輦)이라고 불리고, 멋지게 꾸며져 있는데, 주위에는 선명한 자수가 새겨진 보라색 비단 장막이 쳐져 있었다. 이 가마는 다른 가마처럼 어깨에 메지 않고 손으로 운반했다. 그 가마 주위에는 80명의 궁정귀족 및 다른 많은 귀인들이 따랐다.

천황 가마 뒤쪽에 가장 명예로운 자리를 차지하고 앞서 말한 수레를 탄 폭군이 지나갔다.

> 천황과 관백이 지나갈 때 이 행렬을 보려고 각지로부터 쿄토에 운집한 사람들은 수를 셀 수 없었다. (『일본사』 5권 32쪽)

이렇게 히데요시는 온갖 화려함과 격식을 갖추고 천황 일행을 취락정에 맞이했다. 히데요시 서기가 편찬한 전기 작품에 의하면 히데요시는 행사 이틀째인 15일날 천황에게 많은 식읍과 선물 등을 바쳤다. 그리고 히데요시의 부인과 모친도 천황에게 선물을 바치고 있다. 다음날 일본 전통시가인 와카(和歌) 모임을 개최한 날에도 황금 등 선물을 바치고 있다.

프로이스는 취락정 안에서 이루어진 일을 어떻게 알았는지, 히데요시가 천황 및 궁정 귀족들에게 영지와 함께 많은 선물을 보낸 것을 목록까지 자세히 그려내고 있다. 또한 히데요시가 부하들에게 천황을 배반하지 않도록 혈서를 써서 맹서하도록 한 것까지 기술하고 있다.

> 폭군은 천하의 5명의 장수, 토쿠가와 이에야스, 오다 노부나가의 아들 노부카쓰, 우키다 히데이에, 동생인 히데나가, 조카인 히데쓰구 등이 늘어서 있는 어느 금으로 칠해진 넓은 방에 나타나 짧은 연설을 했다. 여기서 히데요시는, "나의 목숨은 얼마 남지 않았다. 나는 이곳에 늘어서 있는 5명 가운데 한 사람이 천하의 주인이 되어야 한다고 생각한다. 따라서 임무를 맡은 자가 누구이든 간에, 천황을 전일본의 절대 군주로 존숭하고 받들어 모시도록 각별하게 배려해주기 바란다. 이점을 앞으로도 의심하지 않도록, 각자 팔의 피를 뽑아서 지금 말한 것을 쓰도록 하라"고 말했다. 그래서 그들은 명령대로 했다.
> (『일본사』 5권 33~34쪽)

히데요시가 부하들이 천황을 배반하지 않도록 혈서를 쓰게 한 것이다. 히데요시 서기가 편찬한 전기 작품에는 이 혈서 내용과 서명한 모든 부장들의 이름이 기록되어 있다. 여기에는 히데요시의 명령을 거역하지 않는다는 내용과 이 약속을 일본의 모든 신들 앞에 맹서한다는 내용이 포함되어 있다. 여기에는 먼저 서명한 4명의 부장들 이외에도 23명의 장수가 서명한 것을 기록하고 있다(114-116쪽).

히데요시 서기가 편찬한 전기 작품에 실려 있는 셋째 날의 와카(和歌) 모임을 살펴보자. 일본 고대부터 전해진 와카는 궁중의 공식 문학행사로서 개최되어 왔다. 전국의 혼란한 시대상황에서도 천황을 중심으로 하는 궁중귀족들은 각박한 현실과는 동떨어진 언어로 자연의 아름다움을 읊어왔다.

이날은 비가 내리는 가운데 문학행사가 진행되었다. 문학행사에 참석한 것은 천황, 히데요시, 왕후들, 귀족들, 무장이었는데, 이들의 와카 총 99수가 수록되어 있다. 이날 행사에는 참가자들이 지은 와카를 취합해서 낭송하는 모임도 가졌다. 치세의 경사스러움을 문학으로 표현한 판에 박은 찬사가 하루 종일 이어졌다. 이중에서 천황과 히데요시의 와카를 살펴보자.

소나무 경축으로 읊은 와카 (천황)

특별히 오늘/ 기다린 보람 있구나/ 소나무 가지에/
대대로 이어온 약속/ 걸어서 보이면서

여름날 취락정에 임금이 행차 하셨다. 같은 소나무경축으로 읊은 와카 (히데요시)

많은 세월/ 임금행차에/ 익숙해져야지/
초록 나무 높은/ 처마의 옥 같은 소나무

이날 와카의 주제는 '소나무의 경축'이었다. 소나무라는 일본어 마쓰(松)는 기다림을 나타내는 마쓰(待)와 발음 같아 두 가지 뜻을 함유한다. 또한 변함없이 푸르른 소나무는 천황가를 상징하는데, 일설에는 신이 소나무에 깃드는 것을 떡 버티고 서서 기다리는 것을 나타낸다고 한다.

첫 번째 천황의 와카는 히데요시의 초대로 행차하게 된 기쁨을 읊은 것이다. 그리고 히데요시는 이런 경사스러움이 오래도록 이어지기를 기원하고 있다. 히데요시는 천황이 궁궐로 돌아간 다음날 19일에도 3수의 와카를 지어서 천황과 상황에게 보냈고, 그리고 답가를 받았다.

이날 와카 문학 모임은, 전쟁으로 지새던 무장들과 궁정귀족들이 한자리에서 모인 아름다운 자리였다. 그러나 이들이 지은 시가의 내용은 극히 판에 박은 찬사에 머물러 있다. 전쟁으로 지새던 현실 상황과 무관한 자연의 아름다움으로 세상을 칭송하는 내용만을 담아냈다. 여기에는 인간들이 전쟁의 고통스런 참상을 넘어서, 가꾸어야 할 새로운 세계에 대한 비전이 담겨져 있지 않다.

히데요시가 화려하게 꾸민 취락정에 천황을 초빙하여 5일 동안 거행한 행사에서 화려함의 극치를 보았다. 많은 사람들은 이 행사를 통해 히데요시가 누린 부귀영화의 절정을 부러워한다. 하지만 폭군의 이러한 사치는 바로 사람들의 고통으로 돌아온 사실을 잊어서는 안 된다.

곧이어 히데요시는 오만한 군주가 되어, 관동 지역 복속에 나섰고, 또 대륙 침략에 나섰다. 그 때마다 천황은 뒤에서 환송하며 손을 흔들고 있었다. 이러한 히데요시와 천황의 관계 때문에, 메이지(明治) 유신으로 천황이 정치에 복귀했을 때 맨 먼저 히데요시를 풍요를 주재하는 풍국신(豊國神)의 자리에 복권시켰다. 히데요시를 영웅으로 앞세우고 세계 침략에 나섰던 일본은 패망했다. 그러나 작금에 히데요시 영웅관은 더욱 확산되고 있어 심히 우려가 된다.

10. 관동 복속 전국 통일

히데요시가 교토의 궁정 옆에 자신의 저택으로 지은 취락정(聚樂亭)에 천황을 영접하고는, 전국 각지의 영주들로 하여금 천황을 받들고 자신에게 충성을 맹서하도록 했다. 천황의 권위를 빌려 무가 권력의 정점으로서 자신의 지위를 확고히 하고자 한 것이다. 각지의 영주들이 와서 히데요시에게 복종했으나, 관동 지역의 호죠 우지마사(北條 氏政)는 직접 상경하지 않고 동생을 보냈다.

이를 기회로 히데요시는 1589년 12월에 선전포고를 하고, 다음해 2월부터 군대를 파견하여 동쪽 정복에 나섰다. 이미 히데요시의 군사력은 관동 지역의 호죠 세력과는 비교할 수 없을 만큼 격차가 있었기 때문에 특별히 위협이 되어서 공격한 것이 아니었다. 큐슈 출진과 마찬가지로 대군을 이끌고 자신의 위용을 과시하기 위한 정복이었다.

히데요시는 자신의 출진에 앞서서, 큐슈(九州) 지역을 제외한 전국 각지 군사를 동원하여 3로로 나누어 진격시켰다. 토쿠가와 이에야스(德川 家康), 오다 노부카쓰(織田 信雄) 등 관동 지방과 가까운 영주들을 선봉에 세워 곧장 동쪽으로 공략하게 하고, 우에스기 카게카쓰(上杉 景勝) 등 에치고, 시나노 등 북쪽 지역 군사는 후지산을 북쪽으로 돌아서 남하하면서 공략하게 하고, 서쪽 시코쿠(四國), 츄고쿠(中國)의 수군 병력은 태평양 연안을 따라서 공략하게 했다.

히데요시는 이번 전쟁에서 오와리의 오다 노부카쓰, 미카와의 도쿠가와 이에야스 군을 주력부대로 삼아 선봉에 세웠다. 3년전 큐슈 정복 때에 큐슈에서 가까운 츄고쿠(中國), 시코쿠(四國) 세력을 주력부대로 앞세운 것과 마찬가지 전략이었다. 그런데 히데요시는 중부지역의 군사를 먼저 동쪽으로 출진시키고 나서, 그곳에는 서쪽 츄교쿠(中國) 지역 군사를 배치시켰다.

모오리 테루모토(毛利 輝元)에게 쿄토의 방비를 맞기고, 코바야카와 타카카게(小早川 隆景)에게 오다 노부카쓰의 키요스(淸洲) 성을 맡기고, 킷카와 모토하루(吉川 元春)에게 토쿠가와 이에야스의 오카자키(岡崎) 성을 맡기고 있다(『카와스미 타이코키』 369~370쪽). 히데요시가 이렇게 오다 노부카쓰의 성과 토쿠가와 이에야스 성을 서쪽의 무장들에게 맡긴 것은 히데요시 자신의 안전을 확보하기 위한 사전 조치라고 프로이스는 다음과 같이 말하고 있다.

> 그런데 이 관동 호죠의 고을에 가기 위해서는, 아무래도 호죠의 장인이고 다섯 고을의 영주인 이에야스라는 한명의 강대한 이교도 무장의 영지를 통과하지 않으면 안 되었다. 또 그 근처에는 노부나가의 아들 노부카쓰라는 다른 영주가 있었다. 이 두 명은 관백을 따르고, 그에게 항상 인질을 맡겼다. 일본의 다른 모든 무장들과 마찬가지로 스스로 일정한 시기에 관백에게 나아가 공순하게 예를 표하고는 있었지만, 위의 무장들은 항상 서로 동맹을 맺고 있었다. 그러나 관백은 아주 교활했기 때문에, 이 두 사람의 무장으로부터 자신의 안전을 확보하고 난 이후가 아니면 호죠를 공격하려고 하지 않았다.
>
> (『일본사』 5권 41쪽)

치밀한 히데요시가 오다 노부카쓰와 토쿠가와 이에야스를 관동 지역 정복의 선봉에 세우면서, 이들의 영지에 서쪽 군사들을 배치하는 책략을 쓴 것이다. 관동 지역의 호죠 우지마사(北條 氏政)는 오다 노부카쓰의 고모부였고, 그 후계자인 호죠 우지나오(氏直)는 토쿠가와 이에야스의 사위였다. 이런 인척 관계를 이용하여 이들이 함께 배반할 수 있는 것을 사전에 차단한 것이다. 서쪽 무장들로 하여금 선봉장들의 거성을 지키게 하면서 자연스럽게 그 가족들을 볼모로 확보할 수 있었던 것이다.

히데요시 자신은 1590년 3월 1일 교토에서 천황의 환송을 받으면서 애첩들을 거느리고 군주와 같은 행차로 출진 했다. 이날은 3년 전 큐슈를 복속하러 출진할 때와 같은 날이다. 연도에 구경꾼이 운집하여 환송하는 가운데 관동(關東) 지역 복속을 위해 출진하는 히데요시의 모습을 보자.

> 히데요시 공은 3월 교토를 출발하셨다. 그날 모습은 수염을 만들어 붙이고 이를 검게 물들였다. 허리에 찬 칼 등도 모두 젊어 보이도록 꾸몄고, 측근들까지 색다르게 꾸민 모습을, 말로 다할 수 없다. 각자 모두 꾸민 것이 굉장했기 때문에, 교토 사람은 말할 것도 없고, 나라, 사카이, 오사카 등에서도 구경하러 모여들었다. 이들이 막을 쳐놓고 구경하자, 히데요시 공이 기분이 좋아 보이셨다. (『太閤記』 308~309쪽)

이때 54세인 히데요시가 당시 귀족들이 하던 풍습대로 이를 검게 칠하는 등, 젊고 화려하게 분장하고 출진하는 모습이다. 히데요시가 자신의 출진하는 모습을 구경하기 위해 멀리서부터 사람들이 모여들자, 기뻐하는 모습을 그리고 있다.

호죠(北條) 세력은 100여 년에 걸쳐 관동 지역을 장악한 호족세력이었다. 이들은 후지 산, 하코네 산 등 험난한 지형의 동쪽에 위치한 오다와라(小田原) 성과 주변 성채에 5만 여명을 거느리고서 히데요시의 22만 명의 대군을 맞이하였다. 호죠 세력은 히데요시 대군을 맞아 완강하게 저항하였지만, 4방에서 포위망을 좁혀 들어오는 장기전에 견디지 못하고 결국 4개월여 만에 항복했다.

히데요시의 일본 전국 통일의 마지막 전투가 된 이 오다와라(小田原) 전투에 관해서도 그의 전기 작품들은 영웅적인 모습을 그려내고 있다. 먼저 히데요시의 서기가 편찬한 전기 작품은 호죠 세력이 임금의 명령을 따르지 않아 정벌하게 된 경위를 이렇게 밝힌다.

> 여기에 호조 우지나오(北條 氏直)는 하늘 아래 살면서 칙명을 두려워하지 않고, 끝내 복명하지 않고, 자기 마음대로 하기 때문에, 쇼군이 빨리 교토에 올라와 복명하라고 재삼 명령했는데도, 동생인 우지노리를 대신 보내고 끝냈다. (『天正記』 141쪽)

호조 우지마사와 장남 우지나오가 히데요시의 거듭된 명령에도 직접 상경하지 않고 동생만 보내고 끝낸 것을 출정 이유로 들고 있다. 『타이코키』도 히데요시 서기가 편찬한 전기 작품 내용을 그대로 살리고 더욱 살을 붙이고 있다.

> 우지마사 근년에 몇 개 고을을 다스리고 맹위를 떨치면서, 조정의 은혜를 두려워하지 않고, 무가의 명령을 중시하지 않았다. 제후가 역할을 다하지 않기 때문에, 히데요시는 정도(政道)가 쇠퇴한 세상을 바로 잡으려고, 사신을 보내 "상경하여 예를 갖추는 것이 도리이다. 여러 고을을 다스리면서 임금 은혜를 모르는 것은 사람으로 할 일이 아니다" 하고서 이치와 의리를 밝혀서, 여러 번 간청했다. 하지만, 먼저 하코네 산의 험한 지형에 의지하고서, 먼 이곳까지 오지 못하겠지 하고 생각했는지, 간청에 따르는 것은 흉내만 내고 실질이 없었다. 그렇다고 안가겠다고는 하지 않고, 무가의 명령에 따를 것인지 말 것인지 하면서 교묘히 말을 하면서 세월을 보내면, 그러다가 좋은 일이 있겠지 하고 생각했다. (『太閤記』 306쪽)

여기서도 호조 우지마사가 상경하여 천황에게 예를 갖추라고 하는 히데요시의 누차에 걸친 간청을 무시하고 차일피일 미룬 것을 정복하게된 이유로 들도 있다.

히데요시 군은 하코네(箱根) 산 남쪽의 야마나카 성과 니라야마 성을 먼저 공격했다. 그리고 나서 험로인 하코네 산을 넘어, 소운지

(早雲寺) 절을 본진으로 하고서, 오다와라 성에 가까운 이시가키(石垣) 산에 공격용 요새를 쌓았다. 이곳 성채는 히데요시가 일찍이 노부나가의 부하로 쌓았던 스노마타 성채와 같은, 또 다른 하루밤에 완성했다는 일야성의 전설이 있는 곳이다.

히데요시의 대군에 밀린 호죠 군은 4월 1일 오다와라 성으로 들어가 농성했다. 히데요시는 오다와라 성을 포위하고 느긋하게 장기전을 펼치는 한편, 엣츄의 마에다 토시이에(前田 利家) 등을 후지산 북쪽으로 해서 오른쪽으로 남하하면서 호죠의 지성들을 함락하고 포위망을 좁혀들도록 하고 있었다.

대군이 오다와라 성을 포위한 가운데, 히데요시가 장기전에 지치고 무료해진 부하들을 위로하는 내용이 『타이코키』에 다음과 같이 그려져 있다.

> 장마비는 날마다 그치지 않고 있는데, 전군이 아무 일도 없이 지쳐 있었다. 히데요시 공이 들으시고는, 빠른 유행가를 부르고 춤을 추도록 하자, 상하가 모두 기분이 좋아져서는, 몇 년이 걸린다고 해도 어찌 힘들다고 하겠소 하고 여기저기서 이야기를 했다. 어떤 때는 찻집을 만들어 아주 비싼 찻주전자에 차를 넣어서, 이에야스 경을 청하고, 대접할 사람으로 호소카와(細川), 유우코(由己), 차명인인 리큐(利休) 등을 부르고, 어떤 때는 노부카쓰 경, 타다오키, 우지사토, 카게카쓰, 타키가와 등을 부르고, 마에하로 하여금 차를 대접하게 하고, 16~7세에서 20세 되는 처녀들로 봉사하게 하였다. 여러 명주로 흥을 돋우고, 젊은 처녀들에게 술잔을 들리고는, 유행가를 불러라 하고 말씀하셨다. 마에나미가 나서서 한곡 부르겠습니다 하고, 구성지게 불러대니 모든 사람들이 더욱 흥이 나서 장기전 고생이 없어진 듯, 즐거워 하는 것을 전하가 보시고, 일어나서는 '춤을 춰라 춤을 춰' 하고 말씀하시자, 4~5명이 일어나 춤을 추자, 향기가 아주 좋은 금부채를 10개쯤 꺼내서 주시자, 더욱 향기가 퍼지고, /돈도로 돈도로 / 도로로 하는 솥도/ 끓어 넘치네/ 끓어 넘치네/ 세게 끓어 넘치네/

하고 노래하자, 솥뚜껑도 끓는 듯 박자를 맞추는 듯 했다. 참으로 흥겨웠다. (『太閤記』 319~320쪽)

히데요시가 장기전에 지쳐 있는 병사들 흥을 돋우고 위로하는 장면이다. 그가 부장들을 불러 차를 대접하게 하고, 술, 여자, 노래, 춤을 추며 함께 떠들고 노는 모습이다. 히데요시가 이미 군주와 같은 권력을 장악했으면서도, 전장에 지친 부하들을 위로하고 격려하기 위해 격의 없는 놀이를 하고 있는 모습이다.

이미 절대 군주가 된 히데요시가 전장에서 부하들과 어울려 노는 모습에서, 많은 일본 사람들은 그의 서민적인 모습을 발견하고 즐거워 한다. 이 전투는 양쪽의 전력의 차이로 인해 이미 승패가 결정난 것이나 마찬가지 싸움이었기 때문에, 히데요시는 부하들과 술판을 벌이고 놀 수 있었다. 하지만 수많은 인간이 죽어가는 전쟁을 일으킨 장본인이 하늘을 두려워하고 근신하기는 커녕 즐기고 있었다는 것은, 그가 전쟁을 일종의 놀이처럼 여기고 있었다는 것을 알 수 있다.

히데요시의 대군이 오다와라 성을 겹겹이 포위하자, 호죠 군이 더 이상 지탱하지 못하고 항복하는 모습을 히데요시 서기가 편찬한 전기 작품은 다음과 같이 그려내고 있다.

그런데 쇼군(히데요시)은 오다하라 근방의 소운지란 절에 깃발을 세우시고, 적의 형세를 보시고는, 성을 에워쌀 것을 지시하시자, 각각 밤낮없이 공격용 방책, 흙담, 해자를 만드는데 몇 겹인지 몰랐다. 그런데 할당받은 작업, 전달병, 순찰병을 엄하게 하여, 한 마장에 10개씩 횃불을 피우니, 새까만 어둔 밤도 대낮처럼 보였다. 그 빛은 다만 온 하늘의 별 같았다. 이렇게 하자 관동의 여러 성들도 다투어 힘이 빠져서 서로 뒤질세라 항복했다.(중략) 우지나오가 생각하기를

> 세상은 이미 말세에 이르러, 욕망이 의를 앞서고, 태만이 경애를 앞서게 보인다. 사악한 부하가 곧은 신하를 앞서고, 띠풀이 곡식을 앞서는 형국이다. 그래 그래 결국 악한 마음을 뒤집어 목숨을 살리는 것이 낫겠다 하고 동생 쥬로를 불러서 이야기하자, 참으로 그게 좋겠다고 동의하니, 아버지 우지마사도 모르게, 살며시 성 밖으로 나와 오다 노부카쓰의 부하에게 부탁하여 목숨을 살려달라고 애원하는 것이 불쌍했다. (『天正記』 143~144쪽)

이 내용은 오다와라 성이 히데요시의 대군에 포위되어 와해되어 가는 성안 사정을 그려낸 것이다. 성안에서 모반이 일어나 더 이상 견딜 수 없다고 판단한 호죠 우지나오가 아버지 우지마사와 상의도 없이 히데요시 쪽에 항복을 애원한 것으로 그리고 있다.

그런데 히데요시는 오다와라 성을 포위한 가운데 여러 가지 책략으로 성안의 모반을 유도한 것을 『타이코키』는 보여준다. 히데요시는 호죠 우지마사의 부장인 나리타가 렌가(連歌)를 좋아하고 또 자신의 부하와 친분이 있는 것을 알고 그와 내통하도록 한다. 그리고 나서 나리타의 모반사실을 그의 주군인 호죠 우지마사에게 알리도록 했다.

또한 『타이코키』에는 호죠 우지마사의 중신인 마쓰다(松田 憲秀)가 히데요시 쪽과 내통하고는 아들들을 설득하여 주군인 호죠를 배반하도록 한 내용을 소개하고 있다. 마쓰다는 주군인 호죠 우지마사를 측근에서 수행하고 있는 둘째 아들을 불러서 모반하자고 다음과 같이 설득한다.

> 다음날 둘째 아들 사마노스케를 은밀히 불러 말했다. "근년 우지마사 우지나오 부자가 나에게 해준 것이 없음을 너도 잘 알 것이다. 하지만 때를 놓치면 분만 쌓일 뿐이다. 그래서 역모를 꾸며서, 내 울분을 씻어주기 바란다" 사마노스케 듣고는 눈물을 풀풀 흘리면서 말하기를, "아버

지는 호죠 가의 대대의 중신으로 막대한 땅을 받고, 업무를 관장하고, 일문일족이 그 은혜를 입고 있음을 관동 지방에서 모르는 사람이 없습니다. 비록 어쩔 수 없는 원한이 있다고 할지라도, 이번 일은 의리가 아닙니다. 바라건대 생각을 단념하시는 것이 좋겠습니다" 하고 간하니, 마쓰다는 "면목도 없고 할 말도 없다. 이 이상은 죽는 수밖에 없다" 하고 칼을 손에 들자, 사마노스케가 막으면서 말했다. "그렇게까지 생각하신다면 어쩔 수 없습니다" (『太閤記』 334~335쪽)

호죠 우지마사의 중신인 마쓰다가 자식들을 불러 모반하자고 설득했다. 그러자 주군을 측근에서 모시는 둘째 아들이 반대했지만, 아버지의 뜻이 완강한 것을 알고, 일단은 모반에 동의를 했다. 그러나 둘째 아들은 아버지가 거사하기로 한 6월 17일 이전에 아버지의 모반을 주군에게 보고하고 만다.

또한 히데요시는 호죠의 다른 성에서 붙잡은 농성병사들의 가족을 이용하여 오다와라 성의 병사들을 압박하는 심리전을 펴기도 했다.

하치오지(八王子) 성에서 잡은 포로가 많았는데, 히데요시 공이 본진으로 데려오도록 했다. 무쓰노카미가 3,500명 군사로 오다와라 성에서 농성하는 여러 병사들의 부모 처자들을 배 5~6척에 싣고 오다와라 항을 지나는데, 바다쪽으로 배치한 병사들이 하치오지 군사로 보였다. 어제 23일 낙성한 성에 있던 누구의 부모, 누구의 처자 하고 2백 명쯤 실명 가명을 큰 소리로 외쳤다. (『太閤記』 331쪽)

호죠 세력의 주력군이 오다와라 성으로 들어가 농성하고 있는 사이에, 토쿄(東京)의 서쪽에 있는 하치오지(八王子) 성이 북쪽에서 남하하는 군사들에게 점령당하고 가족들이 인질로 붙잡힌 것이다. 히데요시는 오다와라 성에 들어 있는 병사들의 가족들을 배에 싣고와서 성아래에서 시위를 벌이도록 하고 있다. 히데요시는 험난한 지형을 의지하고 농성하고 있는 오다와라 성을 무리하게 공격하지 않고 다양한 책략과 심리전을 펼치고 있다.

오다와라 성은 이렇게 대군을 이끌고 성을 포위한 히데요시군의 책략과 모반으로 무너졌다. 당시 일본의 전쟁은 특별한 명분이 없었다. 부하들은 단지 주군에 대한 의리로 주군을 위해 목숨을 바치고 싸우지만, 주군의 능력이 미치지 못할 때에는 언제든지 이반할 수 있었다. 전쟁에 패배한 성주만 죽고 나면 다른 사람들은 아무런 문제가 없이 새로운 주군을 모시고 충성을 다할 수 있었다.

4개월 남짓 지속된 히데요시의 관동 정복은 호죠 우지마사의 항복으로 마감했다. 히데요시는 이들의 항복을 받아들여 호죠 우지마사(北條 氏政)와 그 동생 우지테루(氏照)를 7월 10일 할복시키고, 우지마사의 아들 우지나오(氏直)는 살려주었다.

히데요시 부하가 편찬한 전기 작품은 호죠의 항복과 최후를 다음과 같이 그리고 있다.

> 쇼군(히데요시)은 그들의 쌓인 악행이 다 셀수 없을 정도이기에 꼭 부하들까지 모두 죽여야 한다는 뜻을 밝히고, 살려주지 말도록 분부하셨다. 우지나오가 이것을 듣고, 더욱 상심하여 머리를 깎든지, 목숨을 바치든지 두려워하지 않고, 부하들까지도 부끄러워하지 않고 달려나왔다. 히데요시가 이것을 들으시고 그렇다면 우지나오 형제까지는 살려주고, 우지마사와 동생 우지테루는 목을 보시겠다고 해서, 분부하니 어느덧 자해하는 것이 서럽구나.
>
> 우지마사 배를 가르려고, 손을 씻고 입을 헹구고는 벼루를 당겨서 임종게를 이렇게 적었다.
>
> 우지마사 지금 스이모 검을 잡고
> 건곤을 가르고 태허로 돌아간다

이렇게 써두고 칠월 어느날 저녁, 나이 52세로 배를 가르고 사라졌다.
(『天正記』 143~144쪽)

『타이코키』는 호죠 우지마사 형제의 자결을 더욱 슬픈 모습으로 그려냈다. 그리고 이 임종게와는 다른 우지마사의 임종가 두 수와 동생 우지테루의 임종가 한 수를 싣고 있다.

우지마사
비구름/ 덮은 달도/ 가슴의 안개도/
걷어내다오/ 가을 바람
내몸은 지금/ 사라지려는데 어떻게/ 생각하지/
공에서 와서/ 공으로 돌아가니

우지테루
하늘 땅/ 맑은 속에서/ 태어나서/
원래의 집으로/ 돌아 가네 (『太閤記』 338쪽)

히데요시는 1590년 7월 13일에 오다와라 성에 입성했다. 그는 전후처리를 하면서 오다 노부카쓰와 토쿠가와 이에야스의 영지를 다른 곳으로 바꾸었다. 이에 반발한 오다 노부카쓰는 영지를 빼앗고 유배 보냈다. 노부카쓰의 영지인 오와리와 키타이세 다섯 고을은 자신의 조카이며 후계자로 지목한 히데쓰구에게 주었다. 히데요시는 더 이상 노부나가의 부하였다는 사실에 구애되지 않았다.

토쿠가와 이에야스(德川 家康)의 본래 영지도 히데요시 측근에게 넘겨주고 관동지방으로 이주시켰다. 이들을 좀더 외곽으로 이동시켜 후환을 줄이고, 또한 오랜 영지주민과의 유대를 끊기 위한 전략이었다. 여기서 영지를 동쪽으로 이동한 토쿠가와 이에야스는 현재의 토쿄(東京) 중심지에 있는 에도(江戶) 성을 쌓았다.

히데요시는 오다와라 성을 함락하고 나서 동북지방을 유유히 행차한 이후 9월 1일 교토에 돌아왔다. 장장 6개월에 걸친 대장정이다. 히데요시는 여기서 100여 년간 이어진 전국(戰國)을 통일한 것이다. 오랫동안 전국 각지에서 실력에 의해 서로 빼앗고 죽이는 전쟁이 끝나고 평화의 길이 열릴 수 있게 되었다. 일본 전국시대에 기만적인 책략과 무력만이 아니라 인간을 고양시킬 수 있는 진실한 이념이 갖추어져 있었다면 평화가 찾아올 수도 있었다.

V. 대륙정복의 꿈

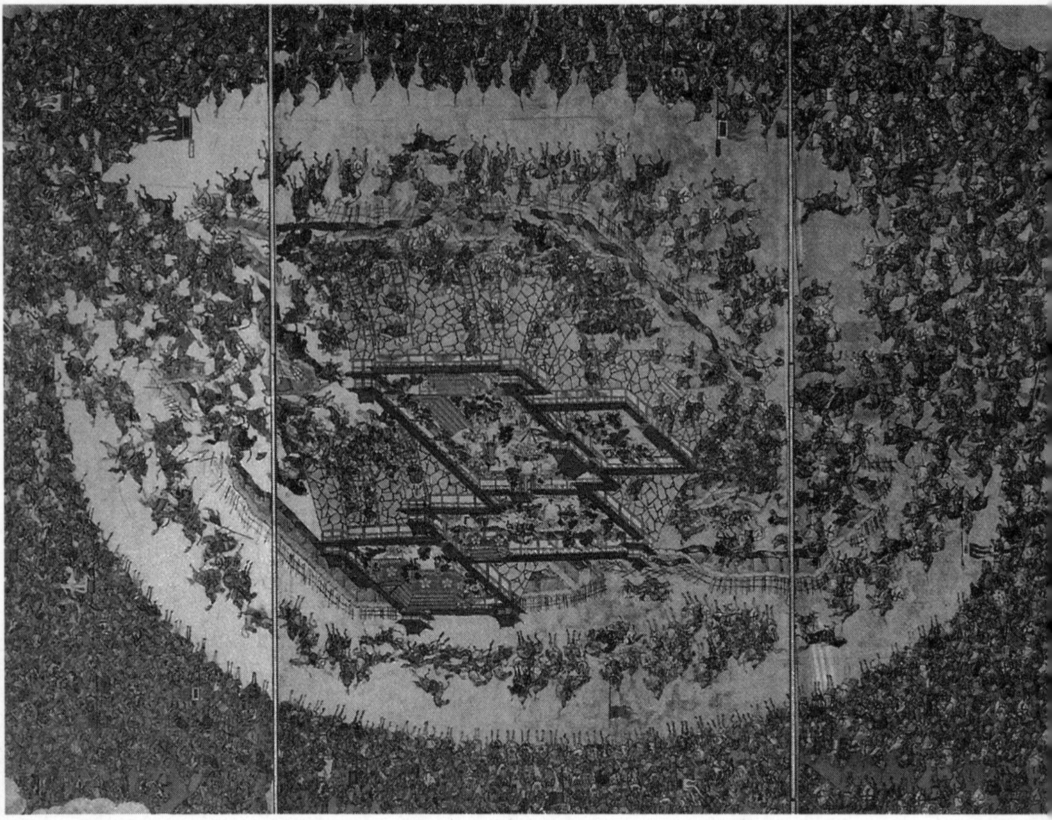

정유재란 때 명나라와 조선의 대군이 울산성의 카토 키요마사 군을 포위한 모습의 병풍 그림.
전기 작품이 그려낸 백만 대군에도 굴하지 않는 키요마사의 용맹성을 과장함.

1. 끝없는 정복욕

히데요시는 일본 전국을 통일하자 바로 대륙 정복에 나섰다. 일본 내 전쟁에서 승리자가 된 히데요시는 이미 오만한 군주가 되어 있었다. 그는 전쟁으로 인간의 생명을 죽이고 재물을 빼앗는 것을 한 번도 반성해 볼 기회가 없었다. 힘이 있으면 서로 죽이고 빼앗는 것이 당연시 되던 당시 일본의 풍토에서 측근들 누구도 히데요시에게 평화의 이념을 제시해주지 못했다.

그는 하나의 전쟁이 끝나기 전에 다음 전쟁을 준비하는 치밀함이 있었다. 히데요시는 조선을 침략하기 훨씬 전부터 이미 대륙 침략을 구상하고 있었다. 1586년 5월 일본 예수회 부관구장 일행을 오사카 성에 영접한 히데요시는 이들을 극진히 환영하는 가운데 대륙 침략 의도를 밝혔다.

> 나도 선교사 여러분들이 한 가지 일에 전념하고 있는 바와 같이, 이미 최고의 지위에 이르렀고, 일본 전국을 복속했기에, 더 이상 영지나 금은을 획득하고 싶은 것은 없고, 그밖에 어떤 것도 갖고 싶지 않다. 단지 나의 명성과 권세를 사후에 전하고 싶을 뿐이다. 일본 국내를 무사안온하게 통치하고, 그것이 실현되면 일본은 동생에게 넘겨주고, 내 자신은 힘을 다해 조선과 중국을 정복하는데 종사하고 싶다. 그래서 그 준비로 대군이 바다를 건너는 데 필요한 2천척의 선박을 건조하기 위해 지금 목재를 벌채하도록 했다. 또 나는 선교사에게 충분히 장비를 갖춘 두 척의 대형 선박을 알선해주기 바라는 외에는 원조를 구할 생각이 없다. 그리고 그 '나우' 배를 무상으로 받을 생각은 없다. 뱃값은 말할 것도 없고, 그 배에 필요한 것들은 일체 대가를 지불할 것이다. 따라오는 포르투갈 항해사들은 숙달된 사람들이어야 하고, 그들에게는 봉록과 은을 지불할 것이다.
>
> (『일본사』 4권 99~100쪽)

히데요시가 이듬해 1587년의 큐슈 복속과 4년 뒤의 관동 복속을 하기 전에, 이미 대륙침략을 위해 배를 건조하는 등 구체적으로 실행하고 있었음을 알 수 있다. 그는 관백의 지위에 올라 최고의 권력과 재력을 갖추었기 때문에, 오로지 '명성과 권세를 사후에 전하기' 위해서 대륙침략에 나설 것임을 밝힌 것이다.

히데요시의 대륙침략 원인에 대해서 오늘날 여러 가지 논의가 있지만, 오만한 군주의 정복야망과 이를 추종하는 무사들의 행동양식에서 찾아야 할 것이다. 전국시대 일본에서는 힘이 있으면 상대를 복속하고 빼앗는 것이 당연한 일로 여겨졌다. 당시 일본 국내의 전쟁의 공훈을 기록한 종군기 작품에서 정의를 세우기 위한 전쟁을 의식한 것을 아직까지 보지 못했다. 오로지 주군의 명령에 복종하고 죽음으로 은혜에 보답할 뿐이었다. 약탈 전쟁으로 인한 인간들의 고통이나 비애는, 패배한 자의 당연한 과보로 여겨졌다.

히데요시는 서양 선교사들에게 대륙 침략 구상을 밝히고 난 1년 뒤에, 큐슈 출진 중에도 같은 내용을 밝히고 있다. 히데요시가 큐슈 남쪽의 쿠마모토의 야쓰시로에서 선교사들에게 다음과 같이 대륙 침략 구상을 밝히고 의견을 물었다.

> 그는(히데요시) 일본 전국을 평정하여 질서를 세우고 나서, 대량의 선박을 건조시켜서 20만 내지 30만 명의 군사를 이끌고 중국으로 건너가, 그 나라를 정복할 생각인데, 포르투갈 인들은 이것을 즐거워하는지 어떤지 하고 물었다. 그리고 이 물음에 대한 포르투갈 인들의 대답을 듣자, 관백은 더 이상 없을 만큼 아주 기뻐하는 모습을 보였다. 주위에 있던 제후나 중신들은 관백의 의향을 조금이라도 어기지 말아야지 하고 부단히 신경을 쓰고 있고, 이러한 그의 제안은 절대적인 찬사로 받아들여져서 환성과 갈채를 받았다. (『일본사』 권4, 181쪽)

히데요시는 자신의 대륙침략 의향을 선교사들과 부하들 앞에서 밝히고 어떻게 생각하는지 물었다. 가볍게 큐슈를 복속하여 승리에 도취해 있던 분위기에서 히데요시가 대륙을 침략하겠다고 하자, 부하들이 함성을 지르고 환호했던 분위기를 전해준다.

히데요시는 쿠마모토에서, 시마즈 씨가 항복한 다음날 대마도 소오 요시토시(宗 義智, 1568-1615)로 하여금 조선을 침략하는데 충성을 다하라는 서신을 보냈다. 다음 달 후쿠오카에 머물면서 큐슈의 전후 처리를 할 때에, 당시 20세의 소오 요시토시를 대마도 도주로 앉히고, 코니시 유키나가(小西 行長)의 딸 마리아와 결혼시켜 대륙 침략에 진력하도록 했다.

이로부터 두달이 지난 1587년 9월에 소오 요시토시는 가신인 타치바나 야스히로(橘 康廣)를 일본국왕사로 분장시켜 조선에 보내 통신사를 요청했다. 전례에 의한 통신사는 평화우호 사절이었지만, 이번 통신사 요청은 조선 복속을 요청한 것이나 다름없었다. 이 때 일본 사신의 행동이 예사롭지 않았음을 류성룡은 『징비록』에서 기록하고 있다. 타치바나는 조선이 전쟁에 대한 대비가 없는 것을 보고는, 곧 멸망할 것을 예언하기도 했다. 전쟁으로 지샌 일본의 경험에 비춰서 조선의 문약한 모습을 보고 몰락을 예견한 것이다. 이 때 대마도의 통신사 요구를 조선은 거절했다.

히데요시는 관동 지방에 출진하기 1년 전인 1589년 3월에 조선의 복속을 독촉하고 있다. 이 명령을 더 이상 지체할 수 없었던 소오 요시토시는 대조선 외교를 위해 쿄토에서 내려온 승려 겐소(玄蘇)를 정사로 꾸미고, 스스로는 부사가 되어 조선에 와서 통신사를 요청했다. 소오 요시토시의 필사적인 요청에 조선은 통신사를 파견하기에 이르렀다. 통신사는 히데요시가 관동 지방 복속에 나선 1590년 3월에 정사 황윤길, 부사 김성일, 서장관 허성이 서울을 출발하였고, 그리고 4월에 부산에서 배에 올랐다.

통신사가 쿄토에 도착한 것은 7월 22일이었는데, 히데요시는 이 때 관동지역의 오다와라 성을 함락하고 전후 처리를 하고 있었다. 히데요시는 동북지방을 유유히 행차한 후에 9월 1일 쿄토에 돌아왔다. 그리고 통신사가 히데요시를 접견한 것은 11월 7일이다.

유성룡의 『징비록』은 통신사가 히데요시를 접견하고 관찰한 것을 기록하고 있다.

> 수길은 얼굴모양이 못생기고 빛이 거무스름했다. 보통 사람과 아무런 다른 점이 없었다. 그러나 오직 눈썹 속에 샛별 같이 빛나는 안광만은 사람을 뚫는 것 같은 느낌을 주었다 한다. 그가 앉아 있는 자리를 보면, 삼중석을 만들어 남쪽을 향해 앉았으며, 사모를 머리에 얹고 검은 도포를 입었다. 그 옆에는 신하 몇 사람이 벌려 앉았다가, 우리 사신들을 안내하여 자리를 정해주었다. 좌중에는 아무런 연구(宴具)도 준비되어 있지 않고, 다만 방 가운데 탁자 하나가 놓여 있었다. 그 위에 떡 한 그릇을 놓고, 항아리에서 술을 따랐는데, 그나마도 탁주였다. 이것은 도저히 남의 나라 사신을 대접하는 범절이 아니었다. 그것도 겨우 두어 순배에 지나지 않아 파하곤 하는 것이었다.
>
> 그들은 또 절하는 것이나 읍하는 것으로 인사 절차를 밟으려 하지 않았다. 수길은 자기 자리에 잠시 앉았다가 안으로 들어가는 것이 보통이었다. 이럴 때는 좌중에 있던 사람들이 하나도 움직이지 않고 그대로 앉아 있었다. 조금 있다가 한 사람이 편복을 입은 채로 어린애 하나를 안고 나와서 마루 안을 돌아다녔다. 자세히 쳐다보니 이가 곧 수길이었다. 이것을 보고서도 좌중사람들은 그대로 앉아서 부복할 뿐이었다. 이윽고 수길은 난간을 의지해 앉더니 우리나라 악공을 시켜서 여러 가지 음악을 들었다. (『징비록』 20쪽)

통신사가 관찰한 히데요시를 유성룡이 전해 듣고 기술한 것이다. 히데요시는 전국을 장악하고 나서 사람들의 환호 속에 이미 극도로 오만해진 상태였다. 조선 사신을 접견하는 외교적 행사인데도 불구하고 어린아이를 안고 돌아다니는 등 안하무인격 행동을 관찰한 것이다. 유교적 예법에 익숙해 있던 조선 관리의 눈에는 히데요시의 행동이 오만하고 무례하기 짝이 없는 소인배로 보였음에 틀림없다.

이날 히데요시가 안고 나온 아이는 다음해 8월 3살의 나이로 요절한 아들 쓰루마쓰(鶴松)이다. 53살의 늙은 나이에 처음으로 아들을 낳아 애지중지하던 참이었다. 통신사는 절대적 권력을 가진 자가 이처럼 경거망동하는 모습에 심히 일본을 염려하지 않을 수 없었을 것이다.

히데요시의 무례한 행동으로, 통신사는 목숨의 위험을 느끼고 서둘러 귀국길에 올랐다. 이때 통신사에게 제시한 히데요시의 회답국서는 오만한 언사로 되어 있었다. '대명(大明)에 곧장 들어가서 일본의 풍속을 가지고 중국을 바꾼다든지', '귀국이 먼저 달려서(일본에) 입조하라'는 등 통신사로서는 도저히 가지고 돌아갈 수 없는 내용이어서 수차례 정정을 요구하다가, 목숨이 위태로운 험악한 분위기에서 어쩔 수 없이 귀국길에 올랐다.

통신사는 1591년 3월 일년 만에 귀환했다. 정사 황윤길은 부산에 당도하자마자 곧바로 조정에 긴급 보고를 올려, 일본의 침략이 있을 것을 알렸다. 사안이 중대한 만큼 지체할 수 없었던 것이다. 상경하여 임금에게 복명하였을 때도 황윤길은 부산에 도착하여 보고한 것과 같이 대답했다. 그런데 부사 김성일은 정사와 반대되는 견해를 보고하였다. 일본이 침략할만한 정황을 보지 못했다고 대답한 것이다.

일본의 실상을 목격하고도 이와 같이 상반된 보고를 한 것을 두고 당쟁으로 얼룩진 조선 관료사회의 문제가 지적되고 있다. 부사 김성

일이 일본을 오판한 것은 유교의 왕도정치 이상에서 일본을 바라본 결과이기도 하다. 소인배인 군주가 대군을 이끌고 바다 건너 조선을 침략할 수 없다고 판단했을 것이기 때문이다. 부사 김성일은, 적이더라도 자신보다 힘이 세면 완전히 굴복하고 주군으로 모시는 일본 전국시대 상황을 이해하지 못한 것이다.

통신사가 임금에게 귀국보고를 하고 물러나온 뒤, 유성룡은 같은 동인인 김성일에게 정말로 전쟁이 일어나면 어떻게 하려고 그런 대답을 했는지 물었다. 그러자 "내 어찌 왜인이 틀림없이 움직이지 않는다고 했겠소, 다만 황의 말이 너무 중요해서 세상이 놀랄까 봐서 풀었을 뿐이외다" 하고 대답했다고 한다.

이로부터 꼭 1년 뒤에 히데요시는 이미 진즉부터 계획했던 대로 조선을 침략했다. 일본군이 침략하자 임금은 김성일을 옥에 가두라고 했다가, 번복하여 초유사로 삼아 사람들을 모아 일본군과 싸우도록 했다. 김성일은 일본군을 맞아 싸우다 전사했다. 그가 일본 침략을 예상했더라도 오랫동안 실전 체험이 없었던 조선이, 전쟁에 제대로 대비하기는 힘들었을 것이다. 그러나 김성일은 사안의 중요성을 젖혀두고 임금 앞에서 일본 침략을 부인했던 죄과는 덮을 수가 없을 것이다. 그리고 이런 오판을 하게 된 것이 일본을 제대로 이해하지 못했기 때문임에 틀림없었다.

2. 아들의 죽음

히데요시는 53살이 될 때까지 자식이 없었다. 그는 25살 때 14살인 아내 오네와 결혼하였고, 권력을 장악하고는 여러 처첩들을 거느렸다. 생산 능력이 결핍되지 않았다면 후손을 많이 퍼뜨릴 수도 있었다. 그렇지만 히데요시는 노년에 이르도록 자식이 생기지 않았고, 그래서 주변에서 여러 명의 양자를 받아들였다.

먼저 정략상 상하관계를 유지하기 위해서 양자를 삼은 예이다. 주군 오다 노부나가의 4남 오쓰기 히데카쓰(於次 秀勝, 1568-1585)를 양자로 삼았다. 그리고 서쪽 츄고쿠 지역을 공략할 때 내통한 우키타 나오이에(宇喜多 直家)의 아들 히데이에(秀家, 1572-1655)를 양자로 삼았다. 또 토쿠가와 이에야스의 둘째 아들 히데야스(秀康, 1574-1607)를 양자로 받아들였다.

히데요시가 권력을 장악하고 나서는, 자신의 형제나 아내의 형제에게서 양자를 들였다. 누나의 아들인 히데쓰구(秀次, 1468-1595)를 양자로 받아들여 후계자를 삼았다. 또 히데쓰구의 동생인 히데카쓰(秀勝, 노부나가의 4남이 죽고 나서 동명을 씀, 1569-1592)도 양자로 삼았다. 그는 노부나가 4남 히데카쓰가 죽고 같은 이름을 썼는데, 임진왜란 때 조선에서 대장으로 활약하다 거제도에서 죽었다.

히데요시는 자신의 아들 쓰루마쓰(鶴松)가 죽고 나서, 처남의 아들인 히데토시(秀俊, 1582-1602)를 양자로 삼았다. 그런데 히데요시의 둘째 아들 히데요리가 태어나자, 그의 이름을 히데아키(秀秋)로 바꾸고 코바야카와 타카카게(小早川 隆景)의 양자로 주었다. 그는 정유재란 때 조선에서 대장으로 활약했다.

히데요시는 이렇게 주군이나 협력하는 무장의 아들을 양자로 삼았고, 권력을 장악한 이후에는 자신과 가까운 형제의 자식을 양자로 삼았음을 알 수 있다. 일본에서 오랫동안 극단적인 혈통주의를 지켜온 것은 천황가이다. 천황은 신으로부터 한가지 혈통을 이었다는 '만세일계(萬世一系)' 신화를 지키고 있다. 우리는 히데요시가 막 관백의 자리에 올랐을 때, 자신의 부친을 부정했던 것을 앞에서 보았다.

그런데 자신은 권력을 자신의 혈통을 이은 아들에게 물려주려는 숙원을 갖고 있었다.

이런 숙원이 어떻게 이루어졌는지 알 수 없지만, 히데요시는 노년의 나이에 자신의 아들을 낳았다. 히데요시의 아들을 낳은 요도도노는 여러 작품에서 차차(茶茶)로 불려지는 히데요시의 애첩이다. 요도도노는 오사카 부근의 요도(淀) 성에서 아들을 낳고, 후에 오사카 성으로 옮겨서, 히데요시 후계자의 모친으로 권력을 누렸다.

요도도노는 앞에서 히데요시가 라이벌 시바타 카쓰이에를 몰락시킬 때 살펴보았듯이, 어머니가 오다 노부나가의 누이 동생이다. 그녀의 친부 아사이(淺井 長政)는 1573년 노부나가에게 죽었다. 이후로 그녀는 어머니를 따라 외숙인 오다 노부나가의 보호를 받았다. 노부나가가 죽고 나서 요도도노의 어머니는 노부나가의 중신인 시바타 카쓰이에(柴田 勝家)와 정략 결혼했다. 그러나 카쓰이에가 1년만에 시즈가타케 전투에서 히데요시에게 패배하자, 그녀는 남과 함께 죽었다.

이 때 요도도노는 히데요시에게 입양되었다가 곧 히데요시의 애첩이 되었다. 그녀는 전국시대 무사의 딸로 태어나 기구한 운명의 삶을 살았음을 알 수 있다. 친부를 죽인 외숙의 사랑을 받고 살다가, 또 어머니와 새 아버지를 죽인 히데요시의 애첩이 되었기 때문이다.

그런데 요도도노가 낳은 히데요시 자식은 아무리 생각해도 이상한 자식이다. 여러 명의 히데요시 처첩들 가운데서 딱 한명에게서만 그것도 두 명의 자식이 태어났기 때문이다. 프로이스는 많은 사람들이 히데요시 자식이 아니라고 한 것을 기록하고 있다(『일본사』 5권 183쪽). 그러나 일본 근세의 여러 히데요시 전기 작품들은 이것을 전혀 이상하게 여기고 않고 있다. 히데요시가 살아 있을 때는 그의 권력을 두려워 한 나머지, 발설하지 못했을 수도 있다. 그러나 그의 일족이 몰락하고 나서 이루어진 전기 작품에서도 이에 대해서 아무런 의심을 하지 않는 것은 어떠한 연유인지 알 수 없다.

히데요시가 애지중지하던 쓰루마쓰는 3살 때인 1591년 8월에 죽었다. 그가 노년의 나이에 자식을 얻어 즐거워하다가, 이를 잃고 슬픔에 빠지는 내용은 여러 전기 작품이 다투어 그려냈다.

> 이것도(히데요시 동생이 죽은 일) 잊기 어려운 것으로 한탄하고 있는데, 이어서 세살된 쓰루마쓰 님이 갑자기 돌아가셨다. 50여세에 처음으로 얻어서 총애하시는 것이 대단하셨다. 이것이 꿈인지 생신지 쓰러져서 슬퍼하신다. 어찌할 방도가 없어서 키요미즈(清水) 절에 참배하면 혹시라도 슬픔을 잊을 수 있을까하고 이곳에 3일간 머무셨지만, 자식 생각하는 마음의 어둠은 걷히지 않고 소매엔 눈물의 강을 막을 길이 없었다. 측근들과 크고 작은 중신들이 찾아와서 안부를 묻지만, 슬픔의 위안도 안되고, 근심만 커졌다. 이 때 타이코(히데요시)가 딱 생각이 떠올라서는 측근들을 불러서 말했다. "이렇게 엎드려 잠기고 있으면 슬픔이 그칠 새도 없고, 몸도 약해질 것이다. 일본은 이렇게 손바닥 안에 들어왔다. 히데쓰구에게 천하를 넘겨주고, 대명 나라에 들어가 대명의 왕이 되어야겠다. 거년 조선에서 사자를 보냈을 때, 대명에 들어갈테니까 조선이 선봉을 맡아 달라고 전했는데 아직도 답장이 없다. 그렇다면 먼저 조선에 들어가 조선이 명에 따르지 않으면 쳐부수고, 그리고 나서 대명에 들어가겠다"
>
> (『朝鮮征伐記』 1-8, 1-9)

히데요시가 1591년 2월에 동생이 병사해서 슬퍼하고 있는데, 이어서 9월에 3살난 아들마저 죽은 슬픔을 그리고 있다. 그가 이런 큰 슬픔을 잊기 위해 쿄토 동쪽에 있는 키요미즈 절에 3일 동안 들어가 있다가, 조선침략을 결행할 것을 생각해낸 것이다.

히데요시가 이렇게 동생과 어린 아들이 죽어서 슬퍼하다가 조선침략을 구상하는 내용으로 먼저 그린 것은 『조선정벌기』이다. 이것은

17세기 초반의 유학자 호리(堀 正意)가 편찬한 것인데, 히데요시 전기 작품 가운데서 조선 침략에 관련된 부분만을 다룬 것이다. 호리는 하야시 라잔(林 羅山) 등과 함께 일본 주자학의 개창자가 된 후지와라 세이카(藤原 惺窩)의 네 명의 제자 가운데 한명으로 칭송되는 인물이다.

유학자였던 작자 호리는 히데요시가 이유없이 조선을 정벌한다는 것이 이치에 안 맞는다고 보고, 자식을 잃은 슬픔을 그 이유로 내세운 것이다. 악을 징치한다는 뜻을 갖는 '정벌'이란 용어도 이때부터 나타나고 있다. 여기서 나타난 히데요시의 개인적 불운으로 인한 조선침략은, 오늘날도 히데요시의 조선 침략을 두둔하는 내용으로 이용되고 있다.

임진왜란을 기화로 일본에는 주자학이 급속하게 침투하게 되었는데, 주자학자들은 명분론에 입각하여 히데요시의 조선 침략을 어떻게든 옹호하지 않으면 안 되었다. 또 다른 후지와라 세이카의 제자로, 토쿠가와 막부의 문사를 담당했던 하야시 라잔(林 羅山)도 다음과 같이 히데요시의 조선 침략 이유를 만들어 냈다.

> 히데요시가 말하기를, 고래로 중화가 우리나라를 침범한 것은 자주 있었지만, 우리나라가 외국을 정벌한 것은 진구(神功) 왕후가 서정하여 삼한을 정벌한 후에 천년 동안 없었다. 지금 내가 비천한 데서 나와서 대권을 이었으니 어찌 부족함이 있으랴. 그런데 방금 손안의 구슬이 깨어져서 돌아오지 않는다. 지하에 구슬이 묻혀서 보이지 않는다. 근심이 깊어지면 목숨을 단축할 것이다. 대장부가 어찌 백년의 목숨을 여기에 떨어뜨리겠는가. 히데쓰구(秀次)에게 쿄토의 수비를 맡겨 일본의 일을 장악하게 하고, 나는 장차 대명(大明)에 들어가서 황제가 되겠다. 거년에 조선에 글을 보내 이것을 말했는데, 조선은 지금까지 답을 보내지 않았다. 죄를 묻지 않으면 안 된다.
>
> (『豊臣秀吉譜』 중권 31쪽)

조선 침략 와중에 급속하게 주자학에 심취했던 유학자 하야시 라잔도, 히데요시가 자식이 죽은 슬픔을 잊기 위해 대륙을 정복하고자 결심한 것으로 그려냈다. 그리고 그는 여기에 덧붙여서 중국이 일본을 침략한 적이 많지만, 일본은 진구(神功) 왕후의 삼한정벌 외에는 없다고 하여, 이것을 히데요시의 대륙침략 명분으로 삼고 있다. 히데요시가 대륙을 침략한 것은 과거 침략을 받은 것에 대한 응징이라는 것이고, 또 이미 신화에서 진구 왕후가 복속한 땅 조선의 옛 영토를 되찾는 것이라는 명분을 내세운 것이다.

진구 왕후가 신라 백제 고구려를 복속한다는 내용은 코지키(古事記) 등 일본 신화의 이야기이다. 코지키 신화에 의하면 서쪽에 금은 등 보배가 많은 나라가 있으니 공략하라는 신탁이 내렸다. 이 신탁을 믿지 않는 츄아이(仲哀) 천황은 횡사하였다. 그러자 그 왕후가 임신한 몸으로 신탁을 받아 신라를 정복하러 갔다. 왕후가 신이 가르쳐 준대로 전쟁을 준비해서 배를 띄우고 건너가려고 할 때, 바다에 있는 고기들이 큰 놈, 작은 놈 가릴 것 없이 모두 나와 배를 짊어지고 건너갔다. 그때 순풍이 크게 일어서 배가 파도 사이로 지나갔다. 그러자 그 배가 일으킨 파도가 신라 나라 가운데로 밀고 올라갔다. 이것을 보고 놀란 신라 국왕은 조공을 약속하였고, 왕후는 신라를 말먹이 둔전으로 삼고, 백제를 나루터 둔전으로 삼았다는 내용이다 (『일본신화 코지키』 108~109쪽).

진구 왕후가 임신한 몸으로 신라를 정복하고 돌아와 낳은 자식이 오진(應神) 천황이 되었다. '신의 뜻에 응했다'는 뜻의 이름을 가진 이 천황이 오늘날까지도 일본의 군신(軍神)으로 모셔지고 있는 하치만(八幡) 신이다. 히데요시는 대륙 침략에 앞서서 진구 왕후의 신화에서 비롯된 바로 그 하치만 신의 연기(緣起)를 가져오게 해서 무운을 빌었다.

> 그런데 고려의 서울 바위에 '고려 왕은 일본 개다' 하고, 왕후가 활 끝으로 써두시고, 신라 백제 고려를 3개월 안에 뜻을 이뤄 복속하고, 12월 5일 왕후가 귀환하셨다. 이 연기(緣起) 3권에 그림을 그리게 하시고, 치구젠(筑前)의 시가시마 섬 키치쇼지(吉祥寺) 절에 소장하시고, 12월 14일 부젠의 시오우지(四王寺) 봉우리에 있는 북쪽 암자에서 왕자를 낳았으니, 이분이 지금 세상의 하치만(八幡) 대보살이다. 이번에 타이코 히데요시 공이 중국에 들어가는 출발로, 시가시마 섬에 있는 그 연기를 취락정(聚樂亭)에 가져오게 했다.
>
> (『太閤軍記』 205~206쪽)

이것은 히데요시가 대륙정복을 하러 출정하기 직전에 신화에서 신라를 복속한 하치만 신의 연기를 가져와서 신의 가호를 비는 내용이다. 이 하치만 신의 연기(緣起)는 진구 왕후가 신라(여기서는 고려)를 복속하고 돌아와서 키치쇼지 절에 소장한 것이다.

이 하치만(八幡) 신은 전쟁의 무운을 가져다주는 군신으로 오랫동안 모셔지고 있다. 현재도 일본 각지에 1만 여개의 신사(神社)에 모셔져 있다. 그런데 일본신화 코지키(古事記)』에 의하면 신라를 복속시킨 진구 왕후는 신라왕자 히호코(『일본서기』는 天日槍)의 5대손이라고 되어 있다. 이것이 어떻게 된 사실인지 확인할 길은 없지만, 어떻든 고대 한일 간의 밀접했던 관계를 말해주는 것은 틀림없다.

히데요시의 전기 작품 가운데서는 히데요시가 아들 이름을 하치만으로 부르기도 한다. 1705년에 간행된 한 작품에서는 히데요시가 아들을 너무 애지중지한 나머지 하치만 타로(八幡 太郎)로 이름을 바꾸었다고 하고 있다(『朝鮮軍記大全』 1-14). 또 히데요시 자신도 조선 침략 와중에 죽으면서 신하치만(新八幡) 신이 되기를 희망했다.

히데요시의 대륙 침략 구상은 앞 장에서 살펴본 대로 이미 수년전부터 철저하게 계획된 것이었는데도, 17세기 초반의 일본 주자학자들이 아들의 죽음과 연결시켜 침략 이유를 만들어낸 것이다. 이후로 히데요시의 조선 침략은 아들의 죽음으로 인한 슬픔으로 사려분별이 없는 가운데 이루어진 것이 되었다. 히데요시는 대륙 침략에 성공하지 못하고 패망하였지만, 이것은 그의 개인적 불운과 연결되어 히데요시를 동정하고 영웅성을 옹호하는 논리가 되고 있다.

여기서 나는 히데요시 전기 작품들이 그려낸 자식이 죽어간 슬픔과 이순신 장군이 전장에서 자식을 잃은 슬픔을 그린 일기를 대비해 보지 않을 수 없다. 이순신 장군은 1597년 정유재란 때 셋째아들 면을 잃은 슬픔을 이렇게 적었다.

> 저녁에 어떤 사람이 천안에서 와서 집안 편지를 전하는데, 봉함을 뜯기도 전에 뼈와 살이 먼저 떨리고 마음이 긴장되고 조급했다. 대충 겉봉을 뜯고 열이 쓴 글씨를 보니, 겉면에 '통곡' 두 글자가 씌어 있어 면이 전사했음을 알고, 나도 모르게 간담이 떨어져 목 놓아 통곡하였다. 하늘이 어찌 이다지도 어질지 못하신고. 간담이 타고 찢어지는 듯하다. 내가 죽고 네가 사는 것이 떳떳한 이치거늘 네가 죽고 내가 살았으니, 어찌하여 이치에 어긋난단 말인가. 천지가 캄캄하고 해조차도 빛이 변했구나. 슬프다, 내 아들아! 나를 버리고 어디로 갔느냐? 남달리 영특하여 하늘이 이 세상에 머물러 두지 않는 것이냐. 내가 지은 죄 때문에 화가 네 몸에 미친 것이냐. 내 이제 세상에 살아 있은들 앞으로 누구에게 의지할 것인가. 너를 따라 같이 죽어 지하에서 같이 지내고 같이 울고 싶건만 네 형, 네 누이, 네 어미가 의지할 곳이 없으니, 아직은 참고 연명이야 한다마는 내 마음은 죽고 형상만 남은 채 울부짖을 따름이다. 하룻밤 지내기가 한 해를 지내는 것 같구나(470쪽).

이순신 장군의 셋째 아들 면은 정유재란으로 북상하던 일본군을 맞아 싸우다가 전사했다. 이 소식을 들은 이순신 장군은 슬픔을 감추지 않았다. 그 이후에도 이순신 장군은 죽은 아들 생각에 몇 번이나 통곡한 것을 『난중일기』는 기록하고 있다. 히데요시가 일으킨 전쟁에는 많은 사람들이 목숨을 잃었다. 이들은 모두 누군가의 자식으로 통곡의 슬픔을 가져왔음은 말할 것도 없다.

히데요시 전기 작품들이, 다투어 아들을 잃은 슬픔으로 분별을 잃고 침략 전쟁을 일으킨 히데요시를 동정하고 있지만, 그가 정말로 친자식을 잃은 슬픔을 느꼈는지는 알 수 없다. 거짓으로 낳은 자식으로 세상을 속이려 하다가 속일 수 없음을 알고 분해했는지도 알 수 없다. 히데요시 전기 작품의 작자들은 이미 폭군이 된 히데요시가 자식 잃은 슬픔을 애통해 했지만, 침략 전쟁으로 양쪽에서 죽어간 많은 사람들도 누군가의 자식임을 간과했다.

3. 다도의 광기

일본 전국 시대 무사들에게 차를 마시는 문화가 유행했다. 차를 매개로 극도로 형식화된 미의식이 나타난 것이다. 몇 명밖에 들어갈 수 없는 좁은 다실에서 정성껏 차를 대접하고 마시면서 아름다움을 추구하는 것을 무사들이 즐긴 것이다. 피비린내 나는 전쟁의 고통을 맛차(抹茶)라고 하는 진한 죽 같은 쓴 차로 달래고자 했다. 또 차의 각성작용으로 정신을 맑게 하여 죽음을 응시하고 또 상대를 응대하고자 한 것이다.

히데요시도 주군 오다 노부나가에게서 배운 대로 이러한 다도를 즐겼다. 히데요시를 측근에서 따라다니며 다도를 주관한 사람이 센노 리큐(千 利休)이다. 리큐는 원래 상인 출신으로 차의 명인이 되어 히데요시의 우대를 받았다. 리큐는 와비차라는 극도의 한적한 미의식을 다도에 도입하는 한편, 광기에 가까운 호사적 취미를 갖고 있었다. 황금차실에서 한적하고 쓸쓸함을 즐기는 것과 같은 미의식도 그가 개발한 것으로 알려져 있다.

히데요시는 기회 있을 때마다 차 모임을 개최했다. 가장 유명한 것이 1587년 큐슈를 복속하고 돌아와서 취락정에 입주한 후, 그 북쪽에 있는 키타노(北野)에서 개최한 차모임이다. 이 행사는 10월 1일부터 열흘 일정으로 개최되었다. 각지의 차 명인들로 하여금 자신들이 아끼는 차 도구를 가지고 와서 찻집을 열고 사람들에게 피로하게 한 것이다.

센노 리큐(千 利休)의 초상

> 키타노 신사 부근 바바(馬場)의 좌우 소나무 아래, 매화나무 그늘, 그 깊은 그늘에 찻집이 될 만한 곳을 다도(茶道) 취미가 있는 자들에게 할당하여, 각자 궁리하여 찻집을 만들게 했다. 어떤 사람은 새로 이은 지붕에 나무 울타리, 새끼줄 발에 대나무 망, 어떤 사람은 띰으로 이은 지붕에 노송나무 울타리를 쳤다. 어떤 사람은 갈대 지붕에 갈대 울타리, 어떤 사람은 이대로 이은 지붕 등 여러 가지로 만들었다. 돌을 놓고 짚으로 만든 멍석을 깔고, 소나무 가지에서 줄을 늘여서 차 주전자를 매날고, 물 항아리 깨어진 곳으로 물을 흘려 붓고, 짚으로 만든 똬리를 까는 등 각자 궁리한 것을 다양하게 표현했다. 찻단지, 꽃병, 물그릇, 찻잔, 차주걱 등 여러 가지 차도구로 대륙산 일본산 등 비싼 것들을 각자 꺼내고 먼곳 사람까지 이 분야에 관심있는 사람은 다 모여들었으니 대략 천명을 넘었다. (『豊鑑』 568쪽)

당시 유행하던 와비차의 미의식에 따라 각자 궁리하여 찻집을 만들고, 자신들이 아끼는 명품 차도구를 비치하는 등 이때의 다도 행사를 잘 보여준다. 이날 히데요시는 센노 리큐 등을 대동하고 참가하여 찻집을 개설하고, 자신이 모은 명품 도구를 사람들에게 자랑하고 또 차를 대접했다.

> 히데요시 공은 신사의 참배당(拜殿)을 울타리로 삼아, 그동안 모아둔 차도구를 꺼내고, 다도에 능통한 5명으로 하여금 5곳에 장소를 마련하게 하고는, 이번 모임에 나온 사람들을 6~7명씩 조를 짜서 남김없이 차를 마시게 했다. 그 사이에 히데요시 공은 다른 사람들이 만들어 늘어놓은 찻집을 둘러보셨다. 경당(經堂) 옆에 유방 같은 찻집을 만들고 솔방울을 태워서, 숯가마 연기같이 피어오르는 곳이 있었다. 그곳에 가서 보시자, 50살쯤 되는 스님이 있는데 과연 이 길에 달통한 모습이었다. 차 있소 하고 말씀하시자, 없습니다 하면서 바가지에 빻은 가루를 넣어서 소나무 가지에 걸어둔 것을 꺼내서 드리자, 아주 감탄하셨다. 하루 종일 이렇게 즐기다가 저녁때쯤, 취락정으로 돌아가시자, 모인 사람들도 여러 날 정성을 다해 만들었던 찻집을 모두 뜯어서 돌아갔다. 훗날까지 사람들 입에 전해졌다.
>
> (『豊鑑』 568~569쪽)

이 차 모임에서는 일종의 연극 놀이가 곁들여졌음을 알 수 있다. 차를 매개로 미의식을 발휘하여 흥을 돋우는 놀이였다. 한적하고 교묘하게 위장하여 꾸미고 그것으로 사람들을 감탄하게 한 것이다. 이 키타노 차모임은 원래 열흘을 계획했으나 큐슈에서 반란이 일어나 하루만에 마감했다.

이 대대적인 차 모임을 폭군 히데요시가 아니라 문화인들이나, 일반인들의 행사였다면 더 이상 흠잡을 데가 없을 것이다. 오늘날도 우리가 일본에 가면 자주 접하게 되는, 수수한 자연 소재로 만든 물건들과 그 부드러운 향기로 사람을 매료하는 것은 이러한 다도 전통과 관련이 있다. 그러나 절대 권력을 가진 폭군의 놀이로는 대단히 위험한 것일 수밖에 없다. 교묘하게 꾸민 기이한 취미는 결국 기이한 발상으로 전환되기 마련이다.

히데요시는 차 명인인 센노 리큐에게 1591년 2월 갑자기 고향인 사카이에 칩거명령을 내렸다가 곧 쿄토로 소환해 할복시켰다. 리큐가 히데요시의 절대적인 비호를 받다가 70세 고령의 나이에 갑자기 처형된 이유가 무엇이었는지 오늘날까지도 뚜렷하지 않다.

그래서 심지어는 리큐가 조선 침략을 반대하여 처벌받았을 것이라는 이야기까지 만들어졌지만, 이것은 후대에 차가 유행하면서 차의 명인인 리큐를 동정하기 위하여 만들어진 것으로 보인다. 어떻든 17세기의 히데요시의 종합적인 전기 작품 가운데는 센노 리큐의 죽음에 관한 언급이 없다. 이것은 리큐가 히데요시로부터 비록 차의 명인으로 3천석의 녹봉을 받다가 처형되었지만, 많은 무사들이 하루아침에 자결하던 당시의 상황에서 보면 그다지 중요한 문제가 아니었을지도 모른다.

그러나 오늘날 차의 명인으로 떠받들어지고 잇는 센노 리큐의 죽음에 관해 여러 가지 이유가 유포되고 있다. 그 가운데서 현재까지 널리 퍼져 있는 설로는, 히데요시가 리큐의 딸을 자신의 첩으로 삼고자 했는데, 리큐가 이를 거절하여 심기를 불편하게 만든 일, 또 리큐가 자신의 명성을 이용하여 차 도구를 비싸게 불러서 이익을 본 일, 또 다이토쿠지(大德寺) 절 문간 위에 자신의 목상을 안치하였다가 히데요시의 격노를 산 일 등이 있다.

그런데 센노 리큐가 처형 받았다고 알려진 이런 이유들은, 실은 1802년에 상상력을 바탕으로 만들어낸 『회본 타이코키』에서 비롯된다. 이 작품에 따르면 히데요시는 1590년 관동 지방으로 출진하기 전에, 벚꽃을 구경하고 있는 27~8세 되는 여자에게 마음을 빼앗겼다. 그리고 그녀가 남편과 사별하고 홀로 사는 리큐의 딸인 것을 알았다. 히데요시가 관동 지역을 복속하고 돌아와서, 여러 애첩들이 질투를 하는 가운데 리큐에게 딸을 바치라고 하였다. 그러자 리큐가 자비를 베풀어 달라고 다음과 같이 간청한다.

> 어리석은 여식이 눈에 드신다고 바치라고 하시니, 참으로 황송합니다. 이 여식은 원래 모즈야라는 자에게 시집을 갔는데, 남편이 죽고 나서, 세상 일에는 더 이상 뜻이 없고, 비구니가 되겠다는 것을, 내가 여러 가지로 만류했습니다. 모습은 옛날 그대로입니다만, 마음은 어느새 비구니와 같습니다. 지금 명령하신 대로 비천한 몸을 돌아보지 않고 모신다고 해도 이런 마음으로는 전하의 질책을 받을 뿐 아니라, 매번 흥을 깰 것입니다. 부디부디 관대하게 보아주시고, 그 애가 어리석은 정조를 지킬 수 있도록 해주신다면, 부녀가 함께 자비를 내려주셨다고 기뻐하겠습니다. 리큐의 생각에는 딸을 이용하여 부귀를 얻었다고 말을 듣는 것이 억울하다고 여겼다. (『繪本太閤記』 3권 96쪽)

센노 리큐가 남편과 사별하고 독신으로 지내고 있는 딸이 정조를 지킬 수 있도록 히데요시에게 자비를 베풀어 달라고 간청하는 내용이다. 리큐가 자신의 딸이 히데요시의 첩이 되는 것을 싫어한 이유는, 차의 명인인 자신의 명성이 차로 인한 것이 아니라, 딸을 이용한 것이라고 사람들이 말할까봐서라는 것이다. 이렇게 리큐가 딸을 바치기를 거부하자 히데요시는, "머리 끝에서 발톱 끝까지 내 은혜가 아닌 것이 없는 데 무례한 대답이 기괴할 뿐이다. 녀석의 머리를 베는 데 무슨 어려움이 있겠는가" 하고, 처형하도록 했다. 이것은 다분히 『회본 타이코키』다운 상상력을 발휘한 창작이라고 해야 할 것이다.

한편 이 작품은 히데요시가 센노 리큐의 딸에게 마음이 있는 것을 안 히데요시의 애첩들이 질투를 하고 리큐를 모함한다.

> 리큐는 참상(僭上)하고, 당상귀족들에게 무례하고 실언했습니다. 또 사욕을 챙기기 위해서 다기에 수작을 부렸습니다. 자신에게 친한 자가 가져오는 것은 새로운 것도 오래됐다고 하고, 가짜도 진짜라고 합니다. 자신과 소원한 사람 것은, 좋은 것도 나쁘다고 혹평하고, 진짜도 가짜라고 해서, 그 값을 혹은 높이고 혹은 낮추는 등, 사람들을 속여서 자신의 이익을 챙기는 것이 항상 그의 일이라고 합니다.
> (『繪本太閤記』 3권 96쪽)

센노 리큐(千 利休)가 자신의 명성을 이용하여 차도구의 값을 마음대로 매기고 이것으로 이익을 보았다고 다른 첩들이 히데요시에게 모함한 것으로 그렸다. 이 작품은 리큐가 이런 모함에 빠져 있는 가운데, 설상가상으로 쿄토의 다이토쿠지(大德寺) 절 문간에 자신의 목상을 올려놓았다가 히데요시의 분노를 사는 것으로 그려냈다.

> 같은 2월 15일, 전하가 무라사키노 다이토쿠지 절을 참배했는데, 문 앞에서 수레에서 내리셔서 걸어서 산문 앞에 이르고, 누대의 위를 쳐다보니, 새로운 입상을 안치했다. 승려를 불러 무슨 상인가 하고 물어보니, 승려가 대답하기를, "리큐가 자신의 상을 만들어, 이 절의 승려인 코케이(古溪) 화상과 꾀하여 여기에 안치한 것입니다" 하고 말했다. 히데요시가 이것을 들으시고, 눈을 부릅뜨고, "못된 녀석의 짓이구나, 절문은, 천자 후궁을 비롯하여 고위고관이 통행하는 머리 위에 있는데, 하층배의 신분으로 자신의 상을 두다니 참상하고, 무례하다, 그 죄는 죽음을 면할 수 없다"
> (『繪本太閤記』 97쪽)

히데요시는 리큐가 딸을 바치지도 않고, 또 다도의 명성을 이용해 이익을 챙기고 있다는 모함이 있어 벼르고 있던 차에, 또 자신이 지나가는 다이토쿠지 절 문간 위에 목상을 안치한 것을 보고 격노한 나머지 처벌한 것으로 그리고 있다.

차의 명인 센노 리큐는 전쟁의 와중에 차의 미의식을 통해 세상을 바라보려고 했다. 모든 것이 덧없고 공허한 현실에서 한적한 아름다움을 발견해 내려고 한 것이다. 우리는 센노 리큐의 와비차에서 슬픈 아름다움을 발견하게 된다. 이것을 깊이 추구해 들어가면, 다른 예술과 마찬가지로 인간성을 고양시킬 수 있는 것임에 틀림없다. 그러나 이것이 진지한 예술이 아니고 절대권력을 휘두른 군주의 놀이로 여겨지면 위험하다.

히데요시는 다도를 진지한 예술로 보기보다는 하나의 놀이로 보았다. 다도에 목숨을 거는 차의 명인 센노 리큐의 진지한 모습을 보고 히데요시의 장난기가 발동한 것은 아닐까. 히데요시가 70세의 고령인 리큐를 죽인 것은 특별한 이유가 없었을 수도 있다.

4. 화려한 출정

히데요시는 큐슈 북단 사가(佐賀) 현의 나고야(名護屋) 항에 대륙침략기지를 건설하고, 대군을 주둔시켰다. 우선 육군 14만 여명과 수군 만 여명을 편성하여, 순차적으로 도해하게 하고, 나고야 진지에는 10만명 정도를 대기시켰다. 그리고 나서 히데요시는 1592년 3월 26일 대륙 정복의 꿈에 부풀어 교토를 출발했다.

> 3월 26일 타이코(太閤) 히데요시가 교토를 출발하시는데, 말 위의 화려함이 주위를 압도하는 것을 말로 다할 수 없었다. 훌륭한 복장이 특히 뛰어나고 아름다웠다. 측근 기마무사들의 금실로 박은 비단 옷은, 여러 가지 금은으로 장식했고, 갑옷은 과반이 진홍색으로 만들었고, 투구는 금으로 만들어 꽂아서 더욱 빛났다. 각자 아름답게 꾸며서 투구를 졸라매고, 말에도 금옷을 입히고, 표범과 호랑이 안장을 올렸다. 말 머리끈, 배에 두른 끈, 석자 고삐, 붉은 색 장식한 술 등 모든 것을 꾸미고, 다투어서 아름답게 차린 복장, 누가 누군지 알 수 없었다.

> 하늘에 빛나고 땅에 반짝이는데, 용기충천 달리게 하시니, 일본과 대국은 피부를 맞대고 싸워 물리쳐서, 후대의 명예와 가문의 체면이, 여기에 달렸다 하고서는 굉장한 모습이었다. 천황이 보시고 재미있어 하시고는, 칭찬하시는 것이 보통이 아니었다. (『太閤軍記』 207쪽)

히데요시를 수행한 부하가 그려낸 화려한 출진 모습이다. 천황을 비롯해 수많은 구경꾼이 운집하여 대륙 정복의 꿈을 안고 출진하는 히데요시를 환송하고 있다. 원래 이때의 출발 일정도 큐수 출진, 관동 출진 일정과 같은 3월 1일을 계획했으나 사정이 생겨서 늦어진 것이다. 히데요시는 제왕의 위엄을 뽐내며 곳곳을 유람하며 큐슈를 향했다. 그가 가는 길목마다 묵을 숙소도 화려함을 다해 치장한 것을 프로이스는 기록하고 있다.

> 여기서 특필할만한 것은, 쿄토에서 나고야에 이르는 중간에 관백이 통과하는 지역의 영주들은, 관백이 정한 일정에 따라서, 그를 위해 성채를 닮은 형태의 숙사를 건축한 점이다. 그것들은 가장 좋게, 또한 많은 돈을 들여서 만들었고, 어느 곳이나 금으로 장식한 방을 갖추고, 주변에는 수행자를 위한 여러 채의 커다란 빌린 집들이 준비되어 있었다. 이리하여 관백은 매일 밤 궁전과 같은 곳에서 마음껏 사치하고 숙박하게 되었는데, 이렇게 신축한 숙사가 20개 가까운데 모두 호화롭다. 이것들은 거의 때를 같이 하여 지어졌다.
> (『일본사』 5권 153쪽)

히데요시가 지나다가 머무는 곳곳마다 새로 숙소를 마련한 것이다. 일본 전국을 장악한 히데요시가 전쟁에 나가면서 이미 제왕과 같은 모습의 행차를 한 것을 알 수 있다. 대륙 정복의 꿈을 이루기 전에 이미 스스로 권력의 화려함으로 치장한 것이다. 각지를 유람하면서 향해한 히데요시는 쿄토를 출발한 지 한달 만인 4월 25일 나고야 침략 기지에 도착했다. 빨리 움직이면 일주일 정도면 갈수 있는 항로를 유유자적하면서 행차했기 때문에 시간이 많이 걸린 것이다.

히데요시는 큐슈 북단의 나고야를 행해 가고 있는 가운데 부하들이 조선에 상륙했다는 보고를 받았다. 나고야 항에 도착하기 전날인 4월 24일 하카타 항에서, 코니시 유키나가(小西 行長)가 이끄는 제1군이 4월 13일 부산 성을 함락한 승전소식을 보고 받았다.

5. 서울 무혈 입성

오랫동안 전쟁에 단련된 일본군이, 유교의 평화주의에 안주하고 있던 조선군과 대적했을 때 어떤 상황이 벌어졌을까. 더구나 일본군은 서양에서 전래한 신식무기를 사용하는 조총부대를 편성하고 있었다. 임진왜란을 다룬 일본의 여러 종군기 작품은 일본군과 조선군의 전투를 어른과 어린애 싸움 정도로 그려내고 있다. 이것은 물론 전쟁에서 살아남은 일본군 병사들이 조선에서 무용을 자랑한 것이 과장되었을 것이다.

그러나 한편으로 조선인들이 전쟁에 단련되어 가기 전, 초반의 주력군 전쟁만을 본다면 과장된 표현만은 아니다. 1592년 4월 14일 부산에 상륙한 일본군이 5월 3일 서울에 무혈 입성했기 때문이다. 당시 일본에서 대군을 이끌고 조그만 성을 공략하더라고 몇 달씩 걸렸던 것과 비교해보면, 서울에 입성하기까지 거의 전투다운 전투는 없었던 셈이다.

코니시 유키나가(小西 行長)가 지휘하는 일본 침략군 제1군은 그의 사위인 대마도의 소오 요시토시(宗 義智) 등의 군사를 포함하여 18700명으로 편성되었다. 제1군이 부산에 상륙하여 첫 전투를 벌인 체험을 전하는 것으로, 제1군에 소속된 무사가 기록한 『요시노(吉野) 일기』가 있다.

이 일기에 의하면, 4월 12일(조선력으로는 13일) 부산포에 도착했지만, 조선의 방비가 엄하여 그날 밤은 배에서 유숙하고 다음날 아침 6시 경에 접안하여 4시간 정도 공격하여 부산성을 함락한 것을 다음과 같이 기술한다.

> 13일(조선은 14일) 아침 묘시에 배를 대고, 즉시 성을 공격했다. 성안에서는 미리 화살 쏘는 방책을 만들어 놓고 비오 듯 쏘아댔지만, 우리 편은 그것에 꿈적도 않고, 총을 있는 대로 쏘아댔다. 4시간 정도는 온 세상이 캄캄했다. 천지가 떠나갈 듯이 쏘아대자, 방책도 무기고도 무너지고, 머리를 내미는 적이 없다. 높이가 세 길이나 되는 돌담을 앞다투어 들어가 함성을 지르니, 적은 어느새 숨어서, 집 사이나, 마루 밑으로 숨고, 숨을 곳이 없는 자들은 동쪽 문에 늘어서서는 모두 손을 합장하고 무릎을 꿇었다. 들어보지 못한 조선말, '마노오 마노오' 하는데 살려달라는 듯이 들린다. 그것을 우리 편은 듣지도 않고, 자르고, 찌르고, 밟아 죽였다. 이것을 군신(軍神)에게 올리는 피제사라고, 여자나 남자나 고양이나 개나 모두 자르니, 자른 머리가 3만 여개나 되어 보인다. 아침 묘시에 공격해서 사시와 오시에 함락했다.
>
> (『吉野日記』 3쪽)

이 일기에 의하면 일본군 제1군이 4시간 정도 부산성을 공략하여 함락했다. 첫 전투를 기념하기 위해서 남녀노소 가리지 않고 목을 자른 것을 기술한 것이다. 이 일기의 작자 요시노는 마치 즐거운 가락이라도 읊듯이, 일본 고전 문체의 유려한 문장으로 이 장면을 그려냈다. 오랜 전국시대 풍토에서 살았던 일본 무사들에게 인간을 죽여서 하나라도 더 목을 베어 주군의 포상을 받는 것은 자랑스러운 행위였다. 일본의 성과는 달리 조선의 성에는 민간인 가족들이 대거 들어있었는데, 이들의 목마저 모두 자른 것을 기술한 것이다.

한편, 『타이코키』는 일본군의 부산상륙과 첫 전투 묘사를 코니시 유키나가의 충성에 중점을 두고 다음과 같이 기술하고 있다.

> 4월 28일 오후 6시경에 해상이 조용해져서 배를 출발하여 부산 앞바다에 도착하자마자 치고 올라가, 시가를 격파하려고 했는데, 적 2만 여명이 활쏘는 곳을 만들어 놓고 쏘아댔다. 총으로 대응사격을 하고 밀고 들어가, 마침내 두 번째 세 번째 보루까지 밀고 들어가, 본성을 아침 8시경에 함락하고, 상하 인원 8500 여명을 모두 잘랐다. 그 외에 생포한 자 200여 명이었는데, 이들에게 통역해서 근방의 모습을 물어보니, 30리 술해 쪽에 동래라는 성이 있다고 한다. 코니시가 듣고는, 여러 부하들에게 말하기를, 오늘 아침 수고하여 비할 바 없는 공을 세웠다. 그래서 오늘밤은 이곳에서 쉬어야겠지만, 다른 성의 함락을 거울삼아, 방비를 엄하게 한다면 안될 것이다. 아무래도 다른 군대에게 넘겨줘서는 안된다. 자 동래를 공격해서 타국의 이름난 성을 하루에 두 곳이나 공격하고, 많은 적을 죽여 일본에 보내면 히데요시를 감탄하게 할 것이다 하고 조금도 방심하는 기색을 보이지 않았다. (『太閤記』 365쪽)

이 작품은 실제 전투가 있고 나서 30여 년이 지난 시점에 사람들의 전문이나 기록을 참조로 작성한 것이다. 침략군 제1군이 부산에 상륙한 날자를 4월 28일이라고 하여 15일이나 늦게 기록한 것은 착오이다. 이것은 이 작품의 다른 기술에서도 많이 나타나는 날자 착오의 하나이다. 그런데 코니시가 조선의 이름난 성을 하루에 두 개나 함락한 것으로 그려내고 있다. 이것은 물론 부산 성을 공략한 다음날 동래성을 공략한 사실을 과장해서 코니시의 공훈으로 그려낸 것이다.

이때의 제1군에 소속된 병사가 전쟁 체험을 직접 기록한 일기에는, 부산에서의 전투 이후 5월 3일 새벽에 동대문에 이르기까지 각지에서 전투를 했다고 하면서도 그에 대한 기록은 없다. 조선의 도순변사 신립이 이끄는 주력부대가 충주에서 일본군과 대적한 것에 대한 기록도 없다. 그러면서 이 일기는 일본군이 조선군을 상대하는 것을 마치 매가 작은 참새를 상대하는 것 같다고 하고 있는 것으로 봐서 전투다운 전투로 여기지 않았던 것으로 보인다. 일본군은 부산성과 동래성 전투 이래 전투다운 전투가 없이 서울에 무혈 입성한 것을 그려내고 있다.

그런데 『太閤記』는 어떤 자료에 의거했는지, 6~7만의 대군으로 지키는 충주성을 기습 공격하여 함락한 것으로 그려내고 있다.

> (코니시 유키나가가) 서둘러 준비를 하고 오후에 출발하여, 새벽 두 시경에 성 기슭에 숨어들어, 공격함성을 질러대자, 성안에서는 자다가 물이 넘어 들어온 듯이 놀라고는, 화살 쏘는 성벽도 지키지 않고, 부자간도 잊은 채, 서로 앞 다투어서 도망칠 뿐이다. 이런 와중에 공격해 들어가자, 궁지에 몰린 쥐가 고양이를 물고 덤비는 형국이었다. 많은 군사 중에서, 5~6천명이 활과 창을 들고 싸우는 것이 굉장했다. 코니시에게는 기습특공대에 편성된 이가 사람 100여 명이 있었는데, 이들을 절반을 나눠 성 뒤로 돌아가서, 산 아래에 불을 지르게 하자, 조선군이 당황했다. 약한 병사들이 흔히 그러듯, 후퇴하는 군사는 일치협력이 안 되고, 또 뒤가 무너졌기 때문에, 앞에서 막는 병사들도 뒤를 쳐다 보는 등 약해지자, 코니시가 근위부대를 몰아세워서, 육박전을 펼쳐라하고, 공격함성을 지르고 맞붙자, 강한 자나 약한 자나 위아래를 다투는 모습이 옛날 헤이케(平家)가 몰락한 이치가야 전투가 이랬을까 여겨졌다. 이런 것을 기회는 이때다 하고 달려들어, 모두 죽이고, 성을 넘어들어, 승리의 함성을 지르고, 자른 목을 모아서 대장인 우키다 히데이에(宇喜多 秀家)에게 바쳤다.
>
> (『太閤記』 367~368쪽)

이 충주성 전투 내용은 조선측 기록과 맞지 않는다. 삼도순변사

신립이 이끄는 조선의 주력군은 충주 성을 버리고 탄금대 앞에 배수진을 치고 일본군과 교전하여 패배했다. 그런데도 이렇게 충주성 전투를 그려낸 것은, 탄금대 전투의 패잔병들이 성안으로 들어간 것을 일본군이 뒤따라 들어간 것을 확대한 것이 아닌가 여겨진다.

일본군 제1군이 4월 28일 충주 전투에서 승리한 다음날, 제2군이 도착해 합류했고, 이들은 동대문로와 남대문로로 각각 나누어 도성으로 진격했다. 이들은 임금이 이미 피난가고 없는 서울에 5월 3일 거의 같은 시각에 들어갔다.

> 5월 2일 저녁에, 도성은 여기서 하루길이라고 하는 곳의 강가에서 도성 쪽을 바라보니, 방화한 연기가 피어오르고, 그것이 이상해서 밤을 도와 가보니 곧 도성의 동대문에 도착했다. 밤도 곧 밝아오는 가운데 성안에 들어가서 사방을 둘러보니 끝없는 16만 채의 도성이다. 궁전 누각 곳곳에 불을 지르고, 상하 만민 모두 중국 쪽으로 도망가고 없다. 아군은 곧 궁궐에 들어가 진을 쳤고 진귀한 보물 금은과 비단 종류에 이르기까지 모두 버려두고 도망갔기 때문에, 이것들은 일본의 보물이 되었다. (『吉野日記』 6~7쪽)

이미 성안 곳곳의 건물들이 불에 타고 있어, 밤을 새워 진격하고, 새벽녘에 성안에 들어가 약탈한 모습을 보여준다. 진구(神功) 왕후의 신라 정벌 신화와 같이 금은보화를 약탈하기 위한 침략 전쟁에, 아무런 저항도 없이 도성에 들어가 약탈하는 즐거움을 그려냈다.

한편, 『타이코키』는 도성이 몰락한 처량함을 다음과 같이 그려냈다.

> 충주성이 함락된 소식이 서울에 전해지자, 늙은 신하가, 이 궁궐이 멸망할 때가 왔습니다. 적이 가까이 오기 전에 보물을 옮기고 나서 전각에 불을 지르고, 연기에 묻어서 어디로든 숨으시는 것이 좋겠습니다 하고 간청을 하자. 상하가 모두 이 뜻에 동의하여 상제를 수레에

> 태우고, 형태만 갖추어 봉공하니, 참으로 처량했다. 이리하여 뒤에 남은 신하들이 궁궐에 불을 지르지만, 몰락의 때가 아직 오지 않았는지, 타지 않는 가운데 모두 임금의 뒤를 따라 갔다. 아주 오래 살던 서울을 버리고, 각지로 헤어져 가는 모습이 참으로 불쌍했다. 주인을 뒤로 하는 자가 있는가 하면, 앞세우는 자도 있다. 부모는 자식을 찾고, 자식은 부모의 행방을 몰라 애태우는 자도 있다. 평소에 따르던 종들이 보이지 않자, 의지하던 사람이 어디로 헤매라고 그러느냐 하고 부르는 소리가 들려 그 모습이 더욱 불쌍하다. 또 늙은 부모의 손을 끌고, 어린 자식을 짊어지고 헤매는 자들이 많고, 부모는 동생에게 맡기고, 형은 주군의 앞길을 도와주는 자도 있어, 불쌍함이 끝이 없다. (『太閤記』 368-7쪽)

도성에 불을 지르고 다투어서 피난하는 처량함을 그려내고 있다. 그러면서 조선인들이 '자식은 부모의 행방을 몰라 애태우고' 늙은 부모의 손을 끌고, 어린 자식을 짊어지고 헤매고' 있는 모습을 그려낸 것은, 조선의 유교적 전통을 그려내려고 한 것이다. 이런 기술의 이면에는 유교사상에 심취한 작자의 의중이 나타나 있다. 일본의 여러 전투에서 볼 수 없는 가족단위의 피난 광경임에 틀림없다. 일본과는 달리 조선에서는 사람들이 난을 피해 산야로 숨어드는 모습을 그려낸 것이다.

전쟁 초반 파죽지세로 진격하는 일본군의 승리에 히데요시의 대륙정복 꿈은 부풀었다. 히데요시가 5월 18일 작성하여 새로운 관백 히데쓰구(秀次)에게 보낸 문서에서, 대륙에 행차할 준비를 지시하고, 고요제이(後陽成) 천황도 북경행을 준비시키라고 하고 있다. 그리고 히데쓰구를 중국 관백에 임명하고, 자신은 더욱 인도, 남만으로 진격할 의도를 밝히고 있다. 히데요시가 서울에 손쉽게 입성한 승리에 도취하여 세계 정복의 꿈에 부풀어 있었음을 알 수 있다.

6. 카토 키요마사의 활약

히데요시의 조선 침략 공훈을 다룬 종군기 작품들은 다투어 제1군 코니시 유키나가(小西 行長, 1555?-1600)와 제2군 카토 키요마사(加藤清正, 1562-1611)의 공훈을 그려냈다. 이들 조선 침략의 두 선봉장은 조선에서 철수하고 나서 운명이 갈리었다. 토쿠가와 이에야스 세력에 반대했던 코니시 유키나가는 몰락했고, 이에 가담했던 카토 키요마사는 흥성했다. 큐슈의 쿠마모토(熊本) 성을 안도 받은 키요마사의 공훈을 기록한 작품이 널리 유포되면서, 그의 공훈이 크게 부각되었다.

코니시 유키나가와 카토 키요마사 두 사람의 대립은, 1587년 큐슈 복속 후에 일어난 반란 진압군으로 투입되었을 때부터 그려지고 있다. 이 반란을 진압한 공으로 두 사람은 쿠마모토의 영지를 절반씩 나누어 받았다. 이 때 이미 히데요시는 조선 침략을 염두에 두고 이들에게 영지를 분배한 것이다. 유키나가는 원래 수군을 맡은 경험이 있는데다가, 히데요시의 명으로 대마도주의 장인이 되었기 때문에 제1군의 선봉장이 되었다.

키요마사는, 제2군 내에서 병력수에서는 나베시마(鍋島 直茂)의 다음가는 무장이었지만, 임진왜란 당시 30세의 혈기 왕성한 장수로 활동하면서 조선 침략 영웅으로 부각되었다. 특히 키요마사는 진격로에서 제1군에 주도권을 빼앗겼지만, 함경도에서 왕자 일행을 포로로 잡고, 또 여진족까지 침공한 공을 크게 과시하였다.

그의 부하가 기록한 종군기에 의하면 키요마사가 소속된 제2군은 제1군보다 4일 늦게 부산에 상륙하여 경주 양산을 거쳐 4월 29일 충주에서 제1군과 합류했다.

키요마사는 유키나가 부하들이 약탈하는 모습을 보고 훈계한다.

경주로부터 충주라고 하는 곳에 옮겨서 진을 쳤다. 근처의 사람을 생포하여 앞에 일본군이 지나갔는지 물어보니, 한사람도 아직 지나가지 않았다고 했다. 충주에 이틀 머물고 있는데, 코니시의 군사가 약탈한 포목 종류를 우마에 가득 싣고 있어서 길이 늦어졌다. 키요마사가 유키나가와 대담하여 말하기를, 서울에 가면 포목 같은 것은 넘칠 것이니, 이런 소용없는 것은 여기서 불을 지르게 하고, 몸을 가볍게 하고 가는 게 어떻겠소 하니까. 유키나가가 그렇다고 여기고는 약탈물을 모두 버렸다. (『淸正記』 331~332쪽)

이 종군기 작품은 카토 키요마사 군이 코니시 유키나가 군에 앞서서 청주에 도착한 것으로 그리고 있다. 제1군이 충주에서 조선의 주력부대와 전투를 한 다음날, 키요마사 군이 충주에 도착했는데도, 이틀 먼저 온 것으로 그린 것은 키요마사 군이 물건 약탈하느라 늦어진 것으로 그리려고 한 것 때문이다. 그리고는 키요마사가 약탈에 눈이 어두워서 사려분별을 못하는 유키나가를 충고하는 것으로 그렸다.

이 내용에 의탁한 후대의 『회본 타이코키』는, 충주에 이르는 동안에 키요마사가 조선의 포로에게 인정을 베푸는 모습을 그려냈다.

카토 군이 달려서 경주에서 150리 간 곳에서, 저쪽에서 일본의 잡병들 5~60명이 조선 민가의 여자 10명쯤을 말에 태우고 온다. 키요마사가 이것을 보고 "어느 병사들인가" 하고 묻자, 먼저 간 자들이 두려워하면서, "저희들은 코니시의 병사입니다만 동래쪽 백리에는 사람 그림자도 없고, 전쟁 중의 병사들이 입는 옷을 세탁할 수 없어서, 깊이 이곳까지 찾아와서 겨우 열명쯤 민가의 여자를 끌고 왔습니다" 하고 대답했다. 키요마사가 이것을 듣고는 "너희들의 행동은 심히 무도하다. 군대에 여자가 없는 것은 당연한 일이다. 지금 먼 조선에 전쟁을 와서 일본인은 예의없는 자들이라고 이곳 사람들에게 경멸을 당해서는 안된다. 너희들은 돌아가서 코니시에게, "잡은 여자들은 키요마사가 놓아주었다고 하고, 앞으로 다시 이런 무도한 일을 하면,

내가 가만두지 않는다"고 해라 하면서 생포한 여자들을 말에서 끌어 내리고, 코니시의 병사들을 쫓아 보내자, 두려워하면서 도망갔다.

(『繪本太閤記』 하권 135쪽)

앞에서 물건을 약탈한 코니시 유키나가를 충고한 것에서 한발 더 나아가서, 유키나가 군이 유린한 조선인 여자들을 살려주는 것으로 그려낸 것이다. 무도한 유키나가와 대비하여 인정을 베푸는 예의 바른 키요마사를 그려냈다.

한편, 카토 키요마사 종군기 작품들은 충주에서 합류한 제1군과 제2군이 서울 진입로를 놓고 다툰 것으로 그려냈다. 양측은 10리 가깝지만 강이 있는 남대문로와, 10리 멀지만 강이 없는 동대문로를 누가 맡을 것인지를 놓고 다투었다. 이를 추첨으로 결정하자고 하는 데도 키요마사가 남대문로를 주장했다. 양쪽에서 싸움이 일어날 험악한 분위기가 되자, 제2군 장수인 나베시마가 중재하여, 제1군이 동대문로, 제2군이 남대문로로 진격하기로 했다.

이런 일이 있고 나서 코니시 유키나가는 헤엄을 잘 치는 병사들을 시켜 건너편 배를 가져와 강을 건너 1등으로 도성에 입성한 것으로 그렸다. 그런데 『타이코키』는 이 내용을 더욱 꾸며냈다.

유키나가는 앞서서 생포한 200여 명, 산천을 잘 타는 자들과 도성에 가는 길을 잘 아는 자들을 살려두고는, 모든 것에 부족함이 없게 아주 잘 대우를 해줬다. 이중에 강을 잘 아는 자 20여 명을 카토 키요마사 군이 건너가야 할 큰 강에 보내서 부근 배들을 떠내려 보내게 했다. 카토는 이런 줄은 조금도 모른채, 서둘러 큰 강에 도착해 보니, 넓기가 10여 마장, 폭포수처럼 굉장했기에 배가 있는지 위쪽으로도 가보고, 아래쪽으로도 가보았지만, 한 척도 없었다. 혹시 건널만한 옅은 곳이 있는지 하고 30여리 위아래로 찾아보았지만 없었기 때문에 그날은 덧없이 강가에서 진을 치고 잤다. (중략) 다음날 아침

> 키요마사 선발대가 나아가서 문을 열어라 하고 보니까 이미 코니시가 서울에 먼저 들어가서, 대문을 봉쇄하고 있었다. 용건이 있으면 4~5명은 들어올 수 있다고 하자, 돌아가서 그대로 보고했다. 카토 키요마사가 듣고, 숨을 몰아쉬며 화를 내고, 아니야 서울에 들어가면 대왕은 멀리 도망을 갈 것이니까, 곧바로 행방을 쫒아가자 하고 도성 밖에서 조금 누그러졌다. (『太閤記』 370쪽)

이 작품은 코니시 유키나가가 조선인 포로들을 이용해서 카토 키요마사가 강을 건너지 못하도록 배를 치우고 방해를 한 것으로 그렸다. 한 강에는 조선군이 일본군의 진로를 방어하기 위해 배들을 치웠는데, 이것을 코니시 유키나가의 악행으로 그려낸 것이다. 그리고 코니시 유키나가 군이 도성에 먼저 입성하여, 성문을 봉쇄하고 있는 것을 알고, 카토 키요마사 군은 도성에 들어가지 않고 곧바로 대왕을 추격하러 진격하는 것으로 그렸다.

이때 제1군은 경기도 여주를 거쳐 동대문으로, 제2군은 충남 직산을 거쳐 남대문으로 5월 3일 아침 거의 동시에 입성한 것으로 알려져 있다. 서울에 무혈입성한 일본군 제1군과 제2군은 뒤쳐진 병력의 도착을 기다렸다가 5월 11일 북진하였다. 이들은 임진강 방어선을 뚫고 5월 29일 개성에 들어왔고, 6월 7일 황해도 안성에서 좌우로 나누어 진격했다.

좌로의 제1군은 6월 14일 평양성에 입성했다. 우로의 제2군은 함경도로 진격하였다. 제1군은 평양성에 입성하고, 명나라의 대군이 올 때까지 협상전략을 펼치고 있었다. 한편, 제2군은 함경도로 진격하여, 이곳에서 두 왕자와 대신들을 조선인 반란세력으로부터 넘겨받았다. 그리고 또 두만강을 넘어 여진족을 공격했다.

카토 키요마사의 종군기 작품들은 전쟁 중에 왕자를 포로로 확보한 것과 여진족을 침입한 두 가지 무훈을 크게 부각했다.

> 카토 키요마사는 함경도를 향해서 동북쪽으로 가는데, 서울을 출발한 지 13일 째에 함경도에 가까운, 안변에 도착했다. 1592년 7월 5일 안변에서 나베시마를 기다리느라 10일간 머물렀다가 7월 16일, 키요마사와 나베시마의 후군까지 모두 안변을 출발하여 3일 만에 장교(長橋)에 도착했다. 그곳 장교 거리에 "고려 왕은 형제가 함께 이곳으로부터 안쪽으로 들어간 것을 알립니다" 하는 표찰을 세워 놨다. 그때 키요마사가 아주 기뻐하며 왕을 추격하여 생포하겠다고 호기를 부리며 말하자, 나베시마가 "이국의 풍습에, 이렇게 먼 외길로 끌어들여서, 지치게 하고서 공격하려는 술수일 텐데, 정말로 여기고 쫓아가다가는 낭패를 당할 테니까, 그렇게 아세요" 하고 말했다.
>
> (『淸正高麗陣覺書』 298~299쪽)

함경도로 들어간 카토 키요마사가 '고려의 왕'이라고 기록한 조선의 두 왕자가 안쪽으로 들어갔음을 알리는 표찰을 발견하고 기뻐하는 모습이다. 키요마사는 이 표찰을 천황가의 조상신인 태양 여신 아마테라스와, 신라를 정복하고 돌아가서 낳았다는 하치만 대보살이 세워놨다고 기뻐했다. 그리고는 만류하는 나베시마를 남겨두고 왕(왕자)을 잡으러 출발하여, 52일 만에 경성에 도착했다. 이곳에서 40여리 떨어진 회령에서 조선의 반란 세력이 왕자 일행을 키요마사에게 넘긴 것을 이렇게 기술한다.

> 그런데 그 성(회령)에 여러 유배인이 모반해서는 "제왕은 우리의 대대의 적이다. 이런 기회에 제왕을 생포하여 일본인에게 넘겨주고, 평소의 울분을 씻고 영화를 꾀하자" 하고 모두 생포했다. 형은 임해군이라고 하고, 동생은 순화군이라고 한다. 좌대신 이름은 호군이라고 한다. 우대신 이름은 한신장이라고 한다. 그밖에 월경운객 12명의 부인들, 그리고 여관들까지 200여 명을 모두 생포하여 목에 칼을 씌워놓고 일본인에게 알렸다. (『淸正高麗陣覺書』 299쪽)

회령에서 국경인을 주모자로 하는 반란군이 왕자 일행을 포로로 잡고서는 카토 키요마사 군에 넘겨주겠다고 한 것이다. 여기서 이 종군기 작품은 키요마사가 왕자 일행을 넘겨받는 부분을 극적으로 꾸며냈다. 조선인 반란인들이 소수의 인원만 데리고 성안에 들어와서 왕자 일행을 인수하라는 것을 키요마사가 기지를 발휘하여 부하들을 요리 나르는 사람 등으로 분장시켜 성에 들어가 성문을 열게 하고 결국 성을 접수한 것을 기술하고 있다.

한편, 키요마사는 7월 27일에서 8월 22일 사이에 일본군과 조선인 반란군을 연합군으로 편성하여 두만강을 넘어 여진족을 공략했다.

> 그렇다면 회령 사람을 앞장세워, 그곳을 공격하여 일본인의 솜씨를 보여주자 하고는, 아군끼리 싸우는 일이 없도록, 회령 사람 3천명쯤 되는 자들에게 나무묘호렌게교(南無妙法蓮華經)라는 글귀를 써서, 갑옷에도 삿갓에도 붙여서 앞세웠다. 일본인 8천명을 포함해서 모두 만천여기로 그곳을 공격하였다. 다음날 새벽에 성이 13개 있는 곳에 착진했다. 이국의 풍습대로 앞은 견고하게 쌓았으면서도, 뒤는 깊고 높은 산 바위를 의지하여, 그다지 방어하지 않는 것을 알고는, 회령사람을 앞으로 보내고, 일본인은 뒷산으로 가서, 50인 30인 정도가 밀만한 바위를 철장대로 파서는 굴러 내리고, 산록에 있던 집들을 모두 부수고, 총을 쏘았더니 오랑캐가 나오지 못하고 물러갔다. 그 13개의 성 가운데 강 위쪽의 명성 하나는 키요마사 자신이 공격하여 함락했다. 그때 키요마사의 친척인 키다(木田 孫兵衛)라는 자가 명예롭게 육박전에서 적의 머리를 베고 부상을 입었다. 키요마사가 무릎위에서 간병했다. (『淸正高麗陣覺書』 301쪽)

이것은 키요마사가 항복한 조선인과 합세하여 여진족을 공략하고 공을 세운 것을 기술한 것이다. 이 여진족 공략은 키요마사의 왕자 포로 확보와 함께 양대 공훈으로 크게 부각해 낸 것이다.

한편 키요마사 군이 여진족의 여러 성을 함락하고 난 후에, 여진족이 추격하여 왔을 때, 신의 도움으로 무사히 조선으로 퇴각한 것을 그려냈다.

그곳에서 5~60리 정도 고려 쪽으로 퇴각하여, 키요마사가 산에 진을 치고 다음날 고려로 귀환하려고 하는데, 오랑캐가 몇 천만인지 알 수 없게 키요마사 진을 공격했다. 그때 키요마사 자신은 바렌 깃발을 흔들며 공격하고, 일본인 팔천 명이 사력을 다해 싸웠다. 키요마사가 목은 필요 없으니 잘라서 버리도록 명령해서, 일본인 한명이

카토 키요마사(加藤 清正)가 전쟁에 들고 다녔다는 니치렌슈(日蓮宗)의 제목을 쓴 나무묘법연화경 기

> 오랑캐 사람 20~30명씩 죽이지 않은 자가 없다. 그러자 적이 약간 물러났다. 하지만 그들은 맹렬해서, 조금도 두려워하지 않아서 어려움을 겪었다. 그리고 또 공격해 오는데, 일본이 신국(神國)이라서 그런지, 그날 갑자기 폭우가 쏟아져서, 오랑캐인 얼굴로 불어가자, 또 덤벼들지 못하고 물러갔다. 다음날 조선의 은성이라는 곳으로 돌아왔다.
> (『清正高麗陣覺書』 301쪽)

키요마사 군이 여진족의 추격을 간신히 뿌리치고 조선에 무사히 귀환한 것을 기술한 것이다. 여진족의 맹렬한 추격을 당하였지만, 일본이 신국이라 신의 가호로 갑자기 폭우를 내리게 해서 물리쳤다는 대목이다. 일본 종군기 작품에서 전투에 고전한 경우에 나타나는 표현이다. 카토 키요마사 군이 여진족의 추격에 어려움을 당한 것을 알 수 있다.

한편, 다른 카토 키요마사 종군기 작품에서는 키요마사가 여진족을 공략하고 돌아오다가, 여진족 마을에 들어가 잔인하게 행패를 부린 사건을 그렸다. 키요마사 군이 조선으로 돌아올 때, 강건너 여진족 마을에서, 아이들이 일본군의 하체의 성기만 가린 훈도시 모습을 보고 엉덩이를 두드리며 놀렸다. 그러자 키요마사가 멀리 돌아 강을 건너가서 마을 사람을 협박하여 세 명을 찾아내서 죽인 사건이다.

> 그 녀석들을 내놓지 않으면 이곳에서 십일 이십일 진격하여, 오랑캐 안을 모두 흑토로 만들어버리겠다고 했다. 그러자, 오랑캐 사람이 말하기를 지당한 말입니다. 그놈들을 잡아오겠습니다. 하고 3명을 잡아서 키요마사 앞으로 끌고 나왔다. 머리를 벗겨서, 칼을 목에 끼우고, 망치로 치자 머리는 한칸 정도 앞으로 떨어졌다. 3명 모두 머리를 잘랐다. 사람들이 키요마사에게 사죄를 해서, 키요마사도 화평했다.
> (『清正記』 342쪽)

이 작품은 키요마사의 부하가 전장에서 주군의 공훈을 그려내기 위해 편찬한 것이다. 키요마사가 여진족 마을 사람들을 협박하여 3명의 아이들을 찾아내서 죽이는 장면을 생생하게 그려냈다. 여기서 칼을 목에 씌워서 죽인 것은, 작두 같은 물건으로 목을 자른 것으로 보인다. 이처럼 낯선 이국에서 여진족을 두려워 떨게 만든 키요마사 상을 그려내고 있다.

이러한 카토 키요마사의 위용을 잔인하게 그려낸 것은, '조선 제1의 미녀'를 죽이는 장면에서도 나타난다. 명나라의 사신이 와서 평안도에서 일본군이 모두 후퇴한 상황을 알리고, 키요마사에게 인질을 석방하고 철수할 것을 요구했다. 그러자 키요마사는 이를 거부하고 포로로 잡은 여자를 잔인하게 죽인다.

> 조선국 왕자는 타이코에게 물어보지 않고는 그쪽에 넘겨 줄 수가 없다. 미녀는 칙사 앞에 두었다. 평안도에 있는 코니시는 일본 사카이의 상인이다. 소오 대마도 태수의 인척이어서 조선 대명의 안내자에게 붙어서 평안도로 갔다. 일본 타이코의 진정한 부하는 키요마사다. 이곳으로 40만 명이 넘어올지라도 하루에 일만 명이 아니면 넘어올 수 없을 것이다. 나는 하루에 1만 명씩 40일에 모두 죽이고, 곧 북경으로 들어가 궁전누각을 불태우고, 대왕도 생포하여 조선 왕자처럼 만들어 일본으로 돌아가겠다 하고 토요토미 키요마사라고 적었다. 그런데 미녀를 밖에서 넘겨주겠다하고, 깃발에 매달고는 자루가 긴 창으로 찔러 떨어뜨리는 것을 칙사가 보고 혀를 떨면서, 두려워하며 귀국했다. 귀신 무사(鬼上官)라고 대명국까지 소문이 났다. (『清正記』 347쪽)

카토 키요마사가 명나라의 화의교섭을 거부하고 명나라의 칙사에게, 왕자는 히데요시의 허락이 있어야 돌려줄 수 있다하고, '조선 제1의 미녀'를 돌려주겠다고 하면서 창으로 찔러 죽이는 장면이다. 이 작품은 이런 잔인한 행동으로 <귀신 무사>의 이름을 얻은 것을 기술하고 있다.

그런데, 카토 키요마사에 대한 조선에서의 이 귀신 무사 전설은 후대의 상상력을 가미한 히데요시 전기 작품인『회본 타이코키』에서 더욱 확대되었다.

> 키요마사의 용맹은 천신과 같아서, 나아가는 곳마다 대항하는 적이 없었다. 깃발 아래 병사들이 모두 용맹해서, 키요마사의 나무묘호렌게교(南無妙法蓮華經)의 큰 깃발을 보면 조선인은 두려워 떨면서, 어느새 귀신장군이다 하고는 싸우지도 않고 도망가 버렸다. 그래서 지금까지도 조선인들이 그 용맹을 두려워하고 어린애가 울때 귀신 장군 온다 하면 울음을 그친다고 할 정도로 용맹한 장수로 예가 드믄 일이었다. (『繪本太閤記』 하권 230~231쪽)

키요마사의 용맹에 두려워 떠는 조선인을 그려냈다. 조선인들이 <귀신 장군>으로 부르고 아이들마저 울음을 그칠 정도라고 그려냈다.

1802년에 간행된 이 작품은 또 조선에서 호랑이를 잡는 카토 키요마사 상을 만들어 냈다.

> 그날 밤 키요마사 진지 뒤의 큰 산에서 한 마리 대호가 와서 말을 물고 방책을 넘어갔다. 진중에서는 이것을 보고 놀라 활이여 총이여 하고 소란을 피웠다. 키요마사가 이것을 듣고 아까워하고 있는데, 또 깊은 밤에 코즈키라는 소년무사를 물어 죽였다. 키요마사가 더욱 화가 나서, 말을 뺏긴 것도 억울한데, 짐승 때문에 사람을 잃다니, 내가 무사로서 치욕이다 하고 밤이 밝을 무렵 수천 명의 군병을 산 사방에 둘러싸게 하고 종을 치고 북을 치며 몰아댔다. 산 속에 있는 사슴 원숭이 종류는 쫓겨서 산을 내려가도 호랑이가 아니면 눈도 안주고, 더욱 구석구석 찾아서, 깊이 우거진 덤불숲으로 호랑이를 쫒았다. 키요마사가 스스로 총을 두방 장진하여, 큰 바위 위에 올라가

> 멀리 바라보니, 7척 대호가 화를 내고 맹렬하게 날아온다. 그 사이가 14, 5칸이었다. 키요마사가 눈을 부릅뜨고 멈추어 서서 나아가지 않았다. 측근들 백여 명이 총을 쏘려고 하는 것을, 키요마사가 그만두게 하고, 스스로 쏘아 죽이려고 총을 겨눈 것을 보고, 그 맹호가 순식간에 금색 털을 거꾸로 세우고, 입을 벌리고 날아오다가, 키요마사가 쏜 총알이 정확하게 목안에 박히자, 그렇게 큰 맹수가 잠시도 견디지 못하고 쓰러져서 일어나려고 몸을 버둥거렸지만, 급소를 맞고 괴로워서 끝내 그대로 죽었다. (『繪本太閤記』 하권 241, 244쪽)

키요마사가 조선인의 공격으로 위기에 처한 부하들을 구원하러 가서 승리한 날 밤에, 호랑이가 갑자기 나타나 짐승과 사람을 죽였다. 이 소식을 들은 카토 키요마사가 군사를 이끌고 호랑이 사냥을 나갔고, 자신이 직접 호랑이 목안에 총알을 쏘아 죽였다는 내용이다.

전쟁이 끝나고 200여 년 뒤에 만들어진 이 『회본 타이코키』의 내용은 다분히 독자의 흥미를 위해 꾸며진 것이다. 전투에 참가한 부하가 훗날 기록한 한 종군기에는 키요마사가 조선에서 가져온 호피 4장을 히데요시에게 바친 내용이 있다. (『淸正記』) 아마도 이 기록을 토대로 해서 키요마사가 직접 호랑이를 잡는 용맹으로 확대해 낸 것이 아닌가 여겨진다.

VI. 몰락의 길

히데요시가 임진왜란 시에 자신의 은퇴 후 거처로 하려고 쌓은
교토 동남쪽에 있는 후시미(伏見) 성을 기리기 위해 1964년 만들어진 모의 후시미 성

1. 시인의 저항

일본군은 파죽지세로 북상하여 평안도와 함경도까지 진격하였다. 일본군 선봉부대가 지나가고 나서도 조선 관군은 일본군과 대적하지 못하고 패퇴했다. 유성룡의 『징비록』은 6월 6일에 전라 충청 경상 3도의 순찰사들이 이끄는 주력부대 5만 명이, 경기도 용인에서 일본군 1500명과 싸워 패배한 것을 기록하고 있다. 이것은 와키사카 야스하루(脇坂 安治)의 종군기 작품에 그 때 상황이 자세히 나타나 있다.

> 5월 중순부터 서울에서 70리 떨어진 산자락에 연락소 요새를 만들고 있었다. 이곳에 6월 5일 아침부터 적 수만 명이 요새를 둘러싸며 빽빽하게 공격해오는데, 요새에는 소수밖에 없어서 대적하기 어려웠다. 그러자 서둘러 서울에 있는 주군에게 보고했다. 야스하루가 경황없이 서울에 있는 부하들을 데리고 초저녁에 출발했다. 서울에서 요새까지는 겨우 칠십리이지만, 중간에 큰 강이 있어서 시간이 지체되어 다음날 새벽에 도착했다. 적병 수만 명이 낮은 산에 진을 치고 있었다. 야스하루는 적과 2마장 정도 되는 산자락에 깃발을 세우고, 부하인 야마오카 우콘을 선봉으로 해서 한 기씩 보내자, 적진에서 이것을 보고 예상과 달리, 약간 흥분하는 듯이 보였다. 성안에서도 야스하루의 깃발을 보고 달려나와 호응했다. 해가 뜰 무렵 안팎의 아군이 한 무리가 되어서 총공격해서 적진으로 치고 들어가자, 적진에서는 견디지 못하고 뒤쪽 산으로 후퇴하는 것이 보였다. 야스하루가 적이 진을 친 산에 올라가 깃발을 흔들었다. 전군이 앞 다투어 사면팔방으로 뛰면서 치고나가자 적들이 즉시에 패군했다. 부산 가는 길로 쫓아가서 혹은 죽이고, 혹은 생포했다. 한 시간 동안에 수만 명의 적진을 소수의 병력으로 쳐부순 것은 뛰어난 전공이라고 조선에 있던 일본군 사이에 소문이 났다. 이때 생포한 자는 200여 명이고, 벤 머리는 천여개였는데 그 산에 걸어 두었다. (『脇坂記』 439~440쪽)

와키사카 야스하루는 원래 일본 수군 장수였으나, 처음 조선에 도착하여 해상의 저항이 없는 것을 보고 육지에 상륙하여 서울근교까지 진격한 것이다. 부하들을 용인에서 연락 성채를 쌓도록 해두고 서울에 머물고 있다가 조선군이 공격한다는 급보를 받고 한강을 건너 쫓아가서 전투를 벌였다. 와키사카가 1500명(이경석의 『임진전란사』에는 1600명이라고 함)의 군사로 어떻게 5만명의 조선군을 패주시킬 수 있었는지 도저히 믿어지지 않는다.

하지만 와키사카 야스하루가 소수의 병력으로 조선 관군 수만명을 한 시간에 격파했다고 한 것은 그다지 과장된 것이 아니라고 여겨진다. 왜냐하면 곧 이어 남하하여 해전을 벌였다가 이순신에게 패배한 내용도 사실대로 기술하고 있기 때문이다. 오랜 전쟁에 단련된 일본군과 조선군이 맞붙은 전쟁 초기 상황이 이런 것이었다고 봐도 크게 틀리지 않을 것이다.

조선의 관군이 일본군을 맞아 힘없이 무너지자, 전국 각지에서 의병이 일어났다. 이들 의병들의 활동은 일본군의 보급로를 위협하고, 일본군의 세력을 분산시켰다. 임진강까지 진격했던 모오리 테루모토(毛利 輝元) 군사는 후퇴하여 경상도를 제압하고, 전라도로 진격하려다가 관군과 의병의 저항을 받았다. 일본의 전투에서는 경험하지 못했던 민간인들의 의병 활동이었다. 이러한 상황이 나타나자 일본의 조선 침략은 새로운 양상에 부닥친 것이다.

오랜 전쟁에 단련된 일본군과 맞서서 목숨을 내걸고 달려드는 이와 같은 저항이 전국 각지에서 펼쳐진 것이다. 이경석의 『임진전란사』에 의하면 각지에서 많은 의병이 일어났는데, 제일 먼저 김천일, 고경명, 곽재우, 김면, 정인홍, 조헌 등이 일어났다고 하고 있다(상권 308쪽). 이들 의병은 관군과 합세하여 일본군에 대항했다. 이렇게 되자 일본군 선봉부대는 더 이상 진격하지 못하고 평양성에 머물렀다.

이러한 상황을 17세기 일본의 주자학자 하야시 라잔(林羅山)은 다음과 같이 기술하고 있다.

> 유키나가가 비록 여러 차례 전공을 세웠지만, 왕자를 잡지 못해서 키요마사와 간격이 벌어졌다. 유키나가가 평양 옛 도읍에 주둔하고서는, 대명병이 오면 일전하여 공을 이루든지, 분전하여 죽든지 둘 중의 하나 뿐이라고 생각했다. 그래서 사람을 서울에 보내 여러 장수들에게, '압록강을 건너 대명에 곧 바로 들어가는 것은 쉽소. 제장들이 뒤에서 후원하면 나는 틀림없이 선봉이 될 것이오.'하고 말했다. 그러자 여러 장수들이 말하기를, '경상 전라 양도에서는 아직 잔성을 고수하고 항복하지 않습니다. 대적이 뒤에 남아 있는데, 가볍게 압록강을 건넌다는 것은 위험한 일입니다. 장막에 화살을 쏘려고 하지 말고 먼저 전라도를 취해야 합니다.'하고 대답했다. (『豊臣秀吉譜』 중 41쪽)

평양성에 주둔한 제1군은 진격하고 싶어했지만, 경상・전라도에서 안전이 위협받아 더 이상 진격하지 못한 것이다. 결국 일본군 일부가 후퇴하여 각지의 저항 세력을 토벌하려고 했다. 그러나 이들은 끝내 전라도를 공략하는데 실패했다. 이렇게 되자 평양에서 부산에 이르는 보급로의 안선이 위협을 받세 되고 전선은 고착되있다.

이 때 각지의 여러 의병 활동 가운데서 여기서 문관출신인 제봉 고경명의 의병 활동을 살펴보자. 고경명은 전라도 광산에서 태어나 문과에 급제하여 관리를 지낸 전형적인 문관이다. 전쟁이 일어날 당시에는 60세 나이로 고향에서 독서와 시를 짓는 일을 업으로 하고 있었다. 고경명은 일본군이 침입하자, 곧바로 의병을 모집하는 격문을 돌렸다. 그리고 두 아들을 데리고 출사표를 던진 것이 6월 1일이다. 고경명은 전주를 거쳐 충남 금산에서 7월 10일 일본군과 싸우다 작은 아들과 함께 전사했다. 이 사이에 그가 각지의 사람들에게 호소한 격문 서간 등이 『정기록(正氣錄)』에 수록되어 있다. 출진하는 도중 말위에서 작성해서 각도의 인사들에게 보낸 마상격문(馬上檄文) 가운데서 일부 내용을 살펴보자.

> 경명은 단심의 만절이요, 백발의 부유로서, 밤중의 닭 울음을 듣고 다난한 앞날을 견딜 수 없어, 중류에 떠가는 뱃전을 두들기며 스스로 고충(孤忠)을 허락하였다. 이는 오직 견마의 주인 그리는 정성을 품었을 뿐이요, 모기가 태산을 짊어진 격인 자기 힘을 요량하지 않은 것이다. 이에 의병을 규합하여, 곧장 서울로 치닫기로 하고서 옷소매를 떨치며 단상에 올라 눈물을 뿌리고 군중과 맹서하니, 곰을 잡고 범을 넘어뜨릴 장사는 천둥 울리듯 바람 치듯하고 수레를 뛰어 오르고 관문을 넘어가는 무리는 구름 모이듯 비 쏟듯 한다. 이는 절대 강박해서 응하거나, 억지로 따른 것이 아니라 오직 신자(臣子)의 충의의 마음이 다같이 지성에서 울어난 것이니, 위급 존망의 날에 처하여 감히 하찮은 몸둥을 아끼랴. 당초부터 의병이라 칭한 이상 직수(職守)에도 얽매이지 않고, 군사란 바름으로써 씩씩한 법이니 강약을 따질 것도 없다. (『정기록』 31~32쪽)

한문으로 된 이 마상격문은 비분강개한 심정으로 불의에 맞서서 일어날 것을 호소하고 있다. 의병들은 강압에 의해서가 아니라 스스로 의를 위해 목숨을 아끼지 않고 모여 든 것이다. 일본의 전투에서는 힘으로 대결하고 나서, 한쪽 장수만 죽으면 나머지는 모두 하루아침에 주군을 바꾸고 충성을 다하는 것과는 다른 양상이 나타난 것이다. 전쟁을 모르는 많은 민간인들이 불의의 침략에 목숨을 걸고 달려드는 상황에 맞닥뜨린 것이다.

고경명은 금산 전투에서, 큰아들이 사태가 위급함을 알리며 피신하기를 청했지만, 오직 죽음이 있을 뿐이라고 물러나지 않았다.

방어사는 진산 원님을 보내와서 내일 일을 의논함으로 종후는 부친에게 진언하기를, "오늘 우리군사가 승리하였으니 이 승세를 가지고 군사를 보전하여 돌아갔다가 형세를 보아 다시 와서 들락날락하며 적을 곤하게 하는 것이 옳으며 적과 더불어 대치하여 밤을 난다면 야습을 당할 우려가 있습니다"하였는데 부친의 말씀이 "너는 부자의 정의로써 나의 죽음을 두려워하느냐, 나는 국사를 위하여 한번 죽는 것도 당연하지 않느냐" 하시므로 종후는 감히 더 말을 못하고 물러났습니다. (『정기록』 79쪽)

평생을 문인으로 살아온 고경명은 군사작전이 무엇인지 모르는 의병장이었다. 일본군은 오랜 전쟁에 단련되어 있는데, 조선인은 전쟁에 익숙하지 않아 전면전에서 불리할 수밖에 없었다. 그러나 고경명은 구차히 살아남으려고 하지 않고, 목숨을 내던지고 불의에 맞서 싸움을 한 것이다.

그 진이 무너지기 전에 선친이 맨 가운데 계셨고, 종후는 한쪽가에 있었고, 망제(亡弟)는 독전소(督戰所)로부터 와서 한쪽 가에 있었는데, 한창 무너질 적에 종후의 말이 가시덩굴에 걸려 넘어지므로 말고삐를 당기어 서서히 가다가 제군이 벌써 멀어졌기에 그 뒤를 밟아 말을 달려 달아났습니다. 그래서 부자 형제가 서로 잃어버리고 홀로 구차히 살며 말하고 밥 먹고 있으니 천지에 죄를 져서 날로 신명의 벌을 기다릴 따름입니다. 망친은 일찍이 말씀하기를 "나는 말타기에 익숙하지 못하니 불행히 싸우다 패하면 오직 한번 죽음이 있을 뿐이다. 우리들의 성패에 국가의 안위가 달렸는데 어찌 일신의 화복에 그치겠는가" 하고 말했습니다. (『정기록』 80쪽)

60세 노령의 고경명이 싸워서 이기지 않는다면 죽음만이 있다고, 물러서지 않고 장렬한 죽음을 선택한 모습이다. 큰 아들 고종후는 아버지와 동생이 전사하자. 부친과 동생의 원수를 갚기 위한 복수군 대장이 되어 의병활동을 하다, 다음해 진주성 전투에서 전사했다.

고경명은 일생동안 천수 가까운 시를 남긴 시인이었다. 그는 자신의 학문과 삶의 현실을 일치시켰다. 자칫하면 현실과 유리되고 문약에 빠지고 말 정신을 부단히 가꾸어 온 것이다. 그는 이러한 정신을 시에서 다듬었다. 시는 단순히 문인들의 여흥이 아니라, 이것이 없이는 이룰 수 없는, 삶의 진실을 담아내는 그릇이었다. 고경명이 얼마나 시를 중하게 여겼는지를 막내 아들 용후가 언급하고 있다.

> 선인이 창의하여 근왕하러 갈 때 나는 나이가 겨우 동자를 넘었는데, 울면서 따라갔다. 선인이 길에서 손을 잡으면서 말하기를, "너는 울지 말거라, 나는 나라를 위해서 한번 죽는 일이 있을 뿐이다. 너는 돌아가서 너의 어머니와 잘 있거라, 내가 지은 시 약간 편을 모두 너에게 맡기니, 너는 맡아서 잘 간직하거라. 적의 세력이 비록 치열하긴 하지만, 우리 조정의 국운은 오래 이어지고 틀림없이 중흥할 것이니, 만약 네가 출신하여 조정에 나가면 마땅히 충성을 다할 것을 생각하여 가문의 명성을 떨어뜨리지 마라. 늙은 아비가 가면 죽음이 있을 뿐이니, 부자가 다시 만나는 것은 기약이 없을 것이다. 오늘 이 말을 너는 뼈에 새기거라" 하시고는 말을 타고 떠나셨다.
>
> (『霽峯遺集』「跋文」)

고경명은 고령의 나이에 출진하면서 살아서 돌아오려는 생각을 하지 않았다. 자신의 천리(天理)에 대한 믿음을 실천하고 커다란 기운 속으로 흘러갈 것을 이미 알고 있었다. 이것은 육신을 가진 현실의 삶과의 이별이었고, 일생 동안 여유있고 아름답게 지어왔던 시와의 이별이었던 것이다.

현재 전하는 고경명의 문집, 속집, 유집은 아들 용후에 의해서 전란 난리 속에서도 생명처럼 소중히 간직되었다가 17세기 초반에 간행되었다. 여기에 수록된 것은 대부분이 시이고, 천수 가까운 시가 실려 있다. 고경명이 얼마나 시를 생활화했는지를 보여준다. 『제봉문집(霽峯文集)』에 들어있는 <면앙정 삼십영(俛仰亭三十詠)> 가운데서 <추월취벽(秋月翠壁)> 한 수를 살펴보자.

> 철벽 위로 어슴푸레 해지고
> 산마루는 하늘에 가까이 있고
> 가을바람 옷깃을 흔들려 하는데
> 바르게 하고서 기다리는 계수나무 달
> (鐵壁上蒼然 層巔尺去天 秋風衣欲振 直待桂輪圓)
>
> (『國譯霽峯全書』 161쪽)

고경명이 가을 해가 저물어 가는 때, 면앙정에서 절벽을 바라보고, 그리고 산꼭대기 위로 <하늘(天)>을 응시하고 서 있는데, 가을바람이 옷깃을 스쳐 지나가면서, 시심을 불러일으켰다. 그러자 고경명이 다시 마음을 '바르게(直)' 하고서 달이 떠오르기를 기다렸다. 고경명은 일생동안 시를 통해, '하늘'의 이치가 담겨있는 숭고한 자연의 아름다움을 찾는 작업을 잠시도 그치지 않았고, 이 날도 해저물녘 '힘써서 (위아래를) 우러러보는 정자' 면앙정(俛仰亭)에서, 그런 하늘 아래 산마루의 아름답고 경이로운 세계를 올려다보고 있었다. 인간의 지혜로는 쉽게 접근할 수 없는 '하늘'이지만, 그것에 다가갈 수 있는 것은, 추호의 흐트러진 마음도 거짓도 없는, 진실한 시뿐임을 알고 있었다.

고경명은 쓸쓸한 가을 저녁 계수나무 달을 기다리다가 그대로 달이 되었다. 제봉 고경명은 자신의 지기(志氣)에서 발현한 언어가 자연사물과 천리(天理)를 연결해주는 거짓 없는 위대한 세계임을 알았고, 또한 죽음이 이를 멈추게 할 수 없음을 잘 알았다. 위대한 시인은 죽지 않고 우리의 가슴 속에 살아 있다.

2. 이순신 장군의 활약

육지에서 일본군의 승승장구와는 달리, 바다에서 이순신 장군의 활약은 일본군의 침략을 좌절시켰다. 일본군이 처음 부산 앞바다에 몰려왔을 때, 조선수군은 무기를 버리고 도망가고 대적하는 사람이 없었다. 그러자 일본군은 수군마저 육로로 나와 서울까지 올라갔다. 이들 수군은 이순신 함대의 출동으로 해상로가 위태롭게 되면서 다시 바다로 내려왔다. 경상 좌우 병사가 모두 도주한 상황에서, 전라 좌수사 이순신 함대가 여수 좌수영을 출동한 것은 5월 4일이고, 5월 7일 거제도 옥포에서 해전을 벌여 승리하였다.

용인에서 3도의 대군을 격파하고, 공을 세운 와키사카 야스하루가 승리에 도취하여 있을 때, 거제도에서 일본수군이 패하였다. 히데요시는 와키사카에게 남해안에서 수군을 공략하라는 명을 내렸다. 와키사카 야스하루(脇坂 安治), 쿠키 요시타카(九鬼 嘉隆), 카토 요시아키(加藤 嘉明) 등 일본 수군은 6월 14일 부산포에 도착하였다. 다른 두 장수가 배를 수리하는 등 준비하는 사이에 와키사카 군이 먼저 이순신 함대와 해전을 벌였다. 이것이 이른바 7월 8일에 있었던 이순신 장군의 한산대첩이다.

와키사카의 전쟁 체험을 기록한 종군기는 이때의 상황을 다음과 같이 전하고 있다.

> 7월 8일 거제도 앞바다로 나가자, 마침 좁은 해로에 조선 함선(番船) 4~5척이 있는 것을 보고 총을 쏘고 한 시간쯤 싸웠는데 조선 함선은 좁은 해로를 지나서 넓은 곳으로 나가서 일시에 키를 돌려잡고, 큰 배를 학익진으로 벌려 세우고 우리 배를 포위했다. 밀고 밀리면서 쏘아대는데 우리 배에 부상자와 죽은 자가 많았다. 적은 큰 배, 아군은

> 작은 배여서, 대적하기 힘들다고 보고, 원래의 좁은 해로로 들어가려는데 조선 함선이 몰려들어 우리 배에 포를 쏘아 넣자 즉시 배가 불타는 가운데 (와키사카) 야스하루의 부하인 와키사카 사베에(左兵衛), 와타나베(渡辺 七右衛門)를 비롯 이름있는 자들이 죽었다. 그래도 야스하루는 노 수가 많은 빠른 배여서, 자유롭게 움직여서 목숨에 이상이 없기는 했지만, 갑옷에 화살이 닿아서, 위험하기 짝이 없는 구사일생이었다. 자꾸 포를 쏘아대서 야스하루는 빠른 배로 김해로 후퇴했다.
>
> (『脇坂記』 441쪽)

용인 전투의 승리에 도취해 있던 와키사카 군이 한산도에서 유인작전에 말려 패전하는 내용이다. 이 때 와키사카의 패전 소식을 들은 두명의 수군 장수 쿠키와 카토가 구원을 하러 나갔지만, 이들도 패하여 안골포 돌아갔음을 이 종군기 작품은 전하고 있다.

이 해상 전투의 패전 소식은 히데요시에게 곧바로 보고되었다. 히데요시는 와키사카 야스하루에게 7월 14일자 문서를 보내 위로하고, 추가로 병력 6만 명을 파견한다는 소식을 전하면서, 향후 육로를 이용하여 조선 수군을 공격하도록 지시하고 있다.

> 지난 7일 이산코에서 싸우려고, 배를 출동했다가, 그대의 큰 배들이 소실되었다고 하니, 안타까운 일이다. 용감하게 끝까지 싸워줘서 고맙게 생각한다. 그리고 그대 몸에 이상이 없다고 하니 무엇보다 다행한 일이다. 앞으로 거제도에 요새를 쌓고, 쿠키, 카토 등 두세 명과 협력하여 견고하게 지키기 바란다. 이 내용을 전하기 바란다. 토오도(藤堂)를 보내니, 조선 배들이 있는 섬들에, 육지를 따라서 군사를 보내 퇴치하도록, 키후 츄나곤의 군사와 그 밖에 키슈의 군사들을 보내라고 명령했다. 자세한 것은 토오도에게 전했다.
>
> (『脇坂記』 442쪽)

히데요시가 한산대첩 이후 해상전투를 중지하라는 명령을 내린 것이다. 육지에서 승승장구하던 일본군과 대조적으로 해상에서는 완전히 전의를 상실한 것이다. 이러한 상황에서 히데요시의 도해는 당연히 연기될 수밖에 없었고, 그는 끝내 조선에 건너오지 못한 채 큐슈의 나고야 진지에서 발을 구르고 있어야만 했다. 히데요시가 조선에 건너와서, 연합부대였던 일본군의 진두지휘를 하지 못한 것은 일본군 패전의 주요 요인이 되었다.

이 때의 일본 종군기 작품에는 이순신 장군의 이름이나 다른 수군 장수의 이름은 보이지 않는다. 전쟁 협상에서 명나라와 일본이 테이블에 마주 앉아 있었기 때문으로 보인다. 17세기 중반에 편찬된 『조선정벌기』에는 중국 문헌들을 참조하여 간략하게 <이통제(李統制)>에 대한 언급만이 있다. 본격적으로 조선 무장들의 이름이 일본 무장들의 전기 작품에 기록되기 시작한 것은 17세기 후반 『징비록』이 일본에 전해지면서부터이다.

이처럼 히데요시의 침략을 결정적으로 저지할 수 있었던 이순신은, 전술이 뛰어나고 지략이 풍부한 점에서도 두드러졌다. 하지만, 그것보다도 세상이 무너질 듯한 전장의 참혹함 속에서도, 하늘의 섭리를 추호도 의심하지 않았던 그의 굳건한 믿음에 우리는 더 감동하지 않을 수 없다.

이순신이 전장에서 기록한 『난중일기』가, 이 전쟁을 다룬 어떤 문학 작품보다도, 우리의 마음을 감동시키는 이유는 여기에 있다. 또한 훗날 일본인들이 이순신에 깊이 감동받은 것도, 일본에는 없었던 그동안 인간들이 수천년 동안 쌓아왔던 천리(天理)에 대한 믿음에 추호도 흔들림이 없었던, 바로 이 정신이었다고 여겨진다.

3. 어머니의 죽음

히데요시의 모친은 히데요시가 조선침략 와중인 1592년 7월 22일에 죽었다. 히데요시가 큐슈 북단 침략기지 사가 현의 나고야에서 전쟁을 지휘하고 있는 가운데, 조선으로 도해할 날만을 기다리고 있는 상황이었다. 부하들은 침략한 지 한 달도 안 되어 서울에 무혈입성하고, 두 달 만에 평양성마저 확보하고 임금을 쫓고 있는 상황이었다. 전쟁 초반의 승리로 선봉 부대가 평안도 함경도까지 공략하고 있었지만, 전라도 경상도에서는 의병활동이 격화되고, 부산 근해에서는 이순신이 이끄는 조선수군이 제해권을 장악해 가는 상황이었다.

이런 가운데 히데요시의 도해는 어쩔 수없이 연기되고 있는 가운데 히데요시의 모친이 사망했다. 히데요시는 모친이 위독하다는 보고를 받고 임종을 지켜보기 위해 급거 쿄토로 귀환했다. 히데요시는 7월 22일 침략기지 나고야를 출발하였다. 그리고 세토 내해의 야마구치 부근에서 모친 사망 소식을 보고 받고 슬퍼하는 모습을 살펴보자.

> 스오 야마나카(周防 山中)란 곳에 이르렀을 때 오만도코로님이 돌아가셨다는 보고가 있었다. 어찌할 수 없다고 생각하시고는 눈물을 흘리는 것이 이만저만이 아니었다. 모든 것이 변해가는 것은 세상의 이치, 마음대로 안 되는 세상 일, 늙든지 젊든지 (운명은) 알 수 없는 이치라고 깨달으시고는, 히젠 오사후네 찻집에서 와카를 지었다.
>
> 서둘렀지만/ 만나지 못해 서운하구나/
> 세상 일이/ 덧없음은/ 눈물뿐이로다
>
> 하고 읊으시고는 참으로 가엽고 무상한 도리를 생각하시는 것이 세상에 드믄 신기한 일이었다. (『太閤軍記』 212쪽)

히데요시가 모친의 임종을 지키기 위해 귀환하는 해로에서 사망 보고를 받고, 무상한 세상의 이치를 깨닫고 와카를 짓는 모습을 그려냈다. 그런데 『타이코키』는 히데요시가 모친의 죽음을 확인한 장면을 더욱 극적으로 그려냈다.

> 그때 전하의 모당 오만도코로(大政所)는 나이가 8순이 넘었는데, 히데요시 공이 고려 나라에 건너가신다고 여기시고 근심하셨다. 옆에 모시는 사람들이, "아닙니다, 나고야라는 곳에 계시고, 여러 대부들만 건너가게 했습니다" 하고 위로를 했지만, 그것이 정말이라고 생각하지 않고는, 6월 중순부터 평소와 다르더니 날마다 수척해지셨다. (중략) (히데요시가) 7월 22일 나고야를 출발해서, 밤낮을 가리지 않고 그믐날 도착해서, 오만도코로 있는 곳에 들어가서 어떻게 되었느냐하고 물으시자, 벌써 25일에 돌아가셨습니다 하는 말을 듣자마자 기절하셨다. 의사들이 정신이 돌아오는 약을 먹이고 나니, 멍하니 있으면서 눈물도 아직 흘리지 않으시고 실성하셨다. 잠시 있다가 눈물이 쏟아져 멈추지 않았다. 마냥 이러고 있어도 소용없는 일이라, 우선 넓은 방으로 나와서는, 이번에 임종을 지켜보고 하직인사를 못한 것은, 고려와 중국을 정복하려고 했기 때문이다. 참으로 유감이다 하면서 자꾸 후회했지만 소용이 없었다. (『太閤記』 373, 382쪽)

『타이코키』는 앞의 전기 작품 내용을 바탕으로 하면서도 더욱 극적으로 꾸며냈다. 히데요시 모친은 아들이 '고려'에 건너갔다고 근심하였고, 옆에서 아직 일본에 있다고 해도 믿지 않고 근심하다가 죽은 것으로 그려낸 것이다. 그리고 극적인 장면을 드러내기 위해서 히데요시가 모친의 죽음을 모른 채, 귀환하여 모친의 주검을 접하고는 실성하고, 그리고 조선침략을 후회하도록 그려냈다. 여기서 8순이 넘어 죽은 것으로 하고 있으나 실제로는 76살에 죽었다.

『회본 타이코키』는 『타이코키』의 내용을 그대로 이어받아서 모친의 죽음에 슬퍼하는 히데요시를 더욱 처량한 모습으로 그려냈다.

그러면서 "좌우의 측근들이, 참으로 모자의 이별이 이렇게 슬프구나 하고 눈물을 흘렸다"고 덧붙였다. 이러한 히데요시가 모친의 죽음을 당해 슬퍼하는 모습은, 20세기의 『신서 타이코키』 작품에 이르러서는, 아예 어린 시절부터 효성 지극한 인물로 그려냈다. 히데요시가 모친에게 효성을 다하기 위해 열심히 일하고 출세한 인물로 그려냈음을 앞에서 살펴보았다.

히데요시 전기 작품들이 이렇게 모친의 임종과 관련하여 효성스런 모습으로 그려내고자 한 것과 비교되는 것이 이순신 장군의 지극한 효성이다. 이순신 장군은 일본군의 침략에 즈음하여 바다에서 지내면서도 하루가 멀다 하고 연로한 모친의 안위를 걱정하고 있다. 그의 『난중일기』는 전장의 번잡한 와중에 중요한 사항을 간결하게 기록한 것이다. 그런 가운데서도 어머니의 안위는 빠뜨리지 않았다.

임진년(1592년) 정월 초하루, "어머니를 떠나 두 번이나 남쪽에서 설을 쇠니 간절한 회한을 이길 수 없다"고 명절인데도 남해안에 머물면서 노모를 찾아뵙지 못하는 심정을 적었다. 그리고는 천리나 멀리 떨어진 아산까지 가끔 사람을 보내 어머니의 안부를 물었다. 계사년 5월 4일에는, "오늘이 곧 모친의 생신이었으나 적을 토벌하는 일 때문에 가서 축수의 잔을 올리지 못하니 평생 한이 되겠다"고 적고 있다. 계사년(1593년) 6월부터는 어머니 소식이 더욱 자주 나온다. 아산은 거리가 멀어 자주 문안할 수 없어, 여수 본영으로 옮겨서 가까이 모신 것이다. 을미년(1595년) 정월 초하루에도 팔순의 병드신 어머니를 생각하며 밤을 새웠다고 하고 있다. 전쟁 와중에서도 어머니의 안위는 자신의 삶 그 자체처럼 소중하게 여기고 있었음을 알 수 있다.

이순신 장군은 1597년 2월 26일 조정의 명령을 이행하지 않은 것으로 파직되어 서울로 압송되었다. 일본군 선봉 장수인 카토 키요마사 군을 해로에서 치라는 명령을 이행하지 않았던 것이 화근이 되었다. 일본인의 정보를 완전히 신뢰하지 못했던 것이 당파 싸움의 와중에 확대되어 크게 처벌 받은 것이다. 이순신은 유교의 정신에 투철한 무장이었다. 그는 논어에서 말하는 바와 같이, 성난 호랑이가 강에 뛰어 들어 물에 빠져 죽듯이(暴虎馮河死者) 용맹한 장수가 아니라, 죽음을 두려워하고 일을 심사숙고하여 성공을 꾀하는(臨死而懼好謀而成者) 신중한 장수였다. (『논어』 술이편)

정유재란이 임박한 상황에서 투옥되었던 이순신은 일본군이 다시 대거 몰려오자 투옥된지 한 달여 만인 4월 1일 날 풀려났다. 그는 백의종군하여 남해안 전선으로 내려가던 중 5일날 아산 선영에 도착했다. 일기에는 이 때의 감회를 적었다. "선산에 이르렀다. 수목이 거듭 야화(野火)를 겪어 말라비틀어졌으니 차마 볼 수가 없었다. 무덤 아래에서 절하며 곡하는데 한참 동안 일어나지 못했다. 저녁이 되어 외가로 내려가 사당에 절하고 그 길로 조카 뇌의 집에 가서 조상의 사당에 곡하며 절했다"고 하여 오랜 만에 선영에 가서 조상을 만난 심회를 적었다. 백의종군한 이순신 장군은 출옥 후에 아직 모친의 소식을 알지 못했다.

4월 11일 날은, "새벽꿈이 매우 심란하여 이루다 말할 수가 없었다. 마음이 몹시 언짢아서 취한 듯 미친 듯 마음을 가눌 수 없으니, 이것이 무슨 징조인가. 병드신 어머니를 생각하니, 눈물이 흐르는 것을 깨닫지 못했다. 종을 보내 어머니 소식을 듣고 오게 했다" 12일 날은, "종 태문이 안흥량에서 들어와 편지를 전하는 데, '어머니께서는 숨이 거의 끊어지려 하시며, 초9일에 위아래 여러 사람들은 모두 무사히 안흥에 도착하여 묵고 있다'고 했다" 이순신 장군이 투옥되고 나서, 가족들은 배를 타고 서해안으로 해서 태안반도에까지 도착한 소식을 전한 것이다.

그리고 13일 날, "일찍 식사 후에 어머님을 마중하려고 바닷가로 나갔다. (중략) 얼마 후 종 순화가 배에서 와서 어머님의 부고를 전했다. 뛰쳐나가 가슴을 치고 뛰며 슬퍼하니 하늘의 해조차 캄캄해졌다. 바로 해암(아산시 인주면 해암리)으로 달려가니 배는 벌써 와 있었다. 길에서 바라보며 가슴이 찢어지는 슬픔을 이루 다 적을 수가 없다. 뒷날에 적었다" 모친의 사망 소식을 접한 심정을 적었다.

이렇게 이순신 장군은 꿈에도 그리며 모시던 어머니를 전쟁의 와중에 잃었다. 그는 어머니의 장례를 마치고서 국사가 위중하여 지체할 수 없어 19일 곧 모친의 영전을 하직했다. "맑음. 일찍 길을 떠나며 어머니 영전에 하직을 고하고 울부짖었다. 어찌하랴, 어찌하랴, 천지에 나 같은 사정이 또 어디 있단 말인가. 어서 죽는 것만 같지 못하구나. 조카 뇌의 집에 이르러 조상의 사당 앞에서 하직을 아뢰고 길을 떠났다"

『난중일기』가 우리에게 감동을 주는 것은, 여기에서 하늘의 섭리를 진실로 우러러본 인간의 모습을 발견할 수 있기 때문이다. 하늘에서부터 이어진 아버지와 어머니 그리고 나의 존재에 대한 깊은 통찰 속에서만 세상과 연결되는 진정한 효를 이해할 수 있을 것이다. 자신의 부모가 생명처럼 소중한 만큼, 타인의 부모에 대한 소중함을 모르는 효란, 무의미한 것이다. 히데요시의 전기 작품들이 모친에게 정성을 다하는 효를 강조하고 있지만, 이것은 자신이 일으킨 전장에서 수없이 죽어가는 사람들의 비통함과 연결되지 않는 불완전하고 거짓된 것임을 우리는 이순신 장군의 효를 통해 확인할 수 있다.

4. 명나라 출전과 일본군 철수

평양성을 일본군에 넘겨준 조선은 명나라 구원군을 애타게 기다렸다. 6월 19일 명나라 요동 부총병 조승훈은 급한대로 3천명의 군사를 이끌고 압록강을 건너왔다. 그는 일본군을 얕잡아 보고 7월 16일 평양성을 공격했으나 실패하고 물러났다. 평양성에 주둔한 일본군은 후방 보급로가 위협받는 상황에서 더 이상 진격하지 못하고 명나라와 협상을 시작했다. 명나라 책사 심유경은 9월 1일 코니시 유키나가와 회담하고, 회담 내용을 명나라 황제의 윤허를 받는다는 명목으로 50일간 휴전하기로 합의했다.

제1군에 소속된 병사의 종군 일기는 평양성의 일본군이 명나라 황제의 사신이 오기만을 애타게 기다리는 심정을 다음과 같이 기술한다.

> 10월 20일도 지났는데 전혀 오지 않았다. 드디어 11월 20일경에 유격장군이 와서는 '곧 인질이 온다'는 것이 속임수 인줄도 모르고, 11월말에는 서울까지 철수할 것으로 믿었다. 추선의 말이 이랬다 저랬다 하는 가운데 해가 바뀌었다. (『吉野日記』 12쪽)

일본군은 명나라와 휴전하기로 합의한 50일이 지났는데도 나타나지 않는 유격장군 심유경을 애타게 기다리며 시간을 보내는 모습이다. 이들은 명나라의 인질을 대동하고 철수할 수 있을 것이라는 희망을 갖고 있었음을 알 수 있다. 명나라와 일본 양쪽의 책략이 이어지는 가운데 해가 바뀌었다. 그리고 나서 갑자기 1593년 1월 초에 명나라 대군이 공략하는 모습을 그려냈다.

> 7일 아침에 건너편 산을 바라보니 갖가지 깃발이 보였다. 주변을 둘러보니 들도 산도 모두 사람으로 가득했는데, 백만 대군이라고 나중에 들었다. 아군은 적을 맞이하여, 언제나와 같은 솜씨라고 여기고, 총을 수없이 쏘아댔는데, 얼굴도 돌리지 않고 공격한다. 아군은 몇 번이나 싸웠지만, 끝내 창으로는 지지 않아도, 큰칼도 작은칼도 무뎌지고, 기력이 다한데다가 소수라서 대적하지 못하는 가운데, 적은 3곳으로 공격해오니, 죽이고 죽는 가운데 돌담 성안에 있는 구원군을 기다렸다. (『吉野日記』 13쪽)

대명(大明)의 '백만 대군'이 공격해왔다고 여긴 일본군은, 이미 기력을 상실했다. 결국 일본군은 그날 밤 평양성을 탈출했다. 실지로 명나라 4만 명과 조선인을 포함하여 총 5만명 정도가 평양성 탈환작전에 투입된 것으로 알려져 있으나, 백만 대군이 공략해 온 것으로 들었다고 하고 있다.

『타이코키』는 한남(漢南) 군사 50만 명이 공격한 것으로 그리고 있지만, 평양성과 서울이 인접한 모습으로 그리고 있다(406쪽). 한편, 중국측 자료를 이용하여 17세기 중반에 편찬된 『조선정벌기』는 조선인을 포함한 20만 남짓의 병력이 공격한 것으로 그리고 있다(2~8쪽). 이 작품은 평양성 전투 당시의 상황을 비교적 상세하게 전하고 있다.

> 같은 8일 이른 아침부터 세 곳에서 일시에 성을 넘어 들어오려고 공격했다. 성안에서 처음에는 총을 쏘아대자, 공격군이 담장 아래에 물러나 있는 것을 보고, 방책을 열고서 치고 나갔다. 몇 시간을 공략하고 싸워 죽고 죽이면서 공방전을 펼쳤다. 성안 사방의 군사들이 장수의 목을 베어 공을 세우려고 방책 입구에 모여 있자, 성 서쪽에 수비병이 적은 것을 보고, 이곳에 있던 남병(南兵) 만여 명이 힘을 합쳐 일시에 넘어 들어와서 함성을 질러댔다. 이곳을 아군이 막을 수가 없이, 무너지자, 세 곳의 공격군이 기회를 타고 동시에 방책을 무너뜨리고 넘어 들어왔다. (『朝鮮征伐記』 2-9쪽)

명나라와 조선군이 1593년 1월 8일 일시에 성을 공격하여 함락하는 모습을 그려준다. 그런데 이날 성을 완전히 함락하기 전에 날이 저물어 물러난 사이에 일본군은 평양성에서 철수했다. 이때의 패잔병의 모습을 보자.

> 코니시 유키나가가 일찍부터 약속해둔 대로, 지난 3일 파발을 보내, "대명의 병사 20만기가 치고 나와서 성을 둘러싸려고 한다. 급히 구원하기 바란다" 하고 알렸다. 오오토모 요시무네(大友 義統)에게 알리고 그곳에서 연결성들과 왕성에도 급보를 알렸다. 오오토모는 원래 겁쟁이여서 구원하기는커녕, 제대로 물건도 챙기지 않고, 연결성을 비워둔 채 왕성으로 도망쳤다. (중략) 코니시는 20만기의 적에 둘러싸여 새장안의 새와 같다. 처음에는 1만 5천의 병력이 있었지만, 혹은 공격당해 죽고, 혹은 도망쳐서 남은 병력은 5천명이 안되었다. 이렇게 되어서는 내일 성이 함락될 것이다. 여기서 덧없이 죽기보다 우선 후퇴하여 후진의 아군과 함께 뜻을 이루어야한다 하고 야반에 조용히 성을 나와서 왕성을 향했다. (『朝鮮征伐記』 2-11, 12쪽)

코니시 유키나가는 명나라 병력이 공략해 오자, 후방의 오오토모 요시무네에게 구원을 요청했다. 그러나 오오토모는 구원하지 않고 먼저 후퇴해 버려서 코니시 유키나가 군이 패전한 것을 기술한 것이다. 이 때 평양성을 구원하지 않은 오오토모 요시무네는 히데요시로부터 처벌을 받았다.

이 작품에 의하면 평양성 후퇴 이후 많은 병력 손실로 더 이상 전쟁을 지속할 힘을 상실한 것으로 보인다. 제1군 18,700명의 출진 병력이, 평양성에서 겨우 5천 정도가 살아남아 퇴각한 것이다. 코니시 유키나가의 병력은 서울로 후퇴했지만 서울에 입성하지도 못하고, 대리장이라는 곳에 주둔했다.

조선을 침략한지 8개월 정도의 기간 동안 제1군은 가는 곳마다 조선군을 격파하고 파죽지세로 북상했으나, 결국 명나라의 참전으로 평양성 전투에서 패하고 물러난 것이다. 일본군이 더 이상 대륙을 정복할 수 있다는 희망은 여기에서 완전히 꺾이고 말았다. 비록 벽제관 전투에서 추격하는 명나라와 조선군을 저지하긴 했지만, 이후의 일본군은 '백만 대군'을 거느리고 있다는 명나라와 대적할 수 없다고 보고, 히데요시의 명령으로 일본으로 돌아갈 날만을 기다린 채 협상 테이블을 주시하는 상황이었다.

5. 진주성의 눈물

히데요시가 조선에 건너오지 못한 것은, 조선 각지의 의병활동과 이순신 함대의 제해권 때문이었다. 일본군 선봉부대는 겨울 전쟁에 패전하고, 처참한 모습으로 서울 외곽에 후퇴하여, 철수할 날만 기다리고 있었다. 명나라 군사는 후퇴하는 일본군을 추격하다가 벽제관 전투에서 복병을 만나 기세가 꺾였다. 이들도 한발 물러나 개성에 주둔하였다. 이런 상황에서 심유경과 코니시 유키나가 사이에 평화교섭이 재개되었다. 결국 일본군은 히데요시의 재가를 얻어서 조선에 상륙한지 일년만인 1593년 4월 서울에서 철수하였다.

히데요시는 부하들을 남해안으로 철수시키면서, 동시에 전군으로 하여금 진주성을 공격하도록 명령하였다. 진주성을 공략하고 나서 화의를 진행하도록 한 것이다. 히데요시는 이미 대륙을 정복하겠다는 희망이 좌절되었고, 어쩔 수 없이 군사를 남해안으로 후퇴시키지 않을 수 없었다. 그런데도 진주성을 공략하도록 한 것은, 그만큼 진주성에 대한 원한이 쌓여 있었기 때문이다.

진주성에는 일본군이 처음 침입했을 때 뿔뿔이 흩어졌던 경상도 지역의 병력이 집결하여 있었고, 진주 목사 김시민, 의병장 곽재우 등이 지휘하고 있었다. 여기에 전라도 지역의 병력이 가세하고 있었다. 이들은 국지전을 펼치면서 일본군 보급로를 공격하였다. 그러자 서울에 주둔하던 호소카와(細川 忠興) 등의 병력 2만명 정도가 남하하여 1592년 10월 초에 진주성을 1차 공격했다. 이때의 상황을 17세기 중반에 편찬된 조선 침략을 다룬 종군기 작품을 통해서 보자.

> 왕성에 모인 각군 10만 여명이 덧없이 날을 보내면서 하는 일 없이 머무는 가운데, 타이코로부터 사신이 와서 중국인이 나온 것은 다행이다. 서둘러서 전투를 하라고 재촉했다. 세 감찰관 및 대장들이 어떻게 할까하고 날마다 회의를 했다. 하지만 제독 이여송이 20만 명으로 개성을 지키고 있어서 쉽게 공격할 수 없었다. 그렇다면 진주를 공격하자 하고, 나중에 도해한 카토 미쓰야스(加藤 光泰) 등 7명의 장수를 보냈다. 도성에서 진주까지 4일길 남짓, 2만 명이 채 안 되는 군사로 향했다. 진주는 조선 제1의 명성이다. 국왕이 피난할 때 기자 때부터 전해온 조선 대대의 보물을 이 성에 넣어두고, 강건한 군사 2만 명이 지키고 있어서 쉽게 함락할 수가 없었다. 7명의 장수는 이런 줄도 모르고, 병력이 적을 거라고 자만하면서, 20리 남짓한 험한 지형을 숨어들어서 성 가까이까지 다가갔다. 7명의 장수가 대등한 무사라서 서로 명령을 듣지 않고, 각자 맡은 곳을 넘어 들어가기로 약속하고는, 먼저 1등으로 등성하려고 아군끼리 연락도 하지 않고 서로 다투어 공격했다. (『朝鮮征伐記』 2-22, 2-23쪽)

이 부분은 서울에 주둔한 일본군 병력 일부가 남하하여 1593년 10월 진주성을 1차 공격했다가 실패한 내용이다. 여기에 일본군이 진주성을 공격한 시기를, 이듬해 1월 초에 있었던 명나라 대군이 반격한 이후로 잡고 있는 등 시기에서 혼란이 있다. 그러면서 진주성을 '조선 제1의 명성'이라고 하고, 조선 '대대의 보물'을 넣어두었다고 하고 있다. 이렇게 과장된 내용은 일본군이 공격에 패하고 나서 히데요시에게 증원군을 요청하면서 만들어낸 보고 내용이 아닌가 여겨진다.

이 진주성 1차 전투 모습은, 그동안에 일본군을 보기만 하면 성을 버리고 숨거나 도망치던, 조선인의 모습과는 다른 양상을 기술하고 있다.

> 성안에서는 공격하는 일본군이 소수이고, 후속 부대도 없고, 공격하는 모습이 질서가 없는 것을 보고는, 치고 나가서 싸우기를 이럭저럭 하는 가운데 오후가 되었다. 공격군 선발대가 반격을 받고는 몰려서, 부상자와 죽는 자가 과반이 되어도 교대하여 싸울 군사가 없었다. 우선 호구를 벗어나려고 허둥대자, 성안에서는 기가 살아서 사방에서 한꺼번에 치고 나오니, 공격군이 어찌 견디랴, 한번도 되받아치지 못하고, 길도 잘 모르는 험한 길에 빠져서 죽는 자 수를 알 수 없었다.
> (『朝鮮征伐記』 23쪽)

일본군이 그동안 보아왔던 대로 조선군을 얕잡아 보고 진주성을 공격했다가 패전한 내용이다. 조선군이 전쟁이 일어난 지 6개월 정도 지나자, 초기의 무력했던 상황과는 달리 일본군을 격퇴할 전술을 찾아낸 것이다. 이처럼 2만명 정도의 대군을 동원하여 공격했다가 반격을 당한 진주성 전투는 일본군의 향후 진로에 크게 영향을 미쳤다.

후방 병력만으로는 대처하지 못할 군사력이, 남해안에 가까운 진주성에 주둔하고 있다는 것을 알고 나서, 일본군의 행동은 자유롭지 못하게 되었다. 일본군은 더 이상 부산에서 서울 평양까지의 보급로를 안전하게 유지하기 힘든 상황이 되었다.

진주성 1차 전투에 지휘를 맡았던 진주 목사 김시민은 일본의 종군기 작품에 '목쿠소(木曾)'라고 조선의 용감한 장수로 이름을 남겼다. 진주 '목사'의 일본식 칭호이다. 이것은 12세기말 일본의 용감했지만 비극적 영웅 키소 판관(木曾 判官)의 이름에서 따온 것이다. 그만큼 진주성 1차 전투는 일본군의 침략전선에 중요한 전환점이 된 것이다.

진주성 1차 공격에 패배한 일본군은 이 상황을 히데요시에게 보고하고 증원군을 요청하였다.

> 대명의 군사 20만은 개성을 지키고 있고, 일본군 10만 명이 왕성에 주둔하고 막고 있지만, 그들은 길안내자일 뿐입니다. 또 날마다 대명에서 군사가 거듭 오고 있어서, 요새를 갖춘 대군을 소수로 공략할 방도가 없습니다. 그리고 왕성에 있는 군사 절반을 보내서 진주를 공격했지만, 조선 제1의 명성에 1, 2만 명이 들어있어서, 함락할 길이 없습니다. 또 황해도 충청도는 손에 들어왔다고 하지만, 백성들이 곳곳에 숨어서 여차하면 왕래하는 길을 막고 방해를 합니다. 전라도 경상도도 과반은 수중에 들어왔지만, 아군이 지나가고 나면 또 길에서 일어나서 아군 군사를 방해하고 막습니다. 각지의 요새에 성곽을 쌓고 아군을 넣어두지 않으면, 누를 길이 없습니다. 군사가 부족하니 각지에 보내기도 어렵습니다. 거듭 병력을 보내주면 요새의 성들에 넣어두고, 대명 사람들과 싸우는데 아무 문제없고, 싸워 이겨서, 대명까지 공격해 가는 것도 쉬울 것입니다 하고 보고했다.
>
> (『朝鮮征伐記』 2-24, 2-25)

진주성 전투에서 패배한 일본군의 상황을 생생하게 보여준다. 진주성을 '조선 제1의 명성'이라고 과장하여, 공격에 실패한 이유로 보고했다. 또 일본군 선봉 부대가 지나가고 나면 각지에서 일어나는 의병활동 때문에, 증원군이 없이는 더 이상 공격할 수 없는 상황을 보고한 내용이다.

일본군은 일본에서 치른 전쟁에서는 경험하지 못했던 양상을 접한 것이다. 일본의 전쟁에는 한번 패하면 대장이 스스로 자결하거나 용서 받아 승리한 무장의 부하가 되었다. 그러나 조선에서는 완전히 달랐다. 전투에 한 번 이겼다고 해서, 대장이 죽었다고 해서 끝나지 않았다. 전투에 힘이 부쳐 일단 항복했더라도 기회만 생기면 저항 세력으로 바뀌었다. 일본군은 전쟁초기에 조선군이 뿔뿔이 흩어져 도망치자, 조선을 완전히 장악한 것으로 알았다. 그러나 조선군이 차츰 전쟁에 익숙해지면서, 일본인의 정면 공격을 막아내자 상황은 완전히 달라진 것이다.

또 이 작품은 진주성 공격에서 패배한 부하들이 증원군을 요청하자, 히데요시는 서울에서 더 이상 보낼 군사가 없음을 한탄하는 장면을 다음과 같이 그려냈다.

> 나고야를 지키는 10만 명을 나눌 수도 없다. 교토를 지키는 히데쓰구(秀次)의 군사가 있지만, 나라를 지키는 군사라 나눌 수도 없다. 오사카에 주둔한 병력은 많지도 않기에, 이것을 보낼 수도 없다. 타이코가 눈물을 펄펄 흘리며, 내가 소국에 태어나 병력이 적어서 대국을 장악하지 못하는 것이 억울하기 짝이 없다하고 이를 악다무니, 듣는 사람이 모두 큰 생각을 느끼고는 소매를 적셨다. (『朝鮮征伐記』 2-25)

히데요시가 진주성 전투에 패배한 무장들로부터 구원군 요청이 왔지만, 더 보낼 병력이 없는 것을 한탄하고 눈물을 흘리는 내용이다. 히데요시는 자신이 조선에 건너가지도 못하고, 또 자신의 호위병이나 일본의 치안을 맡은 병력을 보낼 수도 없는 상황임을 한탄한 것이다.

진주성 1차 전투 이후에, 명나라와 조선군의 대반격으로 선봉부대가 평양성에서 패퇴하자, 히데요시는 부하들의 요청에 따라 전군을 남해안으로 철수하도록 지시했다. 일본군이 서울에서 철수를 시작한 것은 1593년 4월 18일이다. 히데요시는 철수와 동시에 전군으로 진주성 공격을 명령했다. 코니시 유키나가, 카토 키요마사 등 선봉부대를 포함한 침략군 주력부대가 6월 19일부터 진주성을 공격하기 시작했고, 결국 6월 29일에 진주성은 함락되었다.

여기서 서울에서 부산 근방으로 철수한 제2군 카토 키요마사 군이 진주성을 공격한 내용을 그의 부하가 기록한 종군기 작품을 통하여 살펴보자.

> 타이코가 우선 부산으로 철수하여, 양산 웅천에 성을 쌓고, 앞서 5명을 패배시켰던 목사 판관(木曾 判官)이 있는 진주성을 전군이 남김없이 공격하여, 목사 판관의 목을 잘라 일본에 보내라는 명령이었다. 전군이 기뻐하며 도성 강을 배로 건너 점차 남하했다. (중략) 5월 중순에 양산을 출발한 키요마사가 1등으로 진주성에 착진했다. 히데요시의 대리인 우키다 히데이에(宇喜田 秀家)를 대장으로 하고, 아사노를 감찰관으로 했다. 전군이 진주성을 에워싸고 대다발로 막으면서 공격하기를 50일간 했다. 카토 키요마사 공격처에 쿠로다(黑田) 공격진이 합세했다. 15일 만에 키요마사 부하 3명, 쿠로다 부하 3명이 힘을 합쳐 성벽 구석의 큰 돌을 빼내 무너뜨렸다. 그러자 키요마사 부하 모리모토가 1등으로 들어갔고, 다음이 이이다, 세번째로 카토 키요마사가 들어갔다. (중략) 목사 판관이 강으로 들어간 것을 강가에서 목을 땄다. 조선인은 모두 일본인의 칼을 두려워하여 강으로 들어갔는데 끌어내 목을 쳤다. 그런데 그날 코니시 유키나가가 먼저 빠른 배를 보내 자기 쪽에서 1등으로 성에 들어갔다고 (히데요시에게) 보고했다.
>
> (『清正高麗陣覺書』 313쪽)

일본군 전군이 서울에서 남하하여 공격한 이 진주성 2차 전투에는 1차 전투 때 지휘했던 진주 목사보다 상위인 경상 우병사 최경회 등이 지휘하고 일본군을 막았다. 그런데 이 종군기 작품에는 목사 판관으로 부르고 동일인으로 그리고 있다. 카토 키요마사의 부하가 편찬한 이 종군기 작품은 자신들이 진주성 첫 번째 등성의 공훈을 그려내고 있다.

카토 키요마사의 부하가 1등으로 진주성에 들어갔고, 또 키요마사도 3번째로 성에 들어간 것으로 하고 있다. 그런데 코니시 유키나가가 먼저 진주성에 입성했다고 히데요시에게 보고해서 공을 가로챈 것으로 그린다. 하지만 뒷날 다른 사람을 통해서, 키요마사의 부하가 1등으로 입성하고, 키요마사가 직접 목사의 목을 벤 것이 히데요시에게 알려졌다고 하고 있다.

한편 또 다른 카토 키요마사의 종군기에는 키요마사가 진주성을 공략할 때 귀갑차(龜甲車)를 고안하여 공성에 성공한 것으로 그려내고 있다.

> 5월 중순 양산을 출발하여 목사의 성 진주에 착진했다. 모든 군사가 착진하여 진주성을 포위했다. 대나무 방패를 들고, 주야 15일간 공격했다. 성안에서 불화살을 쏘아대고, 여러 가지 수단을 다했기 때문에 함락할 수 없을 것처럼 보였다. 왼쪽은 제2군 키요마사, 오른쪽은 제3군의 쿠로다의 공격처이다. 키요마사는 이 성을 일등으로 함락하여, 평화를 깨뜨리려는 생각이었기 때문에 수백 마리의 소를 죽여서 털을 안쪽으로 해서 귀갑차를 만들었다. 그 안에 보병을 넣어서 자유롭게 행동해도, 불화살을 맞지 않았다. 성벽 구석의 큰 돌을 빼내자 7, 8칸이 무너졌다. 1번으로 모리모토가 들어갔지만 다리에 총을 맞고 미끄러졌다. 2번으로 쿠로다 군의 고토와 호리가 올라갔다. 3번으로 키요마사의 부하 이이다가 올라갔다. 세명이 만났는데, 이이다가 고토 등의 갑옷의 허리띠를 잡고, 당신들이 1등 하려고 어림없다 하면서, 얼른 나무묘로렌게교(南無妙法蓮華經)의 깃발을 먼저 들어 올리고는 '키요마사 부하 이이다 1등 등성'하고 외쳤다. (『淸正記』 353~354쪽)

이 내용은 카토 키요마사 군이 생소가죽으로 만든 귀갑차를 궁리하여 공성에 성공하여 1등으로 등성한 것으로 기술하고 있다. 이것은 화살이나 무기를 피하기 위해 소 생가죽을 겹겹이 뒤집어씌운 것으로, 성안의 공격을 피하면서 성 아래까지 다가가서 성을 무너뜨리는 작업을 하도록 고안된 것이다. 이순신 장군이 해전에서 사용한 거북선과 같은 이름의 귀갑차를 카토 키요마사가 고안하여 사용한 것으로 그리고 있다.

그런데 생소가죽을 씌워서 성의 공격에 이용한 이러한 귀갑차는 앞에서 본 바와 같이 1581년 히데요시가 톳토리 성 공략에서도 사용한 것이기 때문에 특별히 카토 키요마사가 궁리한 것은 아니다. 『타이코키』는 이 종군기 작품의 내용을 이어받아 카토 키요마사 군이 귀갑차를 이용하여 공성에 성공하여 진주성에 1등으로 입성한 것으로 그렸다.

그러나 목사 판관의 목은 총대장인 우키다 히데이에의 부하인 오카모토가 벤 것으로 하고 있다(401쪽). 『조선정벌기』도 카토 키요마사의 부하가 편찬한 종군기가 그려낸 귀갑차 전설을 그대로 싣고 있으나, 누가 1등으로 입성했는지 결정하기 어려웠다고 하고 있다(3-17쪽). 이들 종군기 작품들에서는 제2차 진주성 전투에서 카토 키요마사(加藤 清正)가 혁혁한 공을 세운 것으로 그려지면서, 그는 훗날 조선 침략의 영웅으로 더욱 부각되었다.

진주성 전투는, 대륙침략의 꿈이 좌절된 히데요시의 복수심이 빚어낸 참극이었다. 일본군 주력부대가 총출동하여 공략한 진주성은 그야말로 참살 현장이 되었다. 당시 일본의 전쟁에서는 싹쓸이라는 형태의 살육이 다반사로 빚어졌는데, 진주성에서 이러한 싹쓸이가 이루어졌기 때문이다.

『징비록』은 이 전투에서 죽은 자가 6만 여명이라고 했다. 일본 쿠로다가보(黑田家譜)에도 적아군 잡병까지 6만 여명이 죽은 것으로 되어 있다. 그러나 이 둘의 숫자에 대한 감각은 같은 것이 아니다. 한쪽은 무도한 전쟁의 참상이 얼마나 끔찍한 것인지를 그려낸 것이고, 한쪽은 얼마나 용감하게 싸워서 공을 세웠는지를 나타낸 것이다.

진주성 전투에서 남녀노소를 불문하고 6만 명이 일본군의 싹쓸이 전법으로 목숨을 잃은 것은, 히데요시가 대륙 침략이 좌절된 것에 대한 복수심으로 살육을 자행한 것에서 비롯된 것이다. 이것은 또한 인간의 존엄성과 천리(天理)에 대한 믿음을 갖지 못한 사무라이들이, 일본 전국 시대의 관습대로 대장의 명령에 따라 적의 수급을 베어서 공을 다투는 과정에서 비롯된 것이다.

6. 후계자 처형

히데요시는 대륙 침략에 나서면서 누나의 아들인 히데쓰구(秀次)에게 관백(關白)의 지위와 취락정(聚樂亭)을 물려주고 후계자로 삼아 일본을 다스리도록 했다. 대륙 침략 1년 만에 일본군은 남해안으로 철수하여 명나라와 종전협상을 벌였다. 전쟁이 소강상태를 보이고 있던 1595년 7월부터 히데요시는 갑자기 모반 혐의로 히데쓰구와 일가족 및 측근들을 처형하였다.

히데요시의 이 후계자 처형에 대해서 그의 부하가 편찬한 전기 작품이 사건 전말을 자세히 기술하고 있다. 먼저 히데요시가 관백의 자리를 물려주고 후계자로 삼았던 히데쓰구(秀次)의 처형 원인을 살펴보자.

> (히데쓰구는) 총 연습을 한다고서 키타노 부근에 나가셔서는, 논밭에 있는 농부들을 쏘아 죽이시고, 어떤 때는 활 연습으로 쏘아 꿰뚫는다고 하고서, 왕래하는 자를 잡아서 쏘시고, 또 어떤 때는 힘자랑을 시험해 보자하고는 각각 자른 머리를 들도록 명령하셨다. 명령대로 하지 않으면 비위를 거스를까 봐서, 죄도 없는 자에게 죄를 씌우기도

하고, 또 순례 승에게 죄를 뒤집어 씌워 잡아오기도 해서 수백 명을 죽이셨다. 관백(히데쓰구) 님이 천명을 죽이신다고 하고서, 구석구석까지 젊은이들을 찾아내 닥치는 대로 길에서 죽인다고, 다른 죄까지 관백 님에게 씌워진 것은, 올바른 판단을 못했기 때문이다.

(『太閤軍記』 151쪽)

히데쓰구가 총이나 활 연습을 하기 위해서 민간인을 죽인 악행을 그려낸 것이다. 히데쓰구가 악행을 저질렀기 때문에 히데요시에 의해 처형된 것으로 그려내고 있다. 또 히데쓰구가 천황에 대한 예의를 갖추지 않은 것을 덧보태고 있다.

오오기마치(正親町) 상왕이 붕어하셨다고 하는데 사슴사냥을 하셨다. 법도도 정도도 바르지 않고, 천하 다스리는 것도 대체가 없다하고 교토 아이들이 비웃고 낙서를 해서는,

상왕 거소에/ 바치기 위한/ 사냥이라고/
이것을 살생/ 관백이라고 하네

6월 8일 관백 님이 히에 산에 여자들을 거느리고 올라가, 네모토(根本) 중당(中堂) 원내에 말을 매놓고, 사슴 사냥을 했다. 무리 가운데서, "이산은 살생을 금지하고 있습니다" 하고 말하자, "내 산은 내 마음대로 한다" 하고서, 사슴, 원숭이, 너구리 사냥을 하여, 중당에서 요리를 하시고, 더욱 나쁜 짓은 가난한 승려들이 조금 넣어둔 소금 식초에다 개, 사슴을 넣어두시는 등 방탕하기 그지없었다.

(『太閤軍記』 159쪽)

<살생 관백>의 전설이 만들어 지고 있는 부분이다. 히데쓰구가 천황이 죽었는데도 교토 동쪽에 있는 영산인 히에(比叡) 산에서 사냥을 하여, 살생 관백이라는 소문이 났다고 하고 있다. 이 히데요시 부하가 편찬한 전기 작품은 히데쓰구가 처벌받은 것을, 자신이 스스

로 저지른 죄과 때문으로 그려냈다.

『타이코키』는 히데요시의 부하에 의해 만들어졌던 이러한 히데쓰구의 악행에 대해 반신반의 했다. 그러면서도 히데쓰구가 히데요시의 의심을 살만한 행동을 한 것으로 다음과 그렸다.

> 관백 히데쓰구 공은 오와리 태수였을 때와는 달리, 천하의 후계자가 되고부터는 행동이 문란하고, 모든 것이 천박하고, 간언을 듣지 않고, 마음대로 행동하기를, 달이 가고 해가 갈수록 더해가서, 위아래가 거의 소원해지기 시작했다. 사슴 사냥, 야간 사냥 등을 나가시는데도 무기를 은밀히 가지고 가셔서, 무도를 잊지 않는 모습으로 보였는데, 수행원들도 갑옷과 투구를 상자에 숨겨서 들고, 사용하려고 하는 등, 은밀한 모양이었다. 누구라도 그 사실을 주변에 알리고 싶어했기 때문에, 소문이 교토와 시골에 굉장했다. 교토에 가까운 산과 들 놀이에서도 적이 가까운 성에 있는 것처럼 소란을 피우자, 히데요시 공에 대해서 야심이 있는 듯이 모두가 퍼뜨리니, 이것을 히데요시 쇼군이 얼핏 들으셨다. 히데쓰구 공은 그러한 마음은 조금도 없었지만, 위와 같은 행동은, 그렇다고 하면 곧이 들을만한 행동이었다.
>
> (『太閤記』 492쪽)

히데쓰구가 모반할 생각은 조금도 없었지만, 그의 경솔한 행동이 모함을 살만했고, 결국 이것이 히데요시 귀에 들어간 것을 말하고 있다. 『타이코키』는 17세기 히데요시의 종합적인 전기 작품을 지향하고, 또 선행 작품을 비판적으로 보려고 했지만, 선행 작품의 내용을 추수하는데 그치고 있다. 히데요시가 자신의 후계자 일족을 잔혹하게 처형한 사건을 그 관련 맥락에서 짚어내지 못하고, 오히려 앞선 종군기 작품 내용에 흥미를 덧보탰다.

또 히데요시 부하가 편찬한 전기 작품이 히데쓰구가 맹인을 놀리고 죽인 것을 간단히 기술하고 있는데, 『타이코키』는 이를 다음과 같이 극적으로 그려냈다.

> 15일에 키타노에 가셨는데, 맹인 한사람이 지팡이를 짚고 가는 것을, 히데쓰구 공이 보시고는, 술을 마시라고 하고 손을 잡아당겨서 오른팔을 잘랐다. 맹인이 아주 놀라, 가까이에 누구 사람 없소, 강도가 사람 죽이오. 막아주세요. 도와주세요 하고 큰소리로 떠들었다. 쿠마가야가 그 모습으로도 살고 싶은지 물었다. 그러자 맹인이 요즘 주변에 살생 관백이 강도짓을 한다고 들었는데, 틀림없이 그것인가 보다 하고 생각하고는, "맹인이 된 것조차 어떤 악업에 죄과를 받아서 이런 몸이 되었는지 하고 슬프게 생각하고 있는데 어찌 오래살기를 바라리요. 빨리 내목을 쳐서 살생 관백의 이름을 후대에까지 전하는 것이 좋겠소" 하고 말했다. (『太閤記』 506쪽)

상왕의 죽음에 살생을 저질렀다고 만들어진 <살생 관백>의 이미지는 여기서 맹인을 잔인하게 죽이는 <살생 관백>의 악행이 덧씌워진 것이다.

『타이코키』는 히데쓰구(秀次)와 그 측근들이 자결한 것을 기술하는 가운데, "이 모반이 허와 실 어느 것인지 끝내 알려지지 않았는데, 곳곳에서 자해한 사람들 중에 한사람도 자백을 했거나, 나는 모르지만 누구는 안다고 말을 한 사람이 없는 채 누명을 쓰고" (504쪽) 죽은 것으로 그려냈다. 그러면서도 이것을 히데요시 측근들의 참언이 있었던 것인지 하고 약간의 의심을 보태는 정도이다.

한편 히데요시가 히데쓰구를 처형한 것을 그의 자식이 태어난 것과 어렴풋이나마 관련을 지은 것은 17세기 중반 주자학자가 편찬한 『조선정벌기』이다. 이 작품은 히데요시가 히데요리에게 천하를 물려주려고 생각하였지만, 히데쓰구가 사퇴할 마음이 없자, 오사카를 물려주고 자신의 은퇴처로 쿄토에 가까운 후시미(伏見)에 새로 성을 쌓도록 지시했다(4-13쪽). 이렇게 히데요시가 조카를 못마땅하게 여기고 있는데, 히데쓰구가 모반을 한다는 소식을 들은 것으로 그렸다.

> 히데쓰구 이 때 자원을 해서 나고야에 가서, 조선 상황을 물어서 도해하고, 평소 키워둔 용사들을 앞세워서, 장기전에 임한 자들과 교대하여, 대명인(大明人)으로 조선에 남은 자들을 모두 잡고 나서, 양국 평화를 맺고 조선의 토민을 안도시키고, 국왕 대신에게 글을 보내, 무역왕래에 불편 없이 국가의 동맹을 맺었더라면 타이코의 마음에 들었을 것이다. 그런데도 문무 두 가지를 다 잃고 낮에는 서쪽 교외에서 매사냥, 밤에는 북쪽 산에서 사슴 사냥, 시녀 수백명과 주연 유흥에 빠지는 등 충의의 마음이 없는데도, 간언하는 신하가 없었다고 나중에 알았다. 히데쓰구는 새로 성을 쌓는 후시미에 전각을 만들어 타이코를 향응하려고 했지만, 평소의 악업이 몸에 쌓여 천벌을 받았는지, 1595년 7월 3일 모반을 꾀한다는 것을 듣고, 타이코가 화를 내고 마시다, 이시다, 토미다를 감찰관으로 보내 내막을 파악하도록 했다.
> (『朝鮮征伐記』 4-14쪽)

대륙 정복의 희망에 넘쳐 출진했다가 뜻을 이루지 못하고 돌아온 히데요시가, 히데쓰구를 못마땅하게 보고 있었음을 그려냈다. 이 작품은 대륙 침략 전쟁이 어려운 상황에 처했을 때 히데쓰구가 스스로 조선에 가서 장기전에 지친 사람들과 교대하여 승리를 이끌어내지 않고, 사냥과 유흥으로 지낸 것에 대한 불만을 토로한 것이다. 그런 상황에서 모반에 대한 소문이 나자 내막을 파악하도록 하고 있다. 이 작품은 후계자의 처형을 히데요리(秀頼)의 출생과 연관을 두면서도, 그것을 직접적인 원인으로 그리지는 않고 있다. 여전히 처형의 근본 원인을 히데쓰구의 악행 때문으로 그리고 있다.

히데쓰구는 1595년 7월 8일 관백 직에서 쫓겨나 측근 몇 명과 함께 나라 남쪽의 코야(高野) 산에 추방되었다. 그리고 곧 히데쓰구는 3명의 감찰관에 둘러싸인 가운데 28살의 나이로 부하들과 함께 할복하였다. 히데요시 부하가 편찬한 군기인 『타이코 군기』는 이것도 사실만을 간략하게 기술하였는데, 『타이코키』는 히데쓰구가 부하들과 할복하는 모습을 자세히 기술했다.

> 히데쓰구 공이 어쩔 수 없다고 하루 이틀 전부터 생각하고는, 여러 곳에 편지를 써두었다. 이 일이 끝나자 서둘러 (재계할) 물을 가져오라고 하자, 준비를 했는지, 어느새 가져왔다. 함께 죽을 부하들이 청하기를, "함께 가는 것은 틀림없이 뒤따라 죽는 것이지만, 같은 값이면 먼저 죽고 싶습니다. 목을 쳐주시겠습니까. 아니면 사사베에게 부탁할까요" 하고 류세이도를 통해서 물어보았다. 그게 좋겠구나, 내 손으로 염마 대왕 장부에 화려하게 기록하게 해라 하고, 야마모토(18세)에게 쿠니요시(國吉)라는 칼을 주셨다. 그는 칼을 받자마자 곧 왼쪽 옆구리에 찔러서 오른쪽으로 끌고, 자 됐습니다 하고 말했다. 그러자 목은 어느새 앞에 떨어져 있었다. 두 번째로 야마다(18세) 아리토오시로라는 칼을 받아서, 배를 십자로 가르고 목을 청하자, 떨어뜨리셨다. 세 번째 후와(18세) 부모에게 받은 오체를 스스로 상처 내는 것은 불효이지만, 충의 때문이니 용서하십시오하고 받은 시노기토오시로라는 칼로 기쁘게 배를 가르자, 이것도 몸소 목을 치셨다. 네 번째로 류세이도는 사사베에게 목을 쳐달라고 했다. 그러자 히데쓰구가 손수 쳐주겠다고 하니, 황송하게 생각하고 그대로 했다. 다섯 번째 히데쓰구 공(28세)이 마사무네 칼로 침착하게 얏하고 소리를 내고 배를 가르고서, 어느새 목을 쳐라하고 분부하시니, 나미오요기라는 칼로 목을 치니 참으로 신묘했다. (『太閤記』 501~502쪽)

히데쓰구와 측근 부하들이 히데요시가 보낸 검시관 앞에서 자결하는 장면이다. 히데쓰구가 젊은 소년 무사들의 목을 먼저 쳐주고 나서 자결한다. 이 히데쓰구의 자결하는 장면의 기술에서 색다른 것은 사용한 칼의 종류가 어떤 것인지 빠뜨리지 않고 기록하고 있는 점이다. 이것은 관직이 높은 관백과 그 부하들의 자결이라, 훌륭한 칼을 사용하고 있음을 기록한 것이다.

한편, 히데요시 부하가 편찬한 전기 작품은 히데쓰구의 처첩과 자식들이 쿄토의 강가에서 처형된 것을 자세히 기록한다. 히데쓰구 처첩들은 3명의 감찰관이 3천명의 병력을 인솔하여 주변을 삼엄하게 경비하는 가운데 처형되었다. '1595년 8월 2일 처형되기 직전 장면을 보자.

> 쿄토(京都) 산죠 강가에 20간 사방에 구덩이를 파고, 울타리를 치고, 그 안 동쪽에 9자 사방으로 높직하게 무덤을 쌓고, 관백 히데쓰구경의 머리를 서쪽을 보고 걸어두고 평소에 골라서 모아둔 총애하는 사람들 39명을 처단했다. 강가에는 갑옷에 투구를 쓰고, 큰 칼 긴 칼을 들고, 활을 재어들고, 참으로 삼엄한 경비였다. 후궁들의 잘 차린 모습이 참으로 멋지고 화려했다. 바뀐 세상, 어제와 오늘은 달라, 지금 하직하는 복장, 이것이 꿈인지 생시인지, 사랑하는 사람과 이별의 슬픔. 새삼스레 비할 바가 없었다. 참으로 거친 나무꾼, 바위 위의 나무 같이 무섭고, 인정도 없는 강가의 무사들 손에 걸려, 근심도 괴로움도 지금뿐이네. 팔목을 잡고, 수레 한 대에 3, 4명씩 태워졌다. 어린 도련님, 아가씨 이들을 모두, 젖먹이 유모가 아니라, 그 어미 무릎에 안고, 쿄토를 끌고 다니고 나서, 산죠 강가에 끌고 와서는, 수레에서 끌어내려 울타리 안에 두니, 여러 사람에게 얼굴이 바로 보인다. 바라보는 눈도 슬프구나. 여기 슬픔이 더하는구나. 키쿠테이님 따님은 참으로 그 이름값을 생각하고는 임종가를 지으셨다. 이것을 듣자 다른 사람도 각자 생각대로 읊었다.

정실 키쿠데이 님의 따님 34세

아내라서/ 흐리지도 않은 하늘/ 비가 내려서/
시라가와 강 풀위에/ 이슬로 사라지네

오쵸 미노 고을 타케나카의 따님 18세 **도련님 있음**

한창 때인/ 나무 끝의 꽃은/ 다 떨어지고/
사라지고 남은/ 세상 슬프구나

오타쓰 오와리 야마구치의 따님 19세 **도련님 있음**

아내라서/ 한창 때 꽃으로 / 생각되는 몸도 /
불지도 않는 태풍에/ 떨어지니 슬프구나

오사코 키타노 쇼바인의 따님 19세 도련님 있음

소중한 보물/ 양부모 뒤에/ 남겨두고/
제대로 살기도 전에/ 떠나니 슬프구나

(『太閤軍記』 160-162쪽)

히데쓰구(秀次)의 처첩들 39명이 수레에 태워져서 쿄토를 돌고나서, 산죠(三條) 강가에서 삼엄한 경비가 펼쳐진 가운데 죽을 준비를 하는 장면이다. 키쿠테이(菊亭)의 딸인 히데쓰구 정실이 먼저 임종가를 읊자 다른 사람들도 감회를 읊었다. 이 작품에는 이 때 죽은 처첩들이 읊은 30수의 와카(和歌)를 첨부하고 있으나, 여기서는 정처와 자식을 낳은 후궁들의 와카만을 살펴보았다.

이날 죽은 처첩들과 자식들은 대부분 젊은 처첩들인데, 그 중에 61세의 노인도 섞여 있는 것으로 봐서, 시종을 들던 여관들까지 모두 처형된 것으로 보인다. 여기서 정처의 아버지 키쿠테이는 이 사건이 일어나고 나서 유배를 당했다. 그는 궁정귀족으로 히데요시의 권력을 궁정에 연결했던 인물이다. 히데요시의 총애를 받으면서 자신의 딸을 후계자인 히데쓰구에게 시집보냈지만, 처단을 피하지 못했다.

히데요시 부하가 편찬한 전기 작품은 히데쓰구의 처자식들이 처형되는 슬픈 모습을 그려냈다.

이런 슬픈 일을 당한 것은 어떠한 인과응보인가. 참으로 비참한 모습이다. 간도 힘도 다 빠져버리고, 다만 놀라고 있는 것을 사형 집행인이 달려와서, 우선 도련님을 빼앗았는데, 참으로 아름다운 옷을 입혀, 꽃을 꺾어다 놓은 것 같았다. 강아지를 더듬듯이 두 번 찔러 죽였다. 눈도 어두워지고, 마음마저 사라져 버리고 몸을 내맡기는 것이 슬프구나. 이것을 보고 부모에게 안겨드는 아가씨를 물건 잡듯 끌어당기자,

> 벗어날 길 없다고 포기하는구나, 인정 없는 강가의 무사들, 끌어당겨서 두 번 찔러 심장에 박고서, 던지는 모습을 보니 귀신보다 더 무섭구나. 또 도련님을 빼앗아서는, 아무렇지 않게 목을 쳐서 떨어뜨렸다. 한스럽구나, 슬프구나. 슬픔을 만드는구나. 그리고 나서 미녀들 바라는 대로 여러 가지 꽃을 늘어놓듯 한 사람 한 사람 끌고 가서, 관백 히데쓰구경의 머리에 절하게 하고, 건강에 넘치는 머리결과 함께 머리를 어김없이 떨어뜨려 차곡차곡 쌓았다. (『太閤軍記』 167~168쪽)

사형 집행인이 히데쓰구의 어린 자식들과 처첩들을 죽이는 모습이다. 히데쓰구의 어린 아이들을 죽이고 나서, 처첩들 한 사람 한 사람씩 히데쓰구의 머리에 절을 하게 하고 나서 죽이고 머리를 잘라 늘어놓고 있다. 이 전기 작품이 기술한 것은 아름다운 모습을 한 여인들과 잘 차려 입은 아이들이 죽어가는 모습에 동정을 보내는 것이지, 히데요시의 잔혹함에 조금도 초점이 모아진 것이 아니다. 히데요시가 후계자를 처형한 내용에 대해서, 히데요시 전기 작품들은 앞다퉈서 그려냈다. 그러나 젊고 아름다운 여인들이 참혹하게 죽어가는 슬픔은 그려냈으면서, 왜 이런 슬픔이 만들어졌는지는 전혀 묻지 않았다.

한편, 『카와스미 타이코키』는 히데쓰구의 정처인 키쿠테이 대신의 딸이 원래 히데요시의 첩이었는데, 몸이 아파 친정집에 와있을 때, 관백이 불러들인 것으로 그리고 있다. 그러자 키쿠테이도 장래를 위해서 모른 척 하고 있다가 이번 사건으로 들통이 나서 결국 유배를 당한 것으로 그리고 있다. 그리고 이런 무도한 인간인 히데쓰구의 무덤을 사람들이 '짐승무덤'이라고 불렀다고 하고 있다(392~393쪽).

시간이 지나면서 히데쓰구의 악행을 더욱 야비한 모습으로 덧보태고 있는 것을 알 수 있다. 이 작품은 양자인 히데쓰구가 아버지인 히데요시의 첩을 마음대로 농락하는 짐승만도 못한 인물로 그려낸 것이다. 히데요시의 첩을 허락도 없이 히데쓰구가 데려다 정실로 삼았다는 것은 당시 히데요시가 모든 실권을 장악하고 있던 정황으로 봐서 납득하기 어렵다.

히데요시는 대륙 침략의 꿈을 안고 출진했으나, 전쟁은 여의치 못했다. 조선에 주둔한 일본군은 남해안에 진지를 구축한 채, 명나라와 화의 협상을 진행하고 있었다. 히데요시가 3년여의 전쟁을 치루고 성과 없이 교토(京都)에 돌아왔다. 자신의 두 번째 아들인 히데요리가 태어나자, 후계자로 삼았던 히데쓰구를 제거하려고 하는 가운데 음모설이 꾸며졌다고 보는 것이 자연스러울 것이다. 그런데도 여러 히데요시 전기 작품들은 이 사건을 히데쓰구의 악행에 초점을 맞춰서 그려냈다. 혹 히데쓰구의 모반을 조심스럽게 의심하는 경우에도 곧바로 히데요시의 악행에 초점을 맞추지 않고 측근들의 참언으로 그려냈다.

이 후계자 처형에서 우리는 책략가로서 교활하고 영특했던 히데요시의 잔인한 본 모습을 보게 된다. 히데요시가 이런 끔찍한 악행을 저지른 것은 아마도 자신의 권력을 유지하기 위한 권모술수였다고 보인다. 많은 사람들이 대륙 침략전쟁에 나가 돌아오지 못했다. 또 일본에 남아있던 사람들도 전쟁물자 조달로 피폐해질 대로 피폐해진 상황이었다. 히데요시는 이러한 상황인데도 자신의 은퇴처로 후시미(伏見) 성을 축조하게 했다.

그는 극도로 민심이 흉흉해진 가운데서, 이를 통제하기 위한 폭력을 획책해 낸 것이다. 그리고 이것은 '짐승 같은 히데쓰구' '살생관백'을 희생물로 삼았다. 그리고 그 어린 자식과 처첩들을 교토 사람들이 운집한 가운데 잔인하게 죽임으로써, 사람들을 카타르시스에 젖게 만들었다. 그런데도 히데요시의 전기 작품들은 히데요시가 패륜을 저지른 히데쓰구를 처형한 것으로 그려내서, 그의 영웅상을 확대했다.

7. 강화 협상 파탄

일본군은 조선에 상륙하고 나서 곧바로, 길을 빌려 명나라에 조공하러 간다는 <가도입명(假道入明)>의 구실로, 조선을 회유하려고 여러 차례 시도했다. 『징비록』에 의하면 일본군 제1군은 동래에서 붙잡은 울산군수에게 글을 주어서 보냈고, 상주에서도 왜학통사에게 글을 주어 조선조정과 회담하려고 했다. 조선 조정이 일본군과 처음 협상한 것은 대동강을 사이에 두고 대치할 때였다. 여러 차례 조선을 방문하였던 소오 요시토시(宗義智)와 외교승 겐소(玄蘇)가 예조 참판 이덕형과 회담을 희망하여 배위에서 회담이 이루어진 것이다.

이 회담 자리에서 일본 승려 겐소는, "일본이 이제 길을 빌려 중국에 조공하려 하는데, 조선이 이를 승낙하지 않아서 이 지경에까지 이르렀소이다. 하나 지금이라도 늦지 않았으니, 길 하나만 내어 우리로 하여금 중국으로 가도록 하면 무사할 것이요" 하고 말했다. (『징비록』, 임진년 6월 11일 이전 조) 이에 대해 이덕형은 일본이 약속을 어긴 것을 책망하고, 군사를 물리고 나서 강화를 협의하자고 했다. 그리고 일본군의 거짓된 회담에 조선은 더 이상 상대하려고 하지 않았다.

그 이후에 명나라 책사 심유경이 유격장군의 직함을 가지고 조선에 들어왔다. 그는 평양성에서 코니시 유키나가(小西行長)와 회담하고, 황제에게 보고한다는 명목으로 50일간의 휴전에 합의했다. 그리고 명나라는 군사를 동원하여 1593년 1월 초에 평양성을 공략하고 패주시키는 데 성공했다. 일본인의 기만적 협상을 심유경이 적극 활용한 것이다.

심유경과 코니시 유키나가는 3월부터 서울에서 다시 협상을 시작하였다. 이 결과 일본군은 1593년 4월 18일 명나라 사절로 꾸며진 사용재, 서일관을 대동하고 영남해안으로 철수했다. 그리고 코니시 유키나가는 명나라 사절을 대동하고 일본의 침략기지인 큐슈의 나고야에 건너가 히데요시에게 부복했다. 히데요시는 진주성을 공략하고, 또 포로로 잡은 왕자 일행은 돌려보내고 나서, 강화협상을 하라는 명령을 내렸다. 코니시는 명나라 사절을 나고야 침략 기지에 남겨둔 채 즉시 조선으로 돌아와 진주성 공략에 가담했다.

히데요시는 1593년 5월 23일 명나라 사신을 접견하고, 한달 넘도록 자신의 위용과 재력을 과시하며 이들을 환대했다.

> 히데요시 공도 명나라 사절 일행을 보고 더욱 기분이 좋아져서, 그렇다면 중국 사람을 위로해야지 하고는 뱃놀이를 하도록 했다. 수백 척의 큰 배에 각 가문의 문장을 새긴 장막과 깃발로 장식하게 하고 뱃노래를 부르며 나와서 흥겨워하니, 상하가 모두 근심을 잊고 즐거워했다. 쇼군(히데요시)의 그날 모습을 보면 아주 화사하고 경쾌하게 꾸미고, 무기 등은 배안에 넣어두고 호랑이 꼬리가 달린 창 200 자루, 십자 칼, 어느 것이나 금으로 새긴 것을, 붉은 색 겉옷을 입은 말몰이꾼 300 여명이 똑같이 입고 나와서 들고 있었다. 물론 측근 무사들도 아름다움을 다한 모습이다. (『太閤記』 444쪽)

히데요시가 많은 배를 동원하고 무사들을 화려하게 꾸며서 명나라 사신에게 시위하고, 자신의 위용을 과시한 것이다.

히데요시는 5월 23일에 침략기지에 군사를 포진시킨 가운데 명나라 사신을 대면했다. 양쪽은 서로 많은 예물을 교환했다. 그리고 나서 히데요시는 명나라 사신에게 황금 차실에서 차를 대접했다.

그리고 5월 28일에는 명나라 사신과 겐소가 필담으로 회담했다. 『타이코키』는 어떻게 필담한 문서를 입수했는지, 한문으로 된 필담 내용을 싣고 있다. 이것은 정황으로 봐서 작자가 만들어낸 것이 아니라고 여겨져 일부를 인용하여 살펴본다.

겐소(玄蘇) : 조선의 전라 경상 양도 사졸은, 길을 열어놓아서 아군 선봉이 지나가고 나면 길을 차단했습니다. 이것은 조선의 거짓 속임수(虛誕)입니다. 그래서 양도로 물러나서도 병을 철수하지 못하고, 대명(大明)과 화친의 실질을 기다려 병을 철수할 수밖에 없게 되었습니다. 대명은 기만을 잘하는 조선을 처벌해야 합니다. 일본은 화친의 실질이 있어서, 속국의 약속을 하고나서, 대명이 일본을 선봉삼아 달탄(여진)을 토벌한다면, 어찌 장악하지 못하겠습니까. 일본은 분골쇄신하여 대명 황제에게 보답할 것입니다. 이것은 타이코의 생각을 말한 것입니다. 말마다 핵심을 찔러서 나는 심히 승복하는 바입니다. 대명 조정이 조선의 기만을 가만히 앉아서 걱정하지 않는다면, 의심할 수밖에 없습니다. (중략) 내말은 틀림없습니다. 타이코(太閤)를 기쁘게 하도록 꾀하는 것이 어떻겠습니까. 만일 타이코가 두 사신의 말을 믿을 수 없다면, (나는) 보검을 빌려 심장을 갈라 보이고 죽어도 여한이 없습니다. 말을 많이 하면 허물이 많게 되니, 더 말하지 않겠습니다.

(『太閤記』 437~438쪽)

겐소 : 오늘 처음으로 마음을 통하고 서로의 성심을 알았을 것입니다. 그런즉 이제부터 화친이 되고 안되고는 두 사신의 중개에 달려있습니다. 객중에 늘 평상복을 입고, 선사를 동반하고 와서, 차를 따라 마시는 모습을 봤을 것입니다. 이것은 타이코의 (화친의) 뜻을 보여주는 것입니다. 잠시라도 더 귀하를 모시고자 하는 것입니다. 돌아가셔서 일본의 성심을 황제에게 아뢰주십시오.(후략)

명사절 : 타이코의 충성은 천지에 도달할만 합니다. 돌아가서 황제에게 알리면 기뻐할 것이 틀림없습니다. 달탄의 화가 있으면 사신을 보내 귀국의 도움을 청할 것입니다. 다만 지금 귀의한 지 10년이 되어, 변방이 조용하고 천하가 태평합니다. 또 귀국이 화친을 맺고자 하는 것은 천년만년의 아름다운 일입니다. 아름답고, 상서로움이 이와 같은 것이 있겠습니까. 오늘 문답한 것에서 타이코의 뜻이 허위가

없는 줄을 알겠습니다.

겐소 : 타이코 역시 두 사신의 성심을 알았습니다. 서로를 아는 귀감이 여기 있습니다.(중략) 3년 전에 조선왕에게 알리기를, 대명에게 아뢸 일이 있으니 조선이 이것을 대명에 아뢰주면 좋겠다고 했습니다. 조선은 3사를 보내 머리를 조아렸습니다. 3년을 기다려도 그 답을 듣지 못했습니다. 그래서 군사를 일으킨 것이지, 대명을 범하려고 한 것은 전혀 아닙니다. 단지 군대를 일으켜 빨리 마음을 전하고자 했을 뿐입니다. 조선이 길을 막아서 왜병으로 토벌한 것입니다. 이것은 조선이 스스로 일본을 그르쳐서 일어난 것입니다. 천조(天朝)는 지금 두 사신을 보내 속국으로 삼고자 합니다. 그런데도 만약 조선의 기만에 당한다면, 타이코는 바로 요동에 들어가 탄원하여 황제에게 전달할 것입니다. 두 사신은 돌아가서 이 뜻을 아뢰고, 기만이 없도록 해주신다면 화친의 뜻에 어찌 더할 것이 있겠습니까. (『太閤記』 440쪽)

겐소는 원래 큐슈의 하카타(博多) 출신으로 쿄토의 임제 선종인 토후쿠지(東福寺) 절의 주지를 지낸 인물이다. 한문에 능통한 관계로 조선과의 외교를 담당하기 위해 대마도에서 활약했다. 그는 임진왜란 내내 협상테이블에 앉았던 외교승이다. 명나라 사신과 나눈 이 필담을 통해서 우리는 그의 기만적 인간의 모습을 본다. <가도입명>의 거짓을 가지고 여전히 진실임을 강변하고 있기 때문이다.

그는 필담에서 '타이코의 화의에 대한 충심'을 누차 강조하고 있다. 그리고 자신이 주장하는 진실을 못 믿는다면, 칼로 배를 가르고 죽겠다고 하는 대목에서, 그의 무사들과 진배없는 모습을 볼 수 있다. 그가 주장하는 진실이란 무력에 의존하는 무사들의 그것과 차이가 없다. 무도하게 전쟁을 일으켜 인간의 생명과 재산을 빼앗는 것에 대한 죄책감은 커녕, 오히려, 선봉군이 지나가도록 길을 열었다가 뒤에서 길을 막고 나온 것을 조선의 기만이라고 누차 불만을 토로하고 있다.

히데요시는 이 때 명나라 사신에게 7개조의 화의 조항을 요구한 것으로 알려졌다. 히데요시의 조선 침략을 다룬 전기 작품에는 화친(和親), 할지(割地), 입공(入貢), 봉왕(封王)의 4개 조항은 밝혀졌으나, 3개 조항은 알 수 없다고 하면서, 아마 그 가운데 황제의 딸을 일본에 시집보내는 것이 있었을 것이라고 하고 있다(『朝鮮征伐記』 3-1쪽).

이 7개의 화의 조항은 협상과정에서 난항을 겪었고, 결국 히데요시를 일본국왕에 봉한다는 책봉만이 명나라에서 받아들여졌다. 명나라 책봉사는 1595년 1월 30일 북경을 출발했다. 책봉사절은 4월 27일 서울에 도착하였고, 일본군의 완전 철수를 요구하다가 12월 1일 부산의 일본 군영에 들어갔다. 그러나 책봉사가 조선에 온지 1년이 되도록 일본군은 철수하지 않았고, 1596년 4월 2일 정사 이종성은 도망을 치고 말았다. 그러자 부사 양방형이 정사가 되고, 심유경이 부사가 되었다.

심유경이 먼저 부산을 출발하여, 6월 12일 오사카에 도착하여 일본과 협상내용을 조율하고 있는 가운데, 책봉 정사는 6월 15일 부산을 출항했다. 히데요시는 뒤늦게 조선의 사절을 요청했고, 조선은 명나라의 요구에 따라 마지못해 급히 사절단을 편성했다. 조선의 사절단은 윤 7월 서둘러서 부산을 출항하여, 도중에 책봉정사 일행과 합류하여 8월 18일에 오사카 옆의 사카이 항에 도착했다.

명나라의 책봉사가 히데요시를 접견하고 나서, 그 이후에 평화교섭이 파탄된 사건이 일본의 종군기 작품에 다음과 같이 그려져 있다.

> 대명의 책봉사 및 조선 사절이 사카이(堺)에 도착한 것을, 타이코가 듣고 크게 기뻐하시고는, 오사카와 사카이 시내에서, 소, 멧돼지, 닭, 생선으로 대접하여 보양하게 하고, 6일이나 휴식하고 후시미(伏見)에 올라오도록 명령하셨다. 8월 29일 책봉사가 후시미에 오는 길마다

> 경비를 서서 도로를 봉쇄하고 주변을 정리하는 것이 보였다. 천하 인민이 운집하여 타이코를 대명의 왕으로 봉하는 칙사를 보려고 했다. 모여든 구경꾼들 너나없이 타이코의 위업에 감탄하는 소리가 퍼져서 귀에 가득 찼다. 칙사도 이곳이 공적인 선전장이라고 생각하고, 위의를 갖추고 관현악을 연주하면서 관사에 도착했다. 이 때 타이코로부터 오키노부(調信)를 보내서 말하기를, "조선 왕자 스스로 와서 사례하지 않고 두 사신을 보낸 것은 무례하다. 책봉사와 같이 접견할 수 없다" 하고 화를 내셨다. (『朝鮮征伐記』 5-1쪽)

우여곡절 끝에 북경을 출발한 지 1년 8개월이나 되어서, 책봉정사 일행이 오사카 옆의 사카이 항에 도착하자, 히데요시가 기분이 좋아서는 극진히 접대하도록 했다. 히데요시는 명나라 사신 일행의 방일을 계기로 사람들에게 대륙침략 위업을 선전하는 모습이다. 그런데 여기서 히데요시가 명나라 책봉사를 접견한 것을 후시미(伏見) 성이라고 한 것은 착오이다. 이 후시미 성은 히데요시가 말년을 보내기 위해 전쟁 와중에 새로 지은 것으로, 막 입주를 하여 책봉사를 맞을 준비를 하고 있었다. 그러나 사절을 맞기 한 달 전에 대지진으로 피해가 심했다. 어쩔 수 없이 책봉사를 영접할 장소를 오사카 성으로 바꾸었다.

한편 히데요시는 대기하고 있는 조선의 사절단은 접견하지 않겠다고 통보를 했다. 히데요시가 포로로 잡은 왕자를 송환했는데도 직접 와서 사례하지 않는다는 것이 그 이유였다. 일본 전국시대 무장들은 싸움에 져서 항복했거나 포로로 잡히면, 죽든지 아니면 깨끗이 승복했다. 만약에 목숨을 살려주는 경우에는 적장을 하루아침에 생명의 은인으로 여기고 자신의 주군으로 삼아 충성을 다했다.

조선을 침략한 일본의 여러 무장들도 원래 히데요시와 전쟁을 치룬 적이 많았다. 이들은 히데요시와의 싸움에 지거나, 힘에 밀려 항복하고 나서, 충직한 부하가 되었다. 일본인들의 전쟁에는 싸우는 이유나 명분이 없었기 때문에, 힘으로 이기기만 하면 하루아침에 부하를 만들 수 있었던 것이다. 히데요시는 조선 왕자에 대해서도, 무도하게 침략하여 수많은 희생을 만든 죄과를 생각하기는커녕, 자기가 살려 주었으니 이미 부하가 되었다고 생각하고 있었던 것이다.

오사카 성에서는 명나라 책봉사가 금인 및 왕관 복식을 히데요시에게 전달하는 의식이 별다른 문제없이 진행되었다.

> 9월 2일 후시미(실제로는 오사카) 성에서 대명의 책봉사를 알현하셨다. 정사 양방형이 앞에 있고, 심유경은 금인을 들고서 계단 아래서 있었다. 조금 있다가 전각의 노란 장막이 열리고 타이코가 두 명의 시종에게 큰칼과 보통 칼을 들려서 양쪽으로 따르게 하고는 나오셨다. 백관이 모두 처음부터 순서대로 앉았다. 자리에 앉을 때 백관이 모두 바닥에 머리를 조아렸다. 유경이 두려워서 금인을 들고 기어갔다. 방형은 다만 유경이 하는 흉내를 내고 오들오들 떨었다. 타이코가 말을 걸자, 책망하는 줄 알고 더욱 마음이 조마조마해 하는 것을, 유키나가가 나아와서 지금이 천조의 예를 취할 때입니다. 삼가 예를 취하십시오 하고 말하자, 유경이 곧 금인을 건네주고 왕의 관면 의복을 바쳤다. (『朝鮮征伐記』 5-1, 5-2쪽)

히데요시가 잔뜩 위엄을 갖추고, 많은 부하들이 엎드려 있는 살벌한 장소에서 책봉사를 맞이한 모습이다. 책봉사가 히데요시를 두려워하고 떨면서 금인과 의관을 건네는 장면이 우스꽝스런 모습으로 그려져 있다. 후대의 여러 전기 작품들은 이 장면을 더욱 확대하여 대명 칙사를 두렵게 떨게 만든 히데요시의 위업으로 그려냈음은 물론이다.

이렇게 공식적인 책봉 의식을 마치고, 사절을 위로하는 주연도 성황리에 베풀고 난 이후에, 히데요시가 명나라의 책봉의식에 화를 내는 모습을 그의 전기 작품은 그려냈다.

> 타이코(太閤)도 대명의 책봉사가 온 것을 기뻐하고, 책봉사도 관사에 돌아가서, 오늘의 향연을 아쉽다고 즐거워하면서 눈썹을 치켜뜨고 조금 있었다. 타이코는 꽃밭의 산장에 들어가셔서 식사를 들이시고는, 항상 시종하는 태장로, 삼장로, 철장로를 불러서, 새서(璽書)를 읽게 하셨다. 타이코가 들으시고 크게 화를 내고 말하기를, "대명으로부터 나를 일본국왕에 봉한다고 하는 것은 언어도단이고 괘씸한 일이다. 나는 스스로 일본 왕이다. 그들이 무엇 때문에 나를 허락한다는 말이냐. 대명왕에 봉한다고 코니시가 말했기 때문에 군사를 물렸다. 코니시 놈을 불러내 목을 날리겠다" 하고 난리를 치셨다.
>
> (『朝鮮征伐記』 5-5쪽)

책봉사의 접견과 향응이 끝나고 나서, 히데요시가 장로들로 하여금 황제가 내린 새서를 읽게 하는 가운데, '일본 국왕'에 봉한다는 내용을 듣고 발끈하는 장면이다. 여기서 히데요시는 코니시 유키나가가 '대명왕에 봉한다'고 해서 군사를 물리도록 허락했다고 하면서 화를 낸다. 이 전기 작품은 협상을 맡은 코니시 유키나가와 세 감찰관이 화의를 서둘러 마무리하고 귀국하고 싶은 나머지, 히데요시를 대명 왕에 봉한다고 협상 문구를 잘못 이해하여 문제를 일으켰다고 하고 있다(『朝鮮征伐記』 3-1쪽). 훗날 다른 전기 작품들이 이 대목을 더욱 과장하여, '너를 일본국왕에 봉한다'고 하여 황제가 하대한 것에 히데요시가 발끈한 것으로 그려내기도 한다.

코니시 유키나가가 협상의 이런 중요한 문제에서 히데요시의 의중을 타진하지 않을 수는 없었을 것이다. 그런데도 이것을 협상팀의 단순한 실수로 그려내고 있는 것은 석연치 않다. 만약에 이런 중요한 실수가 사실이었다면 코니시 유키나가는 할복해야 했겠지만, 그는 재침에서도 여전히 선봉장으로 기용됐다.

하지만, 히데요시 자신이 조선에 있는 무장들의 의견을 받아들여 군사를 남해안으로 철수시키긴 했지만, 여전히 무력을 믿고 과대망상에 빠져있었을 수도 있다. 어떻든 그가 협상과 책봉에 불만을 품고 재침을 명령한 것은 분명하다. 여기서 심유경과 코니시 유키나가에 의해서 주도되어 임진왜란 내내 지속되었던 거짓된 평화협상은 결국 파탄에 이른 것이다.

그런데, 히데요시가 돌변하여 화의를 파국으로 몰고 간 것과 아울러서 주의를 끄는 것이 코니시 유키나가와 라이벌 의식이 있었던 카토 키요마사의 움직임이다. 키요마사의 부하들에 의해 작성된 종군기 작품들은 코니시 유키나가와 세 명의 감찰관(三奉行) 등 협상을 주도한 세력이, 포로로 확보한 조선 왕자를 돌려보내 키요마사의 공훈을 깎아내리고, 또 키요마사를 참소하여 히데요시의 미움을 받게 된 내용을 기술하고 있다.

키요마사가 반대파들의 참소를 입고서도, 하소연할 길이 없는 가운데, 7월 12일 밤에 대지진이 있었고, 히데요시가 새로 입주한 후시미 성이 무너져 사람들이 압사하는 사태가 벌어졌다. 이때 근신중이던 카토 키요마사가 부하들을 이끌고 재빨리 구조작업에 뛰어들어, 히데요시를 대면하고 자신의 원한을 푼다는 내용이다(『清正高麗陣覺書』 317~318쪽).

카토 키요마사가 후시미 성 지진을 기회로, 그동안 자신은 배제된 채 코니시 유키나가에 의해서 명나라와 화의가 진행되는 것을 참소한 것이 사실이었는지는 알 수 없다. 또한 침략 전쟁이 피폐한 상황에서도 인적·물적 자원을 투입하여 자신의 은퇴처로 지은 후시미 성이 지진으로 무너지자, 자포자기의 심정으로 협상을 뒤집고 재침을 지시한 것인지도 알 수 없다.

위계와 술수로 오랜 평화가 달성될 수는 결코 없을 것이다. 임진왜란 기간 동안 일본측과 협상을 하여 한 때 성공을 거두기도 했던 명나라 책사 심유경은, 일본의 재침이 있자 곧 잡혀서 처형되었다. 그러나 그 파트너였던 간승 겐소는 어떤 처벌을 받았다는 소식을 듣지 못했다. 당시 일본 최고의 승려들은 히데요시를 도와 문장을 만들고 자문했다. 그런 가운데서 무도한 인간들이 저지른 전쟁의 참상을 꿰뚫어보고, 목숨을 걸고 항거한 승려는 없었다. 우리가 일본의 승려 겐소의 기만적인 언어에서 패권에 의지하는 일본 무사문화의 근본적인 결함을 보게 되는 것은 지나친 것일까.

유성룡은 임진왜란의 와중에 재상을 지냈는데, 뛰어난 통찰력으로 전쟁을 돌아보고 후대의 귀감이 될 『징비록』을 남겼다. '징비(懲毖)'란 말은 잘못된 지난 일을 반성하여 앞으로의 일을 신중히 꾀한다는 뜻을 가진 것으로 『시경』에서 따온 말이다. 그는 『징비록』의 마지막 부분에서 "왜는 참으로 교활하고 속이기를 잘하여, 그 용병에는 술수 아닌 것이 한 가지도 없다고 한다(倭云最狡詐, 其用兵, 無一事而非術)"고 다른 사람들의 경험을 전했다. 그리고 중간 중간에도 술수에 능한 일본을 누차 지적하며 후대의 경계를 촉구했다. 이것은 일본인들이 전국시대 오랜 전쟁 속에서 살아남기 위해서 길러진 습성이다.

VII. 죽음의 노래

히데요시가 정유재란 와중인 1598년 처첩들을 거느리고
다이고지(醍醐寺) 절에서 거행한 벚꽃놀이를 기리기 위해
매년 4월 둘째 주에 재현되는 행사 모습

1. 전장의 연극

히데요시는 대륙을 정복하겠다는 야망을 가지고 침략 전쟁을 일으켰으나, 끝내 조선에 건너오지 못한 채 나고야 침략기지에서 측근들과 함께 연극놀이를 하면서 무료한 날을 보내고 있었다. 『타이코키』에 의하면 1593년 나고야 진지에서 배우인 쿠레마쓰 신쿠로에게서 가면극인 노오(能)의 춤을 직접 배웠다.

> 그때 하치만 산의 쿠레마쓰 신쿠로(暮松 新九郎)가 새해 인사를 하러 나고야에 내려왔는데, 전하가 기분이 좋아서는 스스로 노오를 연습하여 자신의 마음도 달래고, 참전한 병사들을 위로하겠다고 했다. 측근들이 나이도 이순에 가깝고 하니 그만두는 것이 좋겠다고 말하는 자도 있고, 또 웃음을 띠고 경멸하는 자도 과반이었다. 처음에는 산속 마을에서, 측근들만 데리고 연습을 했는데, 춤이 잘되고 못된 것을 감추지 말고 말하라고 분부하셨다. 신쿠로가 말씀드리기가 힘들고 어려움이 보통이 아니었다. 어느덧 다른 사람에게 보여줘도 나쁘지 않겠다고 말씀드리자, 좀더 잘하라는 소리구나 하시면서, 「유미야와타(弓八幡)」는 천하를 다스리고 백성을 편안케 하는 노오라서 연습을 했는데, 특히 좋구나 하셨다. 50일안에 15~16곡을 기억하자, 곧 무대에 서시라고 신쿠로가 말씀드렸다. 날이 더욱 지나, 연습이 거듭되면서 춤도 절제되고, 부채 같은 것도 쑥쑥 뻗어나서 보는 사람들도 이런저런 말하지 않겠지 하고 느끼셨다. (『太閤記』 386~387쪽)

1593년 정월은 명나라 대군이 일본군의 반격에 나서, 침략군 선봉부대가 평양성에서 패퇴하는 상황이었다. 히데요시는 이 때 큐슈의 나고야 침략기지에서, "자신의 마음도 달래고 참전한 병사들을 위로"하기 위해 노오의 춤을 직접 익힌 것이다. 히데요시가 노오를 익히려고 하자, 당시 57세나 된 히데요시에게 노년의 나이라고 말리는 사람도 있고, 속으로 경멸하는 자가 과반이었다고 하고 있다.

이것은 작자가 유교적 관점에서 히데요시가 연극 연습을 한 것에 비판적 견해를 피력한 것이다. 전쟁을 일으키고 있는 상황에서 연극 놀이나 하고 있는 히데요시에 대한 비판이다.

여기서 히데요시가 “천하를 다스리고 백성을 편안케 하는 노오” 라고 연습한 것이 「유미야와타(弓八幡)」이다. 이 노오 곡목은 신(神)과 임금(君)을 연결하여, 세상의 평화를 염원하는 내용을 담고 있다. 세상의 평화를 이루고 나서, 활을 활집에 넣고 칼을 상자에 넣는 중국의 고대의 치세(治世)를 노래했다. 또한 일본도 예전에 뽕나무 활과 쑥대 화살로도 세상이 다스려졌던 치세를 그리워하며 노래하고 있다.

그런데 내용은 후반부에 일전하여 신탁으로 신라를 치고 돌아온 하치만(八幡) 신의 위업을 그렸다. 앞뒤 연결이 되지 않는 내용이다. 신의 가호로 평화를 일궈내는 것이 아니라, 이국을 침략하고 약탈하여 풍성하게 만들어준, 하치만 신의 위업에 감탄하는 것으로 마감하고 있기 때문이다.

> 신들의 옛날/ 오래된/ 달 계수나무 남자 산(男山)/
> 청명한 달빛에서부터/ 짐승 새들 비둘기 불어오는 소나무 바람까지/
> 모두 신의 모습으로 나타나/ 참으로 믿음직한 신탁을 보여주신/
> 대보살님 하치만의 신탁은/ 풍성한 신탁이었네
>
> (「弓八幡」 마지막 부분)

아름다운 노래와 춤으로 신이 내려준 평화를 그려낸 것이 아니라, 침략 전쟁을 이끌었던 하치만 신의 위업을 그린 것이다. 현재도 일본 전국에 4만 여개의 하치만 신사(神社)가 있다고 알려져 있다. 침략과 약탈로 풍성하기를 기원하는 일본인들이 아직도 믿고 있는 신의 의미에 대한 근본적인 물음을 던지지 않을 수 없다.

히데요시는 노오 연극을 실연하였지만, 그가 신을 믿고 신의 위업을 진정으로 드러내고자 한 것은 아니다. 단지 하나의 연극 놀이로 즐겼을 뿐이다. 히데요시는 이러한 신을 데리고 노는 연극놀이에 싫증이 나자 다른 연극 놀이에 나섰다. 그는 이듬해에도 또 다른 연극 놀이를 실연했다. 『타이코키(太閤記)』는 1594년 6월 28일 히데요시가 측근들과 함께 상인들 모습으로 분장한 연극을 꾸민 것을 다음과 같이 소개하고 있다.

> 1594년 6월 28일 일인데, 참외밭을 넓게 만든 곳에서, 참외 가게와 여관을 참으로 소탈하게 지어놓고, 참외 파는 상인 흉내를 내고, 사람들을 위문하고, 자신도 위안을 삼으면서, 오랜 전쟁의 피로를 씻어주었다. 복장은 감나무 즙을 칠한 두루마기, 짚으로 만든 도롱이, 검은 두건, 사초로 짠 삿갓을 어깨에 얹었다. 그리고는 맛좋은 참외 드십쇼, 맛좋은 참외 드십쇼 하는데 전혀 상인과 다른 점이 없이 잘 어울렸다.
> 이에야스(家康) 경은 대바구니 장사가 되어, 큰 소리로 "대바구니 사려 대바구니 사려" 하고 소리를 내신다. 이것도 아주 잘 어울렸다.
> 히데카쓰(秀勝)는 오이김치 장사가 되어, "카리모리 오이, 오이 드세요. 오이 드세요" 하고 떠드는데, 잘 못했다. 정말 젊은 자들은 뭐든지 미숙해 하고 생각하고는, 나이는 먹고 볼 일이다, 아니 아니지 먹어서는 안될 일이지 하고 말하는 사람들이 많았다.
>
> (『太閤記』 450-451쪽)

히데요시가 측근들과 함께 무대를 만들어 놓고 연극을 하는 모습을 그려내고 있다. 히데요시는 참외 장사로 분장하고, 도쿠가와 이에야스는 대바구니 장사로 분장했다. 그 외에도 여러 부하들이 각자 분장하여 연극을 꾸민 모습을 그려냈다.

많은 일본인들은 절대 군주의 권력을 누린 히데요시의 이런 천진하고 유쾌한 모습에 갈채를 보낸다. 그러나 우리는 이 상황이 낯선 이국의 전장에서 많은 인간들이 처참하게 죽어가고 있는 가운데 이루어진 것을 잊어서는 안 될 것이다. 전쟁은 육체가 있어 먹고 살아야 하는 인간의 삶에 숙명적으로 붙어 있는 것이지만, 그러나 전쟁을 일으킨 위정자는 항상 그 비극적 세계를 주시하고 진정으로 하늘을 두려워하지 않으면 안 될 것이다.

히데요시가 진구(神功) 왕후처럼 하치만(八幡) 신을 정말로 믿고 그 가호를 받을 것으로 믿었다고는 생각되지 않는다. 그는 죽어갈 때에 자신이 신하치만(新八幡)이 되고 싶다고 했기 때문이다. 히데요시는 「유미야와타(弓八幡)」 연극을 실연하고 자신과 부하들의 흥을 돋우어 주고 놀았다. 그는 어쩌면 많은 인명을 살상하는 전쟁도 하나의 연극 놀이로 여겼는지 모른다.

2. 재침의 참극

3년을 넘게 끌어온 양측의 협상은 결국 파탄났다. 히데요시는 다시 전쟁을 지시하였고, 선봉 장수들이 1597년 1월부터 남해안의 진지로 속속 복귀하였다. 그러나 남해안에 주둔한 일본군은 추가 병력이 도착하고 나서도 병량문제로 쉽게 공격을 할 수 없는 등 초전과는 상황이 달라졌다. 일본군의 사기가 많이 저하된 상태였다. 『조선정벌기』는 재침의 어려움을 다음과 같이 그려냈다.

> 타이코(太閤)는 도해하지도 않았고 병력은 적었다. 각자 거성을 구축하고 있을 뿐이고, 적을 공략할 수단이 없었다. 대명(大明)은 다행히 천운이 강해서, 공격해 오지 않는 것을 기쁘게 여기고 있고, 조선인도 하늘이 아직껏 자신들의 나라를 멸하지 않았다고 이것을 의지했다. 일본 군사는 모두 도해했지만, 풍파가 일어서 병량선이 도착하지 않았다. 지난번 조선에 처음 들어갔을 때는 오랫동안 병란을 당하지

> 않아 부유해서 가는 곳마다 병량이 많이 있었는데 지금은 근년의 병란으로 나라는 온통 피폐했다. 성을 얻고 관사를 깨뜨려도 양곡이 조금도 없었다. 집에는 쌓아둔 땔감이 없었다. 오래된 병량으로 싸움은 장기전이 되면서 싸울 방도가 없었다.
>
> (『朝鮮征伐記』 5-18, 19쪽)

히데요시는 전쟁에 대한 확신도 없는 채로 재침 명령을 내려놓고 침략기지 나고야에 내려가지도 않았다. 또한 이때의 전쟁은 병량 확보의 어려움에서도 일본군의 사기가 많이 떨어져 있는 모습이다.

한편, 조선인도 차츰 전쟁에 익숙해져 갔고 또 대비도 했다. 『징비록』은 전쟁의 휴지기간에도 명나라와 일본의 평화협상을 의심한 조선이 전쟁에 대비했음을 다음과 같이 기술하고 있다.

> 곧 힘센 사람 수천명을 얻어 데리고 와서 총초관에 맡겨 그 속에 분류하여 배치하게 했다. 또 그들에게 조총을 가르치고자 했으나 화약이 없었다. 때마침 군기시에 있는 공장 대풍손이란 자가 적진에 들어가서 화약을 구워 적에게 주었다고 해서 강화로 잡혀와서 죽게 되었다. 나는 특별히 그를 용서해 주고 그 대신 화약을 만들라고 시켰더니 그는 몹시 감동하여 진력해 일을 해서 하루에 수십 개를 구워냈다. 이것을 날마다 각부에 나누어주어 주야로 조총 쏘는 법을 조련시켜 잘하고 못하는 것을 보아 상벌을 분명히 했다. 한 달이 되자 이들은 나는 새도 쏘아 맞추고, 두어 달 뒤에는 항복한 왜병이나 남방의 조총 잘 쏘는 자들과 비교해보아도 손색이 없었다.
>
> (『징비록』 207~208쪽)

조선인들은 전쟁 초기에 일본인이 가지고 온 조총에 놀랐지만, 협상이 장기화되면서 조총을 연습하는 등 대비를 한 것이다. 프로이스도 조선인이 "처음에는 일본군을 크게 두려워하고 또한 우려하고 있었지만, 일본인에게 지배당할 생각이 전혀 없었을 뿐더러, 전력을 다해 과격한 행동으로 나온" 것을 지적하고 있다(『일본사』 5권 231쪽).

이런 가운데 원균이 이끄는 조선 수군은 1597년 7월 15일 거제도 앞의 칠천량 해전에서 일본군의 공격에 괴멸되었다. 이순신 장군은 투옥되었다가 풀려나 백의종군하는 중이었다. 그동안 해전에서 번번이 승리하여 일본군의 활동을 위축시켰던 조선 수군이 괴멸되자, 일본군은 기세를 올리고 총출동했다.

일본군은 코바야카와 히데아키(小早川 秀秋)를 총대장으로 부산에 주둔시키고, 우키다 히데이에(宇喜多 秀家)가 지휘하는 좌군과, 모오리 히데모토(毛利 秀元)가 지휘하는 우군으로 나뉘어서 조선을 공략했다. 좌군에는 코니시 유키나가(小西 行長) 등 여러 장수가 소속되고, 우군에는 카토 키요마사(加藤 清正) 등 여러 장수가 소속되었다. 임진왜란 때 각군이 개별 전투를 하던 상황과는 달리 십만명 정도씩 좌우 양군으로 나누어 공격한 것이다. 단일 부대만으로는 더 이상 조선과 명나라에 대적할 수 없었기 때문이다.

일본군은 임진왜란 때 침입에 실패했던 전라도를 우선 공격목표로 삼고, 남원으로 침입했다. 남원성에는 중국군 명나라 부총병 양원이 이끄는 3천명과 조선측 전라병사 이복남 등이 이끄는 4천 여명이 성을 방비했다. 일본군은 우키다 히데이에를 총대장으로 하고 코니시 유키나가 등 무장들이 연합한 5만 6천명의 대군으로 공격했다. 남원성은 일본군이 4일간 공략한 끝에 1597년 8월 16일 새벽에 함락되었다.

명나라 장수 양원은 피신했고, 이복남 등 조선 무장들은 모두 전사했다. 일본군과 전투 경험이 없던 양원이 무리하게 농성하여 인명피해가 컸다. 일본군도 복수할 생각으로 모든 인간들을 참살하여 처참함이 더했다. 이 남원성 전투를 수행했던 승녀 쿄넨(慶念)의 일기 8월 16일(조선은 17일)조에, "성안 사람 남녀 남김없이 죽이고, 생포한 자가 없었다. 그러나 조금 살아난 자가 있었다. 비참하구나 알 수 없는 이 세상살이 남녀노소 죽어서 사라지는구나" 하고 죽어가는 인간들을 슬퍼했다. (『朝鮮日日記』 8월 16일조)

이 때 남원성 공략에 참가하였던, 오카와치 히데모토(大河內 秀元)는 종군기를 남겼다. 그는 자신의 이름을 3인칭으로 등장시켜 이야기를 꾸며 『조선기(朝鮮記)』를 지었는데, 이것은 『조선 이야기(朝鮮物語)』라는 제목으로도 유포 되고 있다. 작자는 자신이 남원성에 1등으로 입성한 것을 자랑하고, 또 조선의 장수를 잡은 무용담을 다음과 같이 표현했다.

> 키가 7척인 큰 남자로 검은 갑옷을 입은 조선인이 3자 남짓한 큰 칼을 뽑아들고서 치고 나왔다. 후카이가 십자 창으로 찔렀는데 어찌된 일인지 조선인이 갑옷 소매로 끌어당겨서는 창을 뽑아 버렸다. (중략) 오카와치가 정신없이 달려들어 얼굴에 기묘하게 칼을 찌르자, 약간 물러서는 순간 달려들어 쓰러뜨리고, 위에 올라타 가슴팍을 칼로 두 세번 찔렀다. 숨이 끊어진 것을 코이케가 와서 적의 가슴에 꽂아둔 칼을 몇 번 쳐서 빼내면서, 오카와치는 오른손 큰 손가락을 다쳤다. 오카와치가 적의 칼을 들고 일어서서 누구든지 손이 떨어지고 싶은 자 있으면 어서 이 목을 가져가라. 목을 빼앗으려고 아군을 치는 비겁한 놈, 감찰관 히다 님에게 알려서 할복시켜 주겠다 하고 화를 내자, 후카이가 와서, 오카와치 님 화 내실만 하군요. 참으십시오. 저를 비롯하여 여럿이 덤벼들었다가 물러난 적인데 그대는 달려들어 싸웠으니 젊은 사람 공입니다. 누가 이 목에 손을 대는 자 있기만 하면 가만 두지 않겠다. 로쿠스케 저 코를 베어 오카와치 님 부하에게 가져가게 해라 하고 말했다. 로쿠스케라는 보병이 칼로 코를 베려고 하는데, 오카와치가 그 시체를 보니까, 비단 갑옷이었다. 비단을 입는 것은 조선에서 평민이 아니라고 들었기에, 이봐 로쿠스케 그 군병은 보통 사람과 다르다. 그 목을 코이케든지, 후카이가 조심해서 따야 되겠다고 하자, 후카이가 알았다고 하고 목을 땄다.
>
> (『朝鮮記』 282-283쪽)

교토 동쪽의 히데요시의 사당인 풍국신사(豊國神社) 앞에 설치한 코(귀)무덤 탑

작자가 남원성에 들어가 백병전을 펼치는 가운데 조선의 장수를 잡은 공훈을 기술한 것이다. 키가 7척이나 되고 용감하여 다른 사람들이 물러난 것을 자신이 달려들어 죽인 무공을 그려냈다. 그런데 다른 사람들이 목을 가로채려고 했으나, 도움을 받아 코를 베려고 보니까 장수인줄 알고 목을 딴다는 내용이다.

이처럼 목을 베어 나르는 일이 오늘날 우리에게는 잔인하고 끔찍한 모습으로 여겨지지만, 전국시대 일본인들에게는 일상다반사였다. 17세기 초반까지도 전쟁에서 베어온 적의 머리를 집안의 여자들은 예쁘게 화장을 하였다가 가져가기도 했다. 수년 전에 일본에서 중학생이 초등학생 목을 베어다가 교문에다 놓아둔 사건이 일어나서 전국이 떠들썩한 사건이 있었는데, 이것은 전국시대 무사문화를 계승하고자 노력하는 일본의 풍토와 무관하지 않을 것이다.

정유재란은 대륙 정복에 실패한 히데요시의 울분으로 수많은 인명이 살상되었다. 이때의 전쟁에서 일본군 한 명에게 조선인 코 3개씩이 할당되었고, 이것들은 항아리에 넣고 소금에 절여서 히데요시에게 보내졌다(『淸正高麗陣覺書』 324쪽). 일본의 전투에서는 무사들의 머리만 베면 되었지만, 조선에서는 민간인들의 머리까지 베어야 했기 때문에 코로 바뀐 것이다. 이것이 지금도 남아 있는 쿄토 다이부쓰(大佛) 앞의 코무덤이다. 당시 임제 선종의 승려인 사이쇼(西笑)는 이 코무덤을 적의 주검을 공양해준 히데요시의 자비로 그려내고 있다.(『鹿苑日錄』 1597년 9월 28일조) 승려로서 전쟁의 참상의 원인을 살피지 못하고 있다.

한편 일본군 우군은 경남 함양의 황석산에서 전투를 하고, 전주로 가서 남원성을 함락하고 북상하는 좌군과 합류했다. 그리고 여기서 좌군의 일부는 전라도 지역으로 남하했다. 북상한 일본군은 충남 천안 북쪽의 직산에 이르렀을 때, 명나라 부총병 해생이 조선군과 함께 일본군의 진로를 막았다.

1597년 9월 7일에 있었던 직산 전투는, 관직에 복귀한 이순신 장군이 9월 15일 명량에서 일본 수군을 격파한 것과 함께 일본군 재침 의지를 꺾은 결정적 전투로 기록되고 있다. 이후 일본군은 경상도와 전라도 일부 해안으로 후퇴하였고, 명나라와 조선은 후퇴하는 일본군을 추격하여 공수가 역전되었다.

재침 전투 가운데서, 일본군 좌군이 세운 남원성 함락 공훈과 함께, 우군이 명나라 대군의 공격을 받은 울산성 전투가 크게 부각되었다. 울산성 전투는 1597년 12월 22일부터 마귀가 이끄는 명나라와 조선의 연합군 5만명 정도가 수축 중인 울산성을 포위 공략한 것이다. 울산성에는 카토 키요마사 등의 군사 1만 5천명이 주둔하고 있었다. 서생포에 머물고 있던 키요마사는 성이 포위된 소식을 듣고 급거 울산성으로 귀환했다. 이듬해 1월 4일에 일본군 구원군이 와서 포위망이 풀렸으니까 열흘 남짓 농성한 것이다.

일본의 임진왜란 종군기 작품에서 이 울산성 농성은 카토 키요마사의 용맹으로 크게 부각되었다. 키요마사가 명나라와 조선군 40만 명이 성을 포위한 가운데, 식량이 부족하여 고전하다가 신의 가호로 살아난 것을 다음과 같이 그렸다.

> 키요마사가 농성을 하고 있는데, 모리 등 상하 100명쯤이 울산 옆까지 배로 왔다. 그때 일본 쪽 해상에서 검은 구름인지 뭔지 분명하지 않은 이상한 것이 점점 다가와서 보니까, 가마우지 떼였다. 고려에서 가마우지를 본적이 없다고 이상하게 여기고 있는데, 그 수가 몇 천 몇 백만인지 알 수 없었다. 그 가마우지 떼가 울산성 위를 날아왔다 날아갔다 하면서 춤을 추고 놀고 있었다. 무리 중에 아는 자가 이 가마우지는 아마테라스 큰 신과 하치만 대보살의 사자라고 하였다. 일본의 신들이 일본군을 지켜주기 위해서 힘을 북돋우는 것이 참으로 믿음직스러웠다. (『清正高麗陣覺書』 327쪽)

카토 키요마사가 울산성에서 포위당해 어려운 상황에 처했을 때, 구원군에 앞서서 가마우지가 먼저 와서 알려준 것을 신의 가호로 그려냈다.

다른 카토 키요마사 부하가 편찬한 종군기에서는 키요마사 군이 명나라의 100만 대군에 포위되고, 식량이 바닥나 우마를 죽여서 연명한 것을 그려냈다(『清正記』 369쪽). 『타이코키』는 이 장면을 더욱 부각해 냈다. 명나라 대군이 포위하자 서생포에 있던 카토 키요마사가, 적의 포위망을 뚫고 울산성에 들어가 깃발을 올리자, 키요마사가 구원하러 온 것에 놀라 6~70만기의 대군이 정월 3일 밤에 물러갔다고 하고 있다.

『조선정벌기』는 울산성에 들어온 카토 키요마사가 대군의 봉쇄에 저항하는 모습을 더욱 생생하게 그려냈다.

> 26일 저녁부터 사방의 공격군이 성 주변을 막고 틈새도 없이 엄하게 봉쇄했다. 하지만 키요마사가 돌아온 것에 기운을 내서 걱정하지 않았다. 서로 힘을 합해서 지탱했는데, 물 조달이 끊어져 낮에는 뜰 수가 없었다. 밤에 물을 뜨러 나오면 연못에 시체를 많이 넣어두어 피가 섞인 물을 퍼와서 갈증을 달랬지만, 병량이 점차 바닥나서, 종이를 씹고 벽의 흙을 삶아서 먹었다. 우마가 있을 때까지는 이것을 죽여서 굶주림을 달랬다. 이것도 만인의 허기를 달랠 수 없어서 장사들이 밤이 되면 성을 빠져나가 공격군의 죽은 허리를 찾아서 볶은 쌀이나, 말린 쇠고기를 찾아 잠시 목숨을 이었다. 대장들 앞에 밥을 권하는데, 굶주림을 견디고 싸워야하는 사졸에게는 한 젓가락에 5~6알씩 섞어서 먹였다. 수주화벽(隨珠和璧)의 옥구슬처럼 참으로 좋구나 하고 격려해보지만, 굶주림에 지쳐서 방벽 아래 쓰러져 엎드린 자는 추위에 떨고 신음하지만 들리는지 안 들리는지 힘이 빠져 있었다.
>
> (『朝鮮征伐記』 8권 13~14쪽)

명나라와 조선 연합군이 수축중인 울산 성을 겹겹이 포위하여 물과 식량이 바닥난 처참한 상황을 그렸다. 이러한 기술은 히데요시가 오사카 서쪽 츄고쿠(中國) 지방을 공략할 때 그 공훈을 드러내는 것과 같은 표현이다. 정유재란의 재침에서 공수가 역전되어 수세에 몰린 일본군이 명나라와 조선의 공격에 어려움을 당한 것을 말해준다. 카토 키요마사는 항복 직전까지 몰렸으나 다른 일본군 부대의 구원으로 위기를 벗어났다.

그런데 10여 일 간에 걸친 이 울산성 농성은 카토 키요마사(加藤淸正) 종군기 작품들에 의해서 대군의 공략에도 끝까지 버텨낸 키요마사의 용맹으로 그려졌다. 이런 종군기가 키요마사를 영웅으로 그려낸 표현에 따라 백만 대군에 둘러싸인 울산성 전투 모습이 병풍으로 그려져 유포된 것으로 보인다.

정유재란은 히데요시가 대륙침략에 실패한 울분을 토로한 전쟁이었다. 대륙을 정복하겠다는 꿈은 이제 어디에도 없었다. 히데요시는 전쟁에 패한 조선이 항복하지 않는 것에 대한 분노로 살육을 자행했다. 그러나 전쟁은 여의치 못했다. 1597년 7월부터 일본군 총군이 공략에 나섰지만, 불과 2달 정도 공세를 펼치다 더 이상 추진력을 잃고 남해안으로 후퇴했다. 그리고 이때부터 수세에 몰려서는 히데요시의 철군 명령만을 기다릴 뿐이었다. 여러 전기 작품들은 히데요시의 재침을 코니시 유키나가와 카토 키요마사의 공훈 다툼에 초점을 맞춰 그려냈다. 코니시 유키나가(小西 行長)는 남원성을 함락하고 조선인을 몰살시켰으며, 카토 키요마사(加藤 清正)는 울산성에서 대명의 백만 대군의 공격을 막아낸 것으로 그렸다.

3. 벚꽃 노래

17세기 초반에 간행된 히데요시의 종합적인 전기 작품인 『타이코키』는 히데요시가 조선 침략 기간 중에 벚꽃놀이를 한 것을 두 번 기록하고 있다. 1594년 벚꽃의 명소인 나라(奈良) 남쪽의 요시노(吉野)산에서 측근들과 함께한 꽃놀이와, 1598년 쿄토 동쪽에 있는 다이고지(醍醐寺) 절에서 처첩들을 거느리고 한 꽃놀이가 그것이다.

먼저, 요시노 산 벚꽃놀이를 살펴보자. 히데요시는 화려하게 분장하여 측근들을 거느리고 1594년 2월 25일 오사카 성을 나섰고, 요시노에 도착하여 새로 마련한 찻집에 들러 식사를 하거나 차를 마시고 벚꽃을 즐겼다. 27일에는 측근 11명과 함께 와카(和歌)를 지었다. 29

일에는 더욱 대대적인 와카 모임을 가졌다. 30일에도 최측근 4명과 와카를 지었다.

27일에 읊은 와카 가운데서 히데요시와 측근 두 명의 와카를 살펴보자.

히데요시
요시노(吉野) 산/ 가지끝의 꽃/ 색색가지/
놀라워라/ 눈 내린 새벽인줄 알았네

다시 관문(關屋)의 벚꽃나무 아래서
요시노(芳野) 산/ 누구 찾아오는 이/ 없어도/
오늘 밤은 꽃/ 그늘에서 자야지

히데쓰구(秀次)
나무마다 벚꽃/ 이끼 낀 길은 눈/ 아름다운 요시노/
떠날 수 없는 산/ 봄날의 옷소매 (눈물)이구나

하루스에(晴季)
벚꽃 내리는/ 나무 가지마다/ 비단 옷 입고/
요시노 산/ 헤치고 가네 (『太閤記』 458~459쪽)

히데요시의 첫 번째 와카는 가지마다 피어난 벚꽃의 아름다움을 마치 눈이 내린 새벽인지 놀랐다고 하고 있다. 두 번째 와카는 아무도 찾아오지 않더라도 벚꽃의 아름다움과 함께 잠들겠다고 하고 있다. 히데쓰구는 히데요시가 읊은 것을 따라서 벚꽃을 눈에 비유하여 아름다운 감흥을 노래했다. 그리고 세 번째는 궁정대신으로 히데요시의 총애를 받았던 키쿠테이 하루스에(菊亭 晴季)가 벚꽃 속으로 아름다운 비단옷을 차려입고 가는 감흥을 노래했다.

히데요시는 요시노(吉野) 산의 벚꽃과 함께 여러 역사 유적과 명승지를 둘러보고 나서, 29일에는 더욱 대대적인 와카 모임을 개최하고 있다. 이 날 와카는 <꽃의 소원(花願)>, <꽃을 떨어뜨리지 않는 바람(不散花風)>, <폭포 위의 꽃(瀧上花)>, <신 앞의 꽃(神前花)>, <꽃의 축하(花祝)>의 다섯 가지 제목을 붙이고 각각 한수씩 지었다. 여기서 히데요시의 와카를 살펴보자.

花願
언젠가는/ 하고 생각했던/ 요시노 산/
꽃을 오늘에야/ 보는구나

不散花風
봄바람/ 불지라도 꽃은/ 또한 피어/
조용한 마음으로/ 바라보네

瀧上花
폭포 물결에/ 떠내려가는 뗏목/ 요시노 산/
가지 끝 꽃/ 절정이로구나

神前花
봄은 또한/ 신의 은총/ 벚꽃/
참배하는/ 아름다운 요시노 산

花祝
소녀/ 소매 흔들던 산/ 천년 지나/
바라봐도 물리지 않는/ 꽃 색 향기 (『太閤記』 460~462쪽)

히데요시의 와카는 요시노 산 벚꽃의 아름다움을 전통적인 7, 5조 음수율의 리듬으로 표현해 내고 있다. <꽃의 소원(花願)>은 오랫동안 염원했던 요시노 산의 벚꽃을 보게된 즐거움을 노래하고 있다. <꽃을 떨어뜨리지 않는 바람(不散花風)>은 봄바람 속에서 피어난 아름다운 벚꽃을 차분한 마음으로 바라보는 즐거움을 노래하고 있다. <폭

포 위의 꽃(瀧上花)>은 절정에 다다른 벚꽃이 폭포수 물위로 떠내려가는 것을 뗏목이 떠내려가는 것에 비유한 것이다. <신 앞의 꽃(神前花)>은 신의 은총으로 피어난 벚꽃에 대한 감사의 마음을 신에게 전하면서 꽃구경을 한다고 하고 있다. <꽃의 축하(花祝)>는 텐무(天武) 천황이 672년 임신(壬申) 난으로 집권하기 전에 요시노 산에 머물 때, 현악기인 코토(琴)를 켜자 선녀가 내려와서 와카를 읊었다는 전설을 노래한 것이다.

2월 30일에도 히데요시는 최측근 4명과 함께 와카를 짓고 있다. 전기 작품에 다른 사람들 와카는 한 수씩 싣고 있는데 히데요시의 와카는 4수를 싣고 있다.

단풍 들지 않는 /소나무 잎 너머로 /꽃 색깔에 /
집가는 길 잊고 /천년이나 지내겠네

코모리(小守) 궁 아래에서 읊음
때마침 /지금 한창 핀 /꽃 색깔 /
구름에 이어지는 /벚나무 궁전

산 소나무 /바람 멀리 두고 /안개 낀 /
그늘의 벚꽃 /떨어지기라도 하면 어쩌나

죠조오(上藏王) 궁에서
돌아가지 말아야지 / 생각한 귀로/ 해질녘 /
종소리야말로 꽃의 / 원망이로구나

(『太閤記』 467~468쪽)

처음 와카는 꽃 색깔이 아름다워 집에 가지 않고 천년이나 살고 싶다고 하고, 두 번째 와카는 요시노 미쿠마리(水分) 신사의 딴 이름인 코모리(小守) 궁에서 꽃구름 위로 연결된 벚꽃 궁전을 연상했고,

세 번째 와카는 소나무 바람은 피했지만, 안개 때문에라도 꽃이 떨어지면 어쩌나 하고 걱정하는 것을 읊은 것이고, 마지막 와카는 아름다운 벚꽃에 취해 돌아가지 말아야지 하고 있는데 저녁 종소리가 들려 원망스럽다고 하고 있다.

이때 읊어진 와카들이 전쟁의 참혹함 속에서 읊어진 것이 아니라면, 화사하게 피어난 벚꽃을 구경하면서 군주가 신하들과 노래한 아름다운 시가임에 틀림없을 것이다. 그런데 일본의 고대부터 전해진 시가인 와카는, 철저하게 현실과 유리된 미의식을 담아내 왔다. 일본의 전통적인 문학은 이처럼 작자의 삶이나 그가 처한 세상과 밀접한 연관을 갖지 못했다.

현실과 유리된 자연의 아름다움만을 노래한 이러한 문학은 현실의 어려움 속에 처한 자신의 삶을 변화시키기에는 부족하다. 이들 문학은 다만 자신이 처한 현실을 감추고, 다만 자연의 감상에 잠기거나, 일시적인 여흥을 즐기는 역할에 머물렀다. 수많은 인간들을 전쟁에 내몰아 죽게 하고서, 벚꽃의 아름다움이 느껴질 수 없을 것이기 때문이다.

또 히데요시는 정유재란을 일으켜 부하들을 전장에 보낸 상황 속에서, 자신은 처첩들을 거느리고 교토 동쪽의 다이고지(醍醐寺) 절 뒷산에서 화려한 벚꽃놀이에 나섰다. 이때의 벚꽃놀이는 그의 부하가 편찬한 작품인 『타이코 군기(太閤軍記)』가 상세하게 기록하고 있고, 이것을 『타이코키(太閤記)』도 거의 그대로 싣고 있다.

이때의 벚꽃 놀이 행사는 삼엄한 경계가 펼쳐진 가운데 진행되었다. 행사에 참가한 히데요시의 처첩들은 출진하는 부대처럼 1번대부터 6번대까지 편대를 짜서 순서대로 진행했다. 1번대는 히데요시의 정실인 키타만도코로(北政所), 2번대는 두 아들을 낳은 요도도노(淀

殿), 3번대는 마쓰노마루도노(松之丸殿), 4번대는 노부나가의 다섯째 딸인 산노마루도노(三之丸殿), 5번대는 부하인 마에다 토시이에(前田利家)의 3녀인 카가도노(加賀殿), 6번대는 마에다 토시이에의 정실이었던 사람이다.

히데요시의 처첩은 10명 정도 있었던 것으로 알려져 있으나, 이때는 6명이 행장을 꾸민 것이다. 이들은 다이고지 절 입구의 산뽀인(三宝院)에 도착하여 옷을 갈아입고, 호위병들을 남겨둔 채 걸어서 벚꽃놀이를 위해 새로 지어놓은 8곳의 찻집과 시설을 유유히 유람했다.

첫 번째 찻집을 들렀을 때의 화창하게 핀 벚꽃과 처첩들의 화려한 행장 모습을 전기 작품은 다음과 같이 기술하고 있다.

> 계곡물이 넘쳐서 소용돌이치며 흘렀다. 이곳에 판자로 다리를 튼튼하게 만들어 걸었다. 여기서부터 산 위로 점점 올라갔다. 올라가니 계곡을 사이에 두고 왼쪽 산에는 떨어지지도 않고 피지 않은 꽃봉오리도 없는 한창 절정으로, 안개도 걷히고 깊은 향기를 바람이 퍼트리는 가운데, 벚꽃은 자연의 아름다운 색을 드러내고 피었다.
> 높은 분들(히데요시의 처첩)은 각각 기교를 발휘하여 갖은 솜씨를 다하였고. 금은을 박고 장식한 훌륭한 모습은 이루 형언할 수 없다. 아름다운 모습은 말로 다할 수 없다고 하는데 바로 그런 형국일 것이다. 산 위와 산 아래는 햇빛이 빛나고, 꽃과 꽃이 색을 다투어 뿜어내서 향기가 사방에 퍼진다. 이런 경사스런 놀이는 옛날이나 지금이나 예가 드믄 일이다. 이것은 희대의 불가사의이고 특기할만한 일이다.
>
> (『太閤軍記』 219쪽)

전날까지 비가 오다가 개인 화창한 날씨에 절정에 오른 벚꽃의 모습과 히데요시의 처첩들이 금은으로 치장한 화려한 모습을 비교하며 묘사한 것이다. 이것을 고금에 예가 드믄 일로 특기할만한 일이라고 하고 있다. 『타이코키』도 히데요시의 처첩들의 모습을 "화려한 치장이 굉장하고 각자 멋을 부리고 나온 행장과 꾸민 색다른 물건들이, 화려하지 않은 것이 없었다"고 하고, "후궁들이 도보로 조용히 걸어가는 모습이, 인간세상이 아니라고 생각될 정도로 요염했다"고 하면서 화려하게 치장한 것을 기술하고 있다(『太閤記』 480쪽).

두 번째 찻집에는 연못을 파고 잉어 붕어 등의 물고기를 넣어두었고, 세 번째 찻집에는 한적하고 쓸쓸한 찻집에 매와 말 그림을 걸어놓고서 차를 권했다. 이것은 당시 무장들의 호사적 취미로, 히데요시가 금으로 된 찻집에서 차를 마시며 한적함을 꾸미고 쓸쓸함을 가장한 와비차의 작법을 구현한 것이다.

4번째 찻집에는 히데요시와 어린 아들 히데요리(秀頼)의 거소와 처첩들의 거소를 화려하게 꾸며 놓았다. 히데요시와 처첩들은 이곳에서 목욕을 하고 점심을 먹었다.

6번째 찻집에서는 금은으로 치장한 저녁상을 올렸다. 여기서 처첩들은 다시 옷을 갈아입었다. 이곳에서 히데요시는 천황을 비롯 궁정대신들의 꽃놀이 축하와 각지에서 상납한 물건들을 살피고 있다.

7번째 찻집도 여러 가지로 궁리를 해서 만들었다.

8번째 찻집은 6살인 히데요리를 즐겁게 하기위해서 궁리를 하였고, 또 여러 진귀한 물건들을 늘어놓고 상인들이 물건을 파는 것처럼 연극을 꾸며 히데요시와 처첩들을 즐겁게 해주었다.

앞의 요시노(吉野) 산 벚꽃놀이에서는 대대적인 와카(和歌) 행사를 벌이고 많은 와카가 전하는 것과 달리, 다이고지(醍醐寺) 벚꽃놀이에서 읊어진 와카는 전하는 것이 몇 수 안된다. 『타이코 군기』가 6번째 찻집에서 하루 종일 휴식하면서 단책을 만들었다고 하는 것으로 봐서 히데요시가 처첩들과 와카를 지은 것으로 보인다.

『타이코 군기』에는 히데요시가 읊은 와카에 진언종 승려인 모쿠지키 오고(木食 應其)가 화답한 와카 2수가 실려 있다. 이들이 화답한 와카를 보자.

히데요시
이름을 바꿔/ 새로 지어야지/ 행차한 산(御幸山)/
숨었던 꽃이/ 나타나네

오고(應其)
행차한 산(御幸山)/ 비치는 해 아래/ 꽃 그늘을/
고려 중국까지도/ 우러러보겠네
만대를/ 지나겠네 행차한(御幸)/ 산 벚꽃/
소나무에 잔 소나무/ 색을 덧보태서

(『太閤軍記』 217쪽)

히데요시의 와카는, 다이고(醍醐) 산 이름을 바꿔서 행차한 산(御幸山)으로 하니까, 숨어있던 꽃이 나타났다고 한 것이다. 이것은 히데요시가 자신의 행차를 미유키(御幸)라고 하고, 또 자신의 행차로 산 이름을 바꾸었다고 한 것이다. 히데요시의 와카에 대해서 승려인 오고(應其)는 더할 수 없는 찬사로 화답한다. 히데요시의 위업을 조선과 중국이 우러러보겠다고 하고, 또 히데요시의 위업이 소나무 같이 만대에 푸르르고 벚꽃처럼 피어나겠다고 하고 있다.

그런데 『타이코키』에서는 히데요시의 와카 마지막 두 구절이 "꽃은 옛날과/ 다름이 없네"라고 되어 있다. 이렇게 되면 앞의 『타이코 군기』가 보여주는 히데요시 자신의 행차를 나타낸 것과 다르고 의미도 연결되지 않는다.

그런데 다이고지 절에 소장되어 있지만 일반에 공개되지 않는 단책에는 『타이코 군기』의 와카가 그대로 실려 있으면서도, '행차한 산(御幸山)'은 발음이 같은 '깊은 눈 내린 산(深雪山)'으로 한자가 바뀌어 있다. 히데요시의 행차를 '미유키(御幸)'로 하여 제왕의 위용을 드러내면, 이것은 천황의 권위와 충돌하지 않을 수 없게 된다. 그래서 훗날 누군가가 천황을 의식하고 히데요시가 지은 와카의 한자 표기를 바꾼 것이라고 여겨진다.

히데요시는 처첩들과 함께한 벚꽃놀이가 아쉬웠던지 가을 단풍놀이를 기약하였다. 그리고 벚꽃놀이 이후로도 여러 차례 다이고지 절을 찾아 단풍놀이를 준비한 것으로 알려졌으나 여름부터 병이 들어 가을에 죽는 바람에 단풍놀이를 즐기지는 못했다.

그러나 히데요시가 최후의 해에 벌인 벚꽃놀이는 오늘날 대대적인 행사로 이어지고 있다. 매년 4월 둘째 일요일에, 히데요시와 처첩들로 분장한 인기 연예인 등을 앞세우고 많은 사람들이 뒤따르며 잔인무도한 폭군 히데요시를 그리워하며 벚꽃을 즐기고 있다.

4. 영웅의 죽음

히데요시는 1598년 부하들이 조선에서 죽어가는 가운데, 처첩들을 거느리고 다이고지 절에서 벚꽃놀이를 마치고, 여름부터 병이 들어 8월 18일에 62세의 나이로 죽었다. 『타이코키(太閤記)』는 히데요시의 탄생부터 시작하여 일대기를 그려내고자 했지만, 그의 죽음에 대한 언급이 없다. 17세기 중반 신흥 주자학자가 히데요시의 조선 침략을 위주로 편찬한 전기 작품인 『조선정벌기』는 히데요시의 죽음에 관해 이렇게 그려냈다.

> 1598년 여름부터 타이코가 병이 들어 날마다 심해지니, 조선에 있는 일본인을 철수시키는 것이 어렵다고 생각하시고, 이에야스(家康) 공과 함께 일본의 제도 또는 조선에 관한 모든 일을 상의하셨다. 8월초에 병이 중해지자, 내가 죽거든 깊이 감추고, 그 가운데 아사노(淺野 長政)와 이시다(石田 三成)가 도해하여 조선에 있는 군사를 철수해야한다. 조선에 있는 군사가 모두 귀국하면 내가 죽은 것을 알리고, 여러 무장들에게 유물을 나누어 주도록 하라. 두 사람이 도해해서 철수할 수 없다면 천하를 위해서, 토쿠가와 이에야스(德川 家康) 공이 도해해야 할 것이다. 만일 또 일본에 저항하는 자가 나와서 도해할 수 없다면 히데요리를 맡고 있는 마에다 토시이에(前田 利家) 공이 도해해야 할 것이다. 천하에 장수가 많지만, 두 명 가운데 한명이 도해하지 않으면, 대명의 백만 명이 나와 막아서 좀처럼 잘 안될 것이고, 십만 명의 좋은 일본 병사를 타향의 병사로 만들 것이다. 꼭 도해해서 철수시키라고 간절하게 말해두고 8월 18일 돌아가셨다.
> (『朝鮮征伐記』 9-12, 9-13쪽)

토쿠가와 이에야스(德川 家康)의 너구리 모습을 강조한 초상

히데요시가 대륙 정복의 큰 꿈을 안고 일으킨 전쟁은 여의치 못해 괴로워하는 가운데, 그 와중에 병이 들어 갑자기 죽어간 것이다. 자신이 죽고 나서 죽은 사실을 깊이 감추고 조선에 있는 군사를 철수시키라고 하고 있다. 그리고 나서 전쟁에서 모은 유물을 여러 무장들에게 나누어 주라고 하고 있다. 그러면서 히데요시는 대명의 '백만 대군'에게 제지당해 부하들이 귀국하지 못할 것을 염려하면서 죽었다고 한 것이다.

그런데 히데요시의 죽음에 대해서 서양 선교사 루이스 프로이스는 자세하게 보고하고 있다. 선교사 추방령을 내렸던 히데요시의 존망은 선교사들의 생존에 달린 중요한 사항이었기 때문에 예의 주시하고 있었던 것이다. 히데요시가 죽기 직전 선교사 로드리게스가 포르투갈 상선 선장의 대리로 꾸미고 후시미(伏見) 성을 방문해 히데요시를 직접 대면했다. 그리고 나서 그해 10월 3일(양력) 히데요시의 죽음을 보고한 것이 프로이스 『일본사』에 실려 있다. 프로이스는 이미 1년전에 죽었기 때문에 일본 예수회 부관구장인 프란시스코 파시오가 작성한 것이다.

> 국왕(히데요시)은 후시미(伏見) 성에 체재하고 있던 6월 말에 설사가 났는데, 보통 있는 일로 위통을 호소했습니다. 당초에는 전혀 생명의 위험은 없었는데, 8월 5일 병세는 악화되어 생존은 절망적이었습니다. 하지만 타이코 님은 이때에도 마치 건강한 사람처럼, 꺾이지 않는 강인함과 이상한 현명함으로(종래 만사에 다 그랬듯이) 신변의 일을 처리하기 시작했습니다. 타이코 님은 자신이 죽고 나면 6살 된 아들을 왕국의 후계자로 남겨둘 방법을 고안했습니다. 그는 관동의 영주로 8고을을 소유하고, 일본에서 가장 유력하고 또한 전쟁에서도 극히 용감한 무장이고, 귀족태생으로 민중에게도 가장 신뢰받는 이에야스만이 일본 정권을 찬탈하려고 하면 가능한 인물이라고 생각했습니다. 이 영주에게 비상한 호의를 표시하고, 자신과 굳은 약속을 하도록 하고, 그의 충절을 서약하게 했습니다. (『일본사』 5권 295~296쪽)

히데요시가 여름에 설사병이 나서, 병이 악화되었다고 하고 있다. 이런 점에서 보면 조선에 알려진 대로 누군가에 의한 히데요시 독살설이 상당히 유력하게 보이는데 당시 일본의 전기 작품에 나타나지 않는다. 히데요시는 병이 중해지자 자신의 아들을 후계자로 삼으려고 토쿠가와 이에야스를 회유했다. 그리고 자신의 6살난 아들 히데요리와 토쿠가와 이에야스의 2살된 손녀딸을 결혼시켰다.

> 타이코(太閤) 님의 면전에 신부(이에야스의 두 살 난 손녀딸)를 데려오자, 시간이 허락하는 한 타이코 님의 베게 맡에서 즐거움과 엄숙함

> 가운데서 결혼식이 거행되었다. 그리고 타이코 님의 희망대로 이에야스에게 맹서문을 작성하게 하고, 도열한 다른 제후들도 모두 똑같이 복종하는 맹세문을 제출하도록 하고, 그들은 타이코의 후계자에 대해서도 성인이 되어 정권을 장악할 수 있도록 진력하도록 하고, 또 이에야스에 대해서는 그 사이에 존경과 공순의 뜻을 표할 것을 맹세시켰습니다. (중략) 타이코 님은 그 뒤 4명의 중신에 5번째 중신으로 아사노를 덧보태서 일동의 필두로 삼았습니다. 이어서 타이코 님은 중신들이 이에야스를 상관으로 받들도록 하고, 또 후계자가 때가 되면 일본 국왕에 취임할 수 있도록 배려하도록 할 것, 또 모든 영주나 부하들을 현직에 그대로 두고, 자신이 공포한 법률을 조금도 변혁하지 말도록 명했습니다. (『일본사』 5권 298~299쪽)

히데요시가 자신의 6살 난 아들과 이에야스의 2살 난 손녀딸을 결혼시키고, 이에야스로 하여금 중신들의 우두머리가 되도록 하여, 훗날 자신의 아들이 성장하면 뒤를 이을 수 있도록 궁리한 것이다. 히데요시는 죽음에 직면하여 부하들과 정략 결혼을 하거나 인질을 확보하는 책략을 썼다. 그리고 이들 5명의 중신들을 교차 혼인시켜 서로 배반하지 않도록 했다. 그리고 자신의 아들 히데요리에게 이제부터는 자신을 아버지라 부르지 말고, 이에야스를 아버지로 부르라고 하고 있다(『일본사』 5권 302쪽).

히데요시는 자신의 죽음을 극비에 붙이도록 하고 8월 18일 죽었지만 소문은 곧 펴져나갔고, 조선 전장에는 5명의 중신이 보낸 밀사가 건너가 철수 작전이 펼쳐졌다. 부산에서 가장 멀리 떨어진 순천에 주둔했던 코니시 유키나가는 이순신과 명나라의 저지선에 막혀 움직이지 못했다. 경남 사천에 주둔하고 있던 시마즈 요시히로(島津義弘)가 구원군으로 와서 합세했다. 이순신은 1598년 11월 17일 광양만에서 하동과 남해 사이의 노량으로 도망가는 시마즈 군사와 해전을 벌이다가 전사했다. 이 때의 상황을 『징비록』은 다음과 같이 기술한다.

> 행장(코니시 유키나가)은 순천 예교에 성을 쌓고 굳게 지키고 있었다. 유정이 중국 대병을 거느리고 쳤으나 전세가 불리해서 순천으로 돌아왔다가 다시 나가쳤다. 이순신은 진인과 함께 해구를 끼고 몰아나갔다. 이에 행장은 하는 수 없이 사천의 적장 심안(시마즈)에게 구원을 청했다. 수로로 와서 합세하는 심안을 이순신이 진격하여 대파시키고 적의 배 2백 여척을 불사르고 무수한 적병을 혹은 죽이고 혹은 사로잡는 대전과를 세웠다. 그리고 또 달아나는 적을 추격해서 남해 지경에까지 이르렀던 것이다. 이순신은 이 싸움에 친히 시석을 무릅쓰고 힘써 싸우다가 날아온 적탄에 가슴을 맞았다. 좌우가 황급히 그를 부축해서 장중으로 들어갔다. 이때 이순신이 가만히 입을 열어, "지금은 싸움이 심히 급한 때이니 아예 내가 죽었단 말을 내지 말라" 하고 한마디를 남긴 채 애석하게도 숨을 거두고 말았다. (『징비록』 185쪽)

이순신 장군은 무도한 침략자와 맞서 싸우는 것이 하늘이 자신에게 부여한 소명임을 조금도 의심하지 않았다. 폭군의 하수인이 되어 7년 동안 조선에서 약탈과 살상을 자행한 일본군의 퇴로를 끝까지 막다가 천명을 거스르지 못하고 전사했다. 이순신 장군은 일본군의 총탄에 맞아 54세의 나이로, "지금은 싸움이 급한 때이니 아예 내가 죽었단 말을 내지 말라" 하고 숨을 거두었다. 불의에 맞서 싸우다가, 하늘을 우러러 추호의 부끄러움이 없이 죽어간 것이다. 우리에게 영웅적인 삶과 죽음이 어떤 것인지를 깊이 깨닫게 한다.

VIII. 결문 : 영웅의 몰락

교토 동쪽에 있는 아미타 산 봉우리에
히데요시의 분묘를 안치한 위에 세워진 오륜탑

일본인들이 숭배하는 영웅 히데요시는 전국 시대 전쟁으로 흥기하여 결국 자신이 일으킨 전쟁의 한 가운데서 죽었다. 그의 죽음은 극비에 붙여진 가운데, 유해는 죽은 당일 밤에 따르는 사람도 없이 쿄토(京都) 동쪽의 아미타 산봉우리에 매장되었다. 모시는 신이 누군지 밝히지도 않은 채 사당을 쌓는 작업이 9월 7일부터 시작됐다. 1598년 말에 조선에서 일본군 철군이 완료되고 나서, 그의 사당에 대한 함구령은 풀렸다. 히데요시 자신은 신하치만(新八幡) 신이 되기를 원했지만, 이듬해 4월에 풍국대명신(豊國大明神)으로 명명되었다.

1600년 토쿠가와 이에야스 세력과 히데요시 추종 세력간에 세키가하라(關原)에서 승부를 겨루웠다. 이 전투에서 히데요시 부하들은 양쪽으로 편이 갈리었다. 조선 침략 선봉장 코니시 유키나가 등은 히데요시의 서쪽세력 편에, 카토 키요마사 등은 토쿠가와 이에야스의 동쪽 세력에 가담했다. 결국 이 전쟁에서 토쿠가와 이에야스가 승리함으로써 코니시 유키나가는 죽었고, 카토 키요마사는 쿠마모토의 영지를 안도 받았다. 이로부터 15년 뒤인 1615년 오사카 성은 토쿠가와 이에야스에 의해서 함락되었고, 히데요시의 아들 히데요리는 자결하였다. 여기서 풍국대명신의 신호는 박탈되고, 그리고 사당인 풍국사(豊國社)도 파괴되었다.

히데요시의 분묘는 황폐해졌지만, 그의 전기 작품인 『타이코키(太閤記)』는 다양한 형태로 이어졌다. 17세기 후반 이후 성행한 국학이라는 국수주의 풍조 속에서 히데요시의 조선침략 위업은 공공연히 부각되었다. 토쿠가와 막부(幕府) 말기에 이르면 이런 풍조는 더욱 확산되어 갔다. 1868년 막부가 몰락하고, 메이지(明治) 천황이 정치의 권좌에 오르자 히데요시는 즉시 복권되었다. 토쿄(東京)로 자리를 옮겨 친정을 시작한 메이지 천황은, 그해 4월에 오사카에 들러 히데요시의 사당인 풍국사(豊國社) 재흥을 명령했다.

> 공이 있으면 현상하고, 죄가 있으면 벌을 주는 것은 경국의 대강이다. 하물며 국가에 큰 공로 있는 자를 드러내서 현상하지 않는다면, 무엇으로 천하 사람으로 하여금 권면하겠는가. 토요토미 타이코는 미천한 데서 일어나, 팔을 걷어붙이고, 천하를 안정시키고, 상고의 열성들을 받들어, 천황의 위엄을 해외에 알리고, 수백 년이 되어도 아직 그를 두려워하는 것을 보면 고금에 뛰어난 자라고 할 것이다. 대저 무신으로 국가에 공이 있으면, 묘를 관리하여 그 노고에 보답한다. 당시 조정이 이미 신호(神號)를 내렸지만, 불행하게도 하늘이 그 가문을 잇게 하지 않아, 하루아침에 엎어지고, 이에야스 자손이 대를 이어, 그 종사의 굉장함이 전고에 예가 없었다. 타이코의 대공훈은 오히려 감추고, 그 귀신을 굶주리게 한 것은, 깊이 탄식할 일이니, 지금 조정의 정치가 복귀하여, 만기를 일신하는 때이니, 이와 같이 버려진 것을 세우지 않을 수 없다.
>
> (『秀吉英雄傳說謎』 261~262쪽에 재인용)

메이지 천황이 히데요시의 공로로 내건 것이, “상고의 열성들을 받들어, 천황의 위엄을 해외에 알리고, 수백년이 되어도 아직 그를 두려워” 하게 한 것을 내걸었다. 천황은 히데요시가 진구(神功) 왕후의 신라정벌 정신을 이어서, 조선을 침략한 공을 인정한 것이다. 이로부터 유신에 올인한 일본은, 히데요시의 침략정신을 본받아, 청일전쟁, 러일전쟁, 조선병합, 만주사변, 태평양 전쟁을 일으키고, 결국 히데요시와 마찬가지로 전쟁의 한가운데서 패망했다.

일본 신정부의 히데요시 현양작업은 그의 전기 작품을 범람시켰다. 1920년대 호오치(報知) 신문에서 12년간이나 연재되어 대중의 인기를 얻은 것이 야다(矢田 挿雲)의 『타이코키』이다. 그리고 나서 태평양 전쟁 열기를 떠받친 것이 킷카와 히데하루(吉川 英治)가 요미우리 신문에 연재한 『신서 타이코키』이다. 이 나중 작품은 1939년 1월

1일부터 하루도 거르지 않고 연재되어 패망하는 1945년 8월 15일까지 일본인들을 열광시켰다.

임진왜란(일본에서는 文祿慶長役이라 함)은 실패한 침략전쟁이었는데, 진구(神功) 왕후의 대륙침략 신화를 계승한 히데요시를 영웅으로 만들려다 실패한 것이다. 작품에서 히데요시가 채 죽기도 전에 현실의 태평양 전쟁은 끝났고, 연재는 중단되었다. 그리고 히데요시는 하루아침에 영웅에서 침략자로 낙인이 찍혔다. 그러나 반성은 오래가지 않았다.

전후 일본의 경제적 성장과 함께, 침략자 히데요시 논의는 수면 아래로 잠복하고, 승승장구하는 출세맨 히데요시가 만들어지고 있다. 영웅 히데요시를 추종하는 열기는 오늘날 그 어느 때보다도 뜨겁다. 그러나 패권으로 인간을 죽이고 빼앗아 만든 나라가 진정으로 풍요한 나라(豊國)가 아닌 것은 분명하다. 마찬가지로 사람들을 착취하고 빼앗아서 만들어낸 황금 차실도 그것이 아무리 아름답다고 할지라도 우리가 추구할 부가 아닌 것도 분명하다. 수천 년 동안 위대한 인간들이 애써서 가꾸어온, 하늘과 인간에 대한 신뢰가 바탕에 있어야만, 우리가 추구하는 것은 부끄러움이 없는 진정한 풍요로운 것이 될 것이다.

후 기

오랫동안 생각해 왔던 글을 이렇게나마 마치게 되어 다행이다. 그동안 일본에 관해 공부를 해오면서, 항상 숙제로 여겨왔던 것을 마쳐서 마음이 홀가분하다. 하지만 생각했던 것만큼 단단한 문장이 되지 못한 것은, 자신의 공부가 부족한 것을 확인하고 깊이 반성하는 계기로 삼고 싶다. 다만, 이 글을 통해 단 몇 사람만이라도 일본 문화의 한 측면을 생각해 보는 기회가 되었으면 하는 바램뿐이다.

이 조그만 책자는 두 분의 은덕으로 이루어진 것이다. 선친은 내가 대학을 졸업하고 직장생활 하다가 일본으로 공부하러 가는 것을 흔쾌히 허락해 주시고는, 학업을 마치고 귀국하기도 전에 돌아가셨다. 숙부인 모당 선생은 부족한 조카를 항상 대견하게 보고 격려해 주셨는데, 지난해 초에 세상을 떠나셨다. 두 분이 안 계셔서 마음이 허전한 것은 뭐라 말할 수 없지만, 삶이 참으로 짧다는 것을 알고 분발하는 계기가 되었다. 이 책을 두 분의 영전에 바친다.

이제 그동안 방학 동안에 원고를 마감하려고 찾아뵙지 못한 고향의 노모를 찾아뵐 수 있게 되어 기쁘다. 이번에 가면 노모가 계신 곳에서 30여 킬로미터 남짓한 거리에 있는 노량에 가서 이순신 장군이 남긴 진한 삶의 향기를 찾아보고 그리고 나의 삶을 반추해 보려 한다.

끝으로 이 책은 신아사의 한규갑 상무가 우연히 연구실로 찾아와서, 의기소침해 있는 필자를 격려해 주지 않았다면, 세상에 나오지 못했을 것이다. 신아사 관계자들에게 깊이 감사드린다.

2009년 3월 20일

월봉산 아래에서 필자

인용문헌

『國譯霽峯全書』 한국정신문화연구원 간행, 1980
『弓八幡』 世阿弥, 디지털 자료
『吉野日記』, 吉野甚五左衛門(1593), 筑波大學 所藏本
『난중일기(亂中日記)』, 이순신(1598), 『난중일기 완역본』 노승석 역, 동아일보사, 2005
『戴恩記』 松永貞德, 小和田哲男, 『豊臣秀吉』에서 재인용
『鹿苑日錄』 北島万次(C)에서 재인용
『秀吉神話をくつがえす』 藤田達生, 講談社, 2007
『秀吉英雄傳說の謎』 津田三郎, 中央公論社, 1997
『新書太閤記』 11권, 吉川英治(1945), 吉川英治文庫, 1975
『信長公記』, 太田牛一(1600년대 초반), 町田本 디지털 자료
『日本近世文學の成立』, 松田 修, 法政大學出版局, 1972
『日本史』 12권, 루이스 프로이스(1593), 中公文庫, 2000
『壬辰戰亂史』3권, 이경석, 한국자치신문사, 1974
『정기록(正氣錄)』 충렬공제봉고경명선생기념사업회 『국역 정기록』, 1978
『霽峯의 思想과 救國精神』 광주향토문화개발협의회 편, 1992
『朝鮮軍記大全』 大和屋伊兵衛, 1705
『朝鮮記』 별명 (朝鮮 物語), 續群書類從 20輯 下
『朝鮮日日記 高麗日記』 北島万次(B), そしえて, 1982
『朝鮮日日記』 內藤雋輔, 『文祿.慶長役における被擄人の硏究』 부록
『朝鮮征伐記』 9권, 堀正意(1643년 이전), 1659년 간행본
『징비록(懲毖錄)』 유성룡(1607) 원문인용은 『징비록』 디지털 자료, 번역 인용은 을유문화사, 1994
『川角太閤記)』, 川角三郎右衛門(1620년대), 太閤史料集1, 人物往來社, 1965
『天正記』, 大村由己(1590), 太閤史料集1, 人物往來社, 1965
『淸正高麗陣覺書』, 續續群書類從 제4권, 平文社, 1970
『淸正記』, 續群書類從 제23집 상, 1958
『淸正朝鮮記)』, 我自刊我書, 1881
『코지키(古事記)』, 『일본신화 코지키』 박창기 역, 제이앤씨, 2006

『太閤軍記)』, 太田牛一(1600년대 초반), 太閤史料集1, 人物往來社, 1965
『太閤記』, 小瀨甫庵(1625년 서문), 新日本古典文學大系, 岩波書店, 1996
『太閤記硏究』桑田忠親(B), 德間書店, 1965
『太閤素生記』, 土屋知貞(1676), 改定史籍集覽 13권
『豊鑑』竹中重門, 群書類從 20輯
『豊臣秀吉』小和田哲男 中公新書, 1985
『豊臣秀吉譜』林羅山(1642), 1658년 간행본
『豊臣秀吉のすべて』桑田忠親(A), 新人物往來社, 1981
『豊臣政權の對外認識と朝鮮侵略』北島万次(A), 校倉書房, 1990
『豊臣政權の朝鮮侵略』北島万次(C), 吉川弘文館, 1995
『脇坂記』, 續群書類從 593 上
『黃金太閤』山室恭子, 中央公論社, 1992
『繪本太閤記』3권, 竹內確齋(1802), 有朋堂書店, 1914
『黑田家譜』, 益軒全集 제5권

박창기

전북대학교 인문대학 일어일문학과 교수

논문으로는

「조선통신사와 일본의 문단」
「17세기 일본군기물에 나타난 임진왜란관」
「풍신수길의 칼과 벚꽃의 노래」
「전쟁과 문학 그리고 삶」 등이 있고,

역서로는

『일본신화 코지키(古事記)』가 있음

토요토미 히데요시

1판 1쇄 발행 · 2009년 6월 15일
1판 2쇄 발행 · 2016년 12월 25일

저　　자 • 박 창 기
발 행 인 • 정 현 걸
발　　행 • 신 아 사
인　　쇄 • 예지인쇄
출판등록 • 1956년 1월 5일(제9－52호)
주　　소 • 서울특별시 은평구 통일로 59길 4 (2F)
전　　화 • (02) 382－6411 • 팩스 (02) 382－6401
홈페이지 • www.shinasa.co.kr
E－mail • shinasa@daum.net

ISBN : 978-89-8396-644-5

정가 12,000원